Antonia,
meiner Frau,
gewidmet

THEO SCHOENAKER
MUT TUT GUT
Ich weiß, ich bin okay
Das ENCOURAGING-Training

Theo Schoenaker

MUT
TUT GUT

Ich weiß, ich bin okay

Das
ENCOURAGING-
Training

Theo Schoenaker
MUT TUT GUT
Ich weiß, ich bin okay. Das ENCOURAGING-Training
Überarbeitete und erweiterte Ausgabe des Titels »Ich weiß, ich bin okay -
Mut tut gut«

Originalausgabe
2., überarbeitete und erweiterte Auflage. 1993
Copyright 1991 by Horizonte Verlag GmbH, Stuttgart
Alle Rechte vorbehalten.

Umschlaggestaltung: Peter Spiegel, Stuttgart
Druck: Spiegel-Druck, Ulm
Printed in Germany

ISBN 3-89483-003-4

Inhalt

Darum geht es

Wenn ich Dich anschaue, berühre, ein gutes Wort der Anerkennung sage, Dich sein lasse, wie Du bist, oder Dich anlächle, und Du fühlst Dich dadurch besser, dann war das, was ich tat, eine Ermutigung für Dich. Ermutigung bewirkt eine Änderung in der inneren Haltung dessen, der ermutigt wird. Ermutigung erhöht das Gefühl von Selbstachtung, stärkt den Glauben an die eigenen Fähigkeiten und führt zu dem Schluß: »Ich weiß, ich bin okay! So, wie ich bin, bin ich gut genug!« und zu der Überzeugung: »Ich kann!«

Das einzige, was das natürliche Wachstumspotential im Menschen zur Entwicklung bringen kann, ist Ermutigung. Wenn wir konstruktive Entwicklungsprozesse im einzelnen Menschen, in Gruppen oder in der Gesellschaft vorfinden, so wurden diese durch Ermutigung ausgelöst. Es ist unerheblich, ob Ideen, Absichten, Pläne, Vorschläge oder Zielvorgaben richtig sind. Wenn sie auf einen entmutigenden »Boden« fallen, sind sie wirkungslos. Darum geht es!

*Ent*mutigung raubt uns das Wichtigste, was wir im Leben brauchen, nämlich Mut. Mit Mut sind wir immer kreativ genug, um unsere Aufgaben zu lösen und sinnvolle Kontakte zu anderen Menschen zu pflegen. Ermutigung macht den Schwachen stärker, den Kranken gesünder, den Zweifelnden sicherer, den Ängstlichen mutiger, den »Kleinen« größer, macht Diskussionen konstruktiver, fördert den Frieden in den Ehen, in den Familien, am Arbeitsplatz und überall, wo Menschen zusammen sind.

Vieles, was wir als Leid oder Freude erleben, wurde eingeleitet oder verstärkt durch Entmutigung oder Ermutigung.

Minderwertigkeitsgefühle und Schuldgefühle beschränken unsere Sicht auf unsere Möglichkeiten und verhindern, daß wir werden, wer wir sind; Vertrauen zu sich, zu anderen und zum

9

Leben ermöglichen klares Denken und situativgerechtes Handeln. Das eine ist das Ergebnis der Entmutigung, das andere der Ermutigung. Durch Ermutigung bauen wir uns selbst und andere auf, und so ist die Ermutigung die Grundlage für alle Erziehungs-, Wachstums- bzw. Lernprozesse und jede konstruktive Zusammenarbeit mit Erwachsenen und Kindern.

Ermutigung ist das Öl im Getriebe der Gesellschaft. Sie wirkt präventiv und unterstützt die selbstregulierenden Kräfte des Menschen. Sie ist überall einsetzbar, und sie ist erlernbar! Darum geht es!

Ich glaube, daß die meisten Menschen gerne etwas für die Verbesserung der Lebensqualität auch zum Wohle anderer tun würden, wenn sie nur wüßten wie.

Wenn auch Du beitragen willst, das Leid in der Gesellschaft zu verringern, habe ich eine gute Botschaft für Dich. Du kannst lernen, eine positive, ermutigende Person zu werden. Jeder Mensch hat in seiner Persönlichkeit eine Licht- und eine Schattenseite. Die übliche Art des Umgangs miteinander durch Kritik, Abwertung und damit verbundene Verstärkung der Minderwertigkeitsgefühle fördert eher die sozial störenden Verhaltensweisen auf der Schattenseite ans Tageslicht. Durch Ermutigung bringst Du eher die Entwicklung der sozialen Verhaltensweisen auf der Lichtseite hervor. Auf der Schattenseite siedle ich auch die alte Betrachtungsweise des Menschen an, wo man davon ausgeht, daß der Mensch im Grunde aggressiv und schlecht ist und daß deswegen jeder Fehler und jede Schlechtigkeit »mit der Wurzel vernichtet« werden muß. Die übliche Ausrichtung ist daher auf die Fehler und auf das Negative gerichtet, und die erzieherische Haltung ist fehlerorientiert und damit entmutigend.

Du wirst Dir die andere Haltung zu eigen machen, die dem Menschen einen höheren Stellenwert einräumt. Die andere Haltung hilft Dir, Dich selbst als wichtig, wertvoll und als »okay« anzunehmen und Dich von den Minderwertigkeitsgefühlen und Schuldgefühlen, die dem Lernen von neuen Verhaltensweisen im Wege stehen, zu befreien.

Die Prozesse, die durch Ermutigung eingeleitet werden, ver-
ändern Dein Lebensgefühl zum Positiven und leiten Verände-
rungen auf der Verhaltensebene ein, weil Du zunehmend mehr
Deine Lichtseite lebst, aber Dich als Person verändern sie
nicht. Du bist als Mensch so, wie du bist, okay! Darum geht's!
Das wirst Du auch anderen vermitteln und so Deinen
Wunsch erfüllen, zur Verbesserung der Lebensqualität beizutragen.

Meine eigene Entmutigung, die ich von zu Hause mitbrach-
te, und die Entmutigungen, die ich anderen zufügte - und zu oft
erst im Rückblick den Schaden erkannte - sind die wichtigsten
Erfahrungsgrundlagen dieses Buches.

Der Glaube, etwas gegen das Leid, das durch Entmutigung
entsteht, tun zu können, war der Antrieb, es zu schreiben.

In der eigenen therapeutischen Praxis erkannte ich, daß Ermutigung das Kernstück jeder gelungenen Entwicklung ist. Des
öfteren konnte ich beobachten, daß eine ermutigende Atmosphäre - wo jemand so sein darf, wie er ist, und erleben kann,
daß andere an seine Möglichkeiten glauben - genug selbstregulierende Kraft mobilisiert, um Angst, Orientierungslosigkeit
und Entscheidungsunfähigkeit hinter sich zu lassen.

Ich fing an, Ermutigung in Gruppen zu lehren, und fand heraus, daß sich die meisten Menschen nach einer positiven
Grundlage und nach der Entwicklung der Fähigkeit, sich selbst
und andere aufzubauen, sehnen.

Die beglückenden Ergebnisse des Ermutigungstrainings in
Gruppen führten zwangsläufig zu der Ausbildung von Ermuti-
gungstrainern. Aus dieser Arbeit entstand dieses Buch, das
zugleich die Grundlage für die Gruppenarbeit ist. »Encoura-
ging« wird die Ermutigungsarbeit im Folgenden heißen.

Das Buch wird aber auch unabhängig von der Teilnahme an
Encouraginggruppen jedem Leser helfen, mehr Frieden mit
sich und anderen zu finden und erfolgreicher zu sein in der Lösung seiner Lebensaufgabe.

11

Auch darum geht es:

Auf der Suche nach der Wirklichkeit des Menschen wurden verschiedene Theorien entwickelt. Daß der Mensch eine höhere Stufe in der Schöpfung verkörpert als das Tier, ist wohl klar. Zu den Eigenschaften, die der Mensch sich auf seinem nie endenden Weg zur Vollkommenheit zu eigen machen sollte, gehören: Mitleid, Erbarmen, Verzeihen, Verstehen, Beratung, freiwilliges Teilen, Gehorsam, Vertrauenswürdigkeit und vieles andere mehr.

Der Weg verläuft in Stufen. Hier sind einige Stufen in Gedanken, Ideen und Übungen vorgegeben. Das Encouraging-Modell ist nach oben offen. Es wird für denjenigen, der nicht an Gott glaubt, etwas anders aussehen als für den gottgläubigen Menschen.

Aber jeder wird auf seinem Weg die Ermutigung brauchen, auch hierum geht es.

Sinntal-Züntersbach im Januar 1993
Theo Schoenaker

Anerkennung

Ich danke

Antonia, meiner Frau, für die grundsätzlichen Anregungen in der Entwicklung des Ermutigungskonzeptes.

Ich danke den Ermutigungstrainerinnen

Christiane Müller, die geduldig mit viel Interesse für den Inhalt und sachdienlichen Vorschlägen das Manuskript geschrieben hat,

Julitta Seitzer und *Gerda Wichtmann*, die mit ihren unermüdlichen Ermutigungen und Verbesserungsvorschlägen den Fortgang und die Freude an der Fertigstellung des Buches belebten und auch das Märchen »Der kleine Miweko« schrieben,

Birgit und Karl Fuß für die Märchen »Herr Senfgiebel« und »Das sprechende Fahrrad«.
Ich danke
Dr. med. Albrecht Schottky für seine immer vorhandene Bereitschaft, Grundsätzliches zu durchdenken. Die anregenden Gespräche haben dieses Buch bereichert.

Ich danke auch den *Encouraging-TrainerInnen*, die durch viele persönliche Erfahrungsberichte die einzelnen Kapitel bereichert haben.

Die Zusammenarbeit hat Spaß gemacht und uns alle weitergebracht.

1. Die entmutigende Gesellschaft

1.1. Die sozialen Veränderungen

Die großen sozialen Umwälzungen auf unserer kleiner werdenden Erde vollziehen sich im Höchsttempo. Die Entwicklungsrichtung der Revolutionen ist unverkennbar: hin zur Demokratie, mit der Anerkennung der Menschenrechte und der menschlichen Gleichwertigkeit. Vieles wurde in der westlichen Welt schon erreicht. Überall dort, wo versucht wird, alte Strukturen zur Ausübung von Macht aufrechtzuerhalten, brechen sie zusammen. Das gilt für die Politik, für die Kirchen, für die Rassentrennung, aber auch für die Familie und die Ehe.

Die Zeit von Unterdrückung, Befehl und Gehorsam ist vorbei. Menschen, wo auch immer auf dieser Welt, werden sich zunehmend ihres Rechtes, als Gleichwertige zu leben, bewußt. Sie fordern ihre Anerkennung als Mensch. Sie wollen mitberaten, mitentscheiden, gehört und ernst genommen werden, unabhängig von Alter, Geschlecht, Ausbildung, Funktion, Rasse, Nationalität oder religiöser Zugehörigkeit. Auch unsere Kinder und Jugendlichen stellen diese Forderungen.

Erwachsene, erzogen in dem Machtmodell von »Du mußt - sollst - darfst nicht - Strafe!«, haben sich noch keine Alternativen zu eigen gemacht, und setzen den von den Eltern übernommenen Erziehungsstil fort. Auch Lehrer und andere Erziehungs- und Führungspersonen neigen dazu, auf alte Erziehungs- und Führungsmodelle zurückzufallen, wenn sie fürchten, Macht und Einfluß einzubüßen.

So wird in Ehen, in Familien, in Schulen, am Arbeitsplatz, im Verein und in der Politik weiterhin entmutigt durch Kampf,

15

Unterdrückung, Manipulation, Verletzung. Und das tun Menschen, die sich im übertragenen Sinne wieder so verhalten, wie die politischen Diktatoren, die sie abgelehnt oder gerade abgesetzt haben.

Diese Unvereinbarkeit drückt aus, daß wir noch wenig Wahlmöglichkeiten kennen, mit demokratischen Methoden Menschen zu motivieren und Probleme zu lösen. Abgesehen davon, daß Kampf und Streit, Kritik und Abwertung zu keinen dauerhaft guten Ergebnissen führen können, verliert jeder einzelne dadurch über kurz oder lang das Wichtigste, was er braucht: Mut und Vertrauen.

Wenn immer die Menschen an sich, an ihre Möglichkeiten und an andere glauben, werden sie selbst und durch sie die Gesellschaft Fortschritte machen. Nur wenn ein Mensch demoralisiert oder entmutigt ist, wenn er an sich selbst zweifelt, an seinen Chancen, an seinem Platz in der Gruppe, dann wendet er sich der »nutzlosen Seite des Lebens« zu und wird unfähig, unangepaßt und krank. Ermutigung könnte die Antriebskraft für günstigere Entwicklungen werden... Jedoch, was lange genug krumm war, kommt vielen dann schließlich wie gerade vor. So wurden uns Kritisieren und Abwerten mit der Zeit so vertraut, daß es uns das Gefühl verleiht, daß es irgendwie richtig ist. Dann wirkt Ermutigung nicht nur befremdend, sondern manchmal auch verdächtig. Wir brauchen uns also nicht zu wundern, wenn das Heilmittel Ermutigung, wenn es in der kranken Gesellschaft nicht mit Weisheit eingesetzt wird, auch Nebenwirkungen hat. Der Widerstand gegen die Demokratie ist dort am größten, wo die Angst vor der Übernahme der Verantwortung für die persönliche Freiheit am größten ist. So ist es auch mit der Ermutigung. Trotzdem ist Ermutigung einer der zentralen Faktoren des Lebens, ohne den Fortschritte nicht stattfinden, aber mit dem jede Entwicklung ihren natürlichen Gang zu Selbständigkeit und Reife nimmt.

Verlust der Sicherheit durch Entmutigung

Viele Menschen kommen mit der Erfüllung ihrer Lebensaufgaben mehr oder weniger gut zurecht, auch wenn fast alle das Gefühl von Minderwertigkeit kennen. Keiner kann von sich sagen, er habe genug Mut und Vertrauen. Die meisten von uns lernten als Kind nicht, Mut und Vertrauen zu entwickeln, sondern zu spuren, nicht lästig, sondern brav zu sein und Angst zu haben. Beispiele von ganz normalen Menschen, die mit dem Leben mehr oder weniger gut zurechtkommen, lauten so:

Wenn ich als Kind einmal selbst etwas ausprobieren wollte, rief entweder meine Mutter oder meine Oma: »Sei vorsichtig, daß Du nicht fällst. Sei vorsichtig, daß Du Dir nichts brichst. Sei vorsichtig, daß Du nicht kleckerst, sei vorsichtig, daß Du Dich nicht erkältest«. Wenn trotz der Warnungen etwas schiefging, klang es laut und strafend: »Siehst Du, ich habe es Dir doch gesagt«. Diese Stimmen höre ich auch jetzt noch in mir, und sie machen mich unsicher und ängstlich.

- Mir hat man - sicher mit guten Absichten - immer wieder gesagt: »Dazu bist Du noch zu klein (zu jung), später, wenn Du groß bist, darfst Du das auch«. Ich habe auch später nie erlebt, daß meine Eltern sagten: »Du bist groß genug, jetzt pack' die Sache einmal an, Du schaffst das schon«.

- Mein ein Jahr jüngerer Bruder war anders als ich. Er war, so glaube ich, mutiger. Wenn etwas zu tun war und ich wollte es anpacken, sagten die Eltern: »Laß' das den Fred mal machen, der kann das besser.« Einmal, als Fred nicht da war, habe ich doch etwas machen wollen, meine Eltern standen dabei und redeten auf mich ein: »Warte, bis Fred da ist, Du kannst das nicht«. Einerseits war ich trotzig, andererseits aber auch ängstlich... Klar, es ging schief. Als Fred kam, wurde ihm gut zugeredet, und er machte seine Sache wieder gut. Ich hatte so eine Wut auf alle.

17

Auch heute noch, wenn ich vor einer neuen Aufgabe stehe, denke ich:»Alle anderen können das besser als ich.« So traue ich mir oft nicht zu, eine neue Aufgabe anzupacken.
- Ich habe früher immer wieder dieses:»Paß' auf« gehört. Es ist mir klar geworden, daß alles, was ich mache, mir irgendwie gefährlich vorkommt. Ich denke immer, daß bei jeder Sache irgendetwas Gefährliches dabei sein muß. Ich kann jetzt auch meine Angst verstehen, meine neue Assistentenstelle anzutreten - ich traue der ganzen Sache nicht, ich habe immer das Gefühl, da ist irgendetwas..., eigentlich ärgere ich mich darüber.
- Bevor ich zur Schule kam - ich war fünf - hörte ich, daß meine Tante nachmittags anreisen würde. Ich sagte:»Ich will meine Tante abholen.« Daraufhin fingen alle an zu lachen und meine großen Cousins sagten:»Du willst? Du bist noch viel zu klein, um etwas zu wollen. Du darfst höchstens und wenn Du etwas darfst, dann mußt Du sagen:»Ich möchte.« Ich habe mich erwischt gefühlt und war sehr beschämt. Ich wiederholte meinen Wunsch noch einmal mit den Worten: «Ich möchte meine Tante abholen.« Im Grunde ist das heute auch noch so. Ich sage ungern, daß ich etwas will, sondern ich benutze Sätze wie:»Ich wollte...«,»Ich möchte...«,»Wenn Du nichts dagegen hast, würde ich gerne«. Ich frage auch am liebsten niemanden um irgendeine Hilfeleistung.
- Grundsätzlich hatte ich schon das Gefühl dazuzugehören, aber es gibt den Bereich der körperlich ausgedrückten Zuneigung, wo ich immer wieder Barrieren spüre. Ich war vielleicht etwa acht Jahre alt, und meine doch sehr prüden Eltern waren entschlossen, zu einer modernen Kindererziehung überzugehen. Diese hat sich so ausgewirkt, daß sie eine Zeitlang nackt oder halbnackt durch die Wohnung gelaufen sind. Mein Vater ging auch mit mir zusammen pinkeln. Ich kann mich daran entsinnen, daß einmal meine Mutter mit ihrem freien Busen in den Raum kam, und ich

begeistert auf sie zugelaufen bin und sie auf den Busen geküßt habe, weil er so wunderschön weich war. Ich bin da irgendwie zurückgestoßen worden und es war klar, daß man so etwas nicht tut. Ich glaube, diese Situation hängt mir jetzt noch nach und erklärt vielleicht die Schwierigkeiten, die ich in Kontakt mit Frauen habe.

Wir alle lernten - in unseren eigenen Variationen - zu glauben: »Ich kann nicht«, »Ich bin nicht gut genug«. Wir verloren den Mut und lernten, Angst zu haben.

Und in der Schule ging es im gleichen Sinne weiter. Der Lehrer hat es vielleicht gut gemeint, als er es als seine Aufgabe ansah, uns unsere Fehler und Mängel aufzuzeigen. Er hat uns damit beeindruckt und Gefühle in uns entwickelt, die uns sagen: »Ich weiß nicht«, »ich bin nicht in Ordnung«, »ich bin nicht gut genug«, »ich kann nicht erfolgreich sein«, »ich bin dumm«. In dieser Meinung wurden wir durch die Fehlerbezogenheit der Lehrer nur noch bestärkt. Ich kenne eine Anzahl Menschen, die erwachsen sind und nicht mehr lernen wollen, weil sie glauben, dumm zu sein, und ich kenne andere, die ein Leben lang streben und lernen, um zu beweisen, daß sie nicht dumm sind. Aber auch das letzte Diplom oder der letzte Beweis einer gelungenen Prüfung hat sie nicht überzeugt, daß sie nicht dumm sind.

Im Erwachsenenalter wird wieder von uns erwartet, daß wir täglich beweisen, wie gut wir sind. Inzwischen haben wir aber genug Ängste und Minderwertigkeitsgefühle entwickelt und kennen verschiedenste Arten, uns zu schützen, damit andere unsere Fehler und Schwächen nicht erkennen. Wir haben gelernt, daß wir nur wertvoll sind, wenn wir perfekt, vollkommen und ausgezeichnet sind. Nur wir selbst wissen allzu gut, daß wir nicht perfekt sind. Und so, obwohl wir alle nach Ermutigung durstig sind, können wir nicht, ermutigen, schon gar nicht uns selbst. Wir haben Entmutigung gelernt und so entmutigen wir uns selbst in unseren täglichen Selbstgesprächen, in denen wir in verschiedensten Variationen wiederholen, was wir in der Kindheit angefangen haben zu glauben, nämlich, daß wir nicht gut genug sind. Gerade dieser oft halbbewußte Glaube blockiert unsere Kreativität und nimmt uns die Freude, an den Lösungen der Aufgaben des täglichen Lebens zu arbeiten. Vor jeder neuen Aufgabe, jeder neuen Verantwortung, ist es, als ob unser Ballon seine Leichtigkeit verliert, weil ihm die Luft ausgeht. Die Gedanken »Ich bin nicht gut genug«, »ich kann nicht genügen« wirken wie eine sich selbst erfüllende Prophezeiung.

In dem soeben beschriebenen Prozeß verläuft die Entwicklung ähnlich wie Veränderungen der gesellschaftlichen Struktur: Es kommt zu Spannungen, Widerstand und Streit. *Die traditionellen Erziehungsmethoden, die von Belohnung und Bestrafung ausgehen, mit dem Ziel, das Kind zur Unterordnung unter die Führungsgewalt der Autoritätsperson zu bringen, werden immer weniger wirksam, weil sie gegen das Prinzip der Gleichwertigkeit verstoßen, das heute jeder Erwachsene und auch jedes Kind unbewußt fordert.* Wenn heute das Kind nicht gehorchen, nicht mitmachen, sich nicht anpassen will, können wir es durch Druck und Strafe in den seltensten Fällen dazu bringen. Durch den Widerstand erlebt das Kind zwar seine eigene Stärke, aber es verliert sein Gefühl der Zugehörigkeit. Angst, Rückzug, Aggression und Rebellion nehmen zu. Jeder, der sein Gefühl der Zugehörigkeit zur Gruppe, zur Gemeinschaft einbüßt, entwickelt Minderwertigkeitsgefühle.

20

*Der kleine Philipp, 6 Monate
alt, liegt während einer Party
in seinem Korb und schaut mit
strahlenden Augen selbstbewußt in die Welt. Ein Gast
sagt: »Der hat keine Minderwertigkeitsgefühle.« Ein anderer palavert: »Die muß man
ihm erst noch anerziehen.«*

1.2. Die Entwicklung von
Minderwertigkeitsgefühlen

Wir Menschen sind soziale Wesen. Wir gehören alle der
Gemeinschaft der Menschheit an und möchten uns auch ihr zugehörig fühlen. Wenn wir uns in einer Gemeinschaft, zum Beispiel am Arbeitsplatz oder in der Familie, zugehörig fühlen,
dann erledigen wir unsere Aufgaben erfolgreich. Wir sprechen
und überlegen mit den anderen, arbeiten zusammen zum Wohle
des Ganzen, ohne uns zu fragen, ob wir gut oder schlecht sind.
Wir fühlen uns einfach gut. Wir haben ja unseren Platz. Wer
als Kind das Glück hatte, sich in der Herkunftsfamilie derart
zugehörig zu fühlen, der überträgt dieses Gefühl der Sicherheit
und die Bereitschaft, zum Wohle der Gemeinschaft beizutragen, auch auf das Erwachsenenleben und fühlt sich als ein
gleichwertiger Teil der ganzen Menschheit.

Leider sind viele von uns mit dem Gefühl aufgewachsen, in
der Familie nur geduldet zu sein, manche sogar mit dem festen
Glauben, nur lästig zu sein, andere lernten zu glauben, es wäre
besser, sie würden gar nicht existieren. Sich zugehörig fühlen
ist gekoppelt an die Gewißheit, daß man eine Bedeutung für die
Familie, für die Gruppe hat. Bei den meisten von uns ist das
nicht der Fall. Wir fühlen uns in vielen Situationen nicht zugehörig, nicht gleichwertig, und verfügen über unsere Energie
und Kreativität nicht frei für sinnvolle Leistungen und Zusammenarbeit, weil wir uns um unseren Platz, um unsere Bedeu-

tung, unseren Erfolg, unser Angenommen- oder Anerkannt-Sein sorgen. Als Kind haben viele von uns den Schluß gezogen, daß wir nicht wertvoll sind, daß wir so, wie wir sind, nicht sein dürfen und keinen Platz haben. So fällt es uns jetzt als Erwachsene auch schwer zu glauben, daß wir, nur weil es uns gibt, nur weil wir geboren wurden, einen Platz haben und dazugehören, und daß wir nicht durch besondere Anstrengungen oder überdurchschnittliche Leistungen den Platz erst erobern müssen. Es fällt uns schwer, weil wir uns minderwertig fühlen.

Minderwertigkeitsgefühle sind das Ergebnis einer Reihe von entmutigenden Erfahrungen, die uns zu dem falschen Schluß führten, »So wie ich bin, bin ich nicht gut genug«. Die Kinder kommen nicht zur Welt mit dem Gefühl, nicht gut genug zu sein. Das soziale Minderwertigkeitsgefühl, das Rudolf Dreikurs das schwierigste Problem nennt, das der moderne Mensch zu lösen hat, wird erst in »guter« Zusammenarbeit von Kind und Erziehern entwickelt.

Vielleicht wurdest Du als Kind zu sehr verwöhnt, so daß Du Deine eigenen Stärken nicht ausprobieren und erfahren konntest und deswegen jetzt auch noch glaubst »das kann ich nicht« oder »das müssen andere für mich machen.« Vielleicht fühltest Du Dich abgelehnt oder vernachlässigt und glaubst jetzt immer noch, fehl am Platze zu sein und in einer feindlichen Welt zu leben. Vielleicht meinst Du, immer auf Zehenspitzen stehen zu müssen, weil Du als Kind erlebtest, nur gut genug zu sein, wenn Du besser warst. Vielleicht hast Du Dein Vertrauen zu anderen Menschen verloren durch den frühen Verlust einer Person, die alles für Dich bedeutete, oder durch die Geburt eines Geschwisters, das Dir - so erlebtest Du es - die Liebe der Mutter genommen hat.

Vielfältig sind die Entmutigungschancen und die Wege, die zur Entwicklung von Minderwertigkeitsgefühlen führen können, aber immer hat das Minderwertigkeitsgefühl etwas mit unserer Neigung zu tun, uns mit anderen zu vergleichen und deren Qualitäten, Fähigkeiten und Lebenssituationen zu überschätzen. Da das Bedürfnis nach Zugehörigkeit ein menschliches Grundbedürfnis ist, ist das Minderwertigkeitsgefühl ein Ausdruck tiefer Enttäuschung und Leidens.

Gott sei Dank, haben die meisten nur in bestimmten Bereichen schlechte Erfahrungen gemacht und fühlen sich somit nur in einigen Lebensbereichen oder Lebensaufgaben minderwertig oder unzulänglich. Andere sind auf der ganzen Linie entmutigt und finden keinen Weg, sich glücklich zu fühlen, da sie aufgrund ihrer pessimistischen Erwartungen unbewußt ihre Chancen selbst zerstören. So sind die Gründe für unsere Mißerfolge und unser Fehlverhalten hauptsächlich die Folge der Entmutigung; das Ergebnis eines falschen Selbstbildes.

Das Selbstbild ist die Meinung, die wir uns unter Einfluß unserer Veranlagung und der Erziehung in den ersten Kinderjahren gebildet haben. Ermutigung tut not, aber wir werden später sehen, daß es nicht einfach ist, das eigene oder das falsche Selbstbild eines anderen Menschen zu korrigieren. Wer zum Beispiel aufgrund seines Selbstbildes glaubt, unfähig zu sein, der hat in der Kindheit ja mehrere Erfahrungen gemacht, die ihn zu dieser Schlußfolgerung geführt haben. Er findet also auch Berechtigung für die Annahme. Dem Versuch, sich selbst in diesem Bereich Mut zu machen, stehen also die eigenen Lebenserfahrungen entgegen. Auch in unserem Versuch, einem anderen Menschen zu helfen, durch Ermutigung mehr Mut und Selbstvertrauen zu entwickeln, werden wir selbst oft entmutigt, weil seine Überzeugung »nicht gut genug zu sein, nicht dazuzugehören« stärker ist, als unsere Ausdauer oder Ermutigungsfähigkeit.

Wer sich minderwertig, klein, unterlegen fühlt, der hat, wie jeder von uns wohl weiß, auch die Neigung, andere kleinzumachen. Wir kritisieren andere, wenn wir uns minderwertig fühlen. Wir werten andere ab, wenn wir uns selbst abgewertet haben, und so wird die Kette der Entmutigung weiter geschmiedet, bis hin zur Feindseligkeit ganzer Gruppen und Gemeinschaften, die notgedrungen zusammen leben oder arbeiten müssen. Auch die Feindseligkeiten zwischen Nationen, Rassen und Religionen sehen wir in diesem Licht.

*Zu Sokrates kam ein Mann und
sagte: »Höre, ich muß dir
etwas Wichtiges über deinen
Freund erzählen!« »Warte ein
wenig«, unterbrach ihn der
Weise, »hast du schon das,
was du mir erzählen willst,
durch die drei Siebe hindurch-
gehen lassen?« »Welche drei
Siebe?« fragte dieser. »So
höre: Das erste Sieb ist das
der Wahrheit. Hast du dich
von der Wahrheit der Sache
vergewissert?« »Nein, ich habe
es von anderen gehört«, erwiderte der Mann. »Nun denn,
das zweite Sieb ist das der
Güte. Ist die Ursache dafür,
daß du diese Nachricht weiter-
geben willst, einem gütigen
Motiv deines Herzens ent-
sprungen?« Der Mann mußte
schweigen. »Das dritte Sieb
schließlich ist das der Nütz-
lichkeit. Glaubst du, daß diese
Nachricht meinem Freund oder
mir von Nutzen sein wird?«
Der Mann drehte sich wortlos
um und ging.*

1.3. Die üble Nachrede

Üble Nachrede ist das Sprechen über die Fehler und Schwächen anderer in deren Abwesenheit. Üble Nachrede ist in unserer heutigen Gesellschaft so verbreitet, daß ich mich manchmal
frage, was Menschen so alles miteinander reden würden, wenn
sie das Sprechen über andere vermeiden würden.

Wenn wir in einer Gruppe von Menschen wären, die gut
voneinander denken, weil sie einfach keine andere Information
bekommen haben, dann würden wir eine gute Atmosphäre und
die Bereitschaft, konstruktiv zusammenzuarbeiten erleben.

Wenn einer den Raum für eine viertel Stunde verlassen würde, und wir würden diese viertel Stunde nützen, um uns die überzeugenden Geschichten, die einer von uns über ihn erzählen könnte, anzuhören, dann würde sich etwas in unserer Atmosphäre ändern. Würde die Person begeistert und übertrieben positiv dargestellt, so könnte das einige erfreuen, einen anderen vielleicht eifersüchtig machen. Würde die Information sich auf Fehler und Schwächen beziehen, die so dargestellt würden, als wären es Anormalitäten oder Gründe dafür, den Betreffenden als nicht vertrauenswürdig einzuschätzen ... in beiden Fällen könnten wir den Betreffenden nicht wieder so in unserem Kreis begrüßen, wie er ihn verlassen hat. Diese oder ähnliche Erfahrungen hast Du ganz sicher irgendwann gemacht. Hoffentlich warst nicht Du Opfer dieser beziehungszerstörenden Angewohnheit.

Hier ist eine Erfahrung von einem früheren Trainingsteilnehmer: »Ich bin ein begeisterter Wanderer und gehe oft mit einem Freund und noch zwei Frauen auf die Wanderung. Vorgestern war der Freund plötzlich verhindert, und eine der Frauen konnte auch nicht mitgehen. So wanderte ich mit der einen Frau. Auf der Wanderung erzählte sie mir, was sie alles so ärgert an dem Freund und was sie sonst noch von ihm weiß an merkwürdigen Verhaltensweisen aus seinem Privatleben. Ich habe zugehört und merkte, daß sie sich erleichtert fühlte. Dies sagte sie mir am Ende der Wanderung auch mit einem tiefen Seufzer der Dankbarkeit und Erleichterung. Es ist, als ob sie das Problem in dem Moment los war. Ich habe ihr nicht gesagt, daß ich das Problem jetzt habe. Ich kann dem Freund nicht mehr so unbefangen in die Augen schauen wie vorher. Ich mochte ihn, habe ihn geschätzt und gerne mit ihm gelacht. Jetzt fühle ich mich belastet und weiß im Moment nicht, wie ich diese Last wieder loswerden soll. Soll ich mit ihm reden? So ein intimer Freund, daß mich sein Privatleben etwas angeht, ist er eigentlich auch nicht, und was soll ich machen, wenn ich durch das Gespräch die Bestätigung bekomme, daß die Frau recht hatte? Soll ich nochmal mit der Frau reden und sagen, daß mich die Sache belastet? Das würde die Informationen auch nicht löschen. Mir ist der Spaß am Wandern in dieser Gruppe verdorben.«

Üble Nachrede ist Gift für die Einheit, für das Zusammengehörigkeitsgefühl. Für die Atmosphäre in der Familie, am Arbeitsplatz und in der Gesellschaft, Gift für die Bereitschaft der Zusammenarbeit, grundsätzlich Gift für das Zusammenleben der Menschen untereinander. Es fördert die Gleichgültigkeit und die Rückzugsneigung. Üble Nachrede entsteht oft aufgrund von Eifersucht oder Neid. Durch üble Nachrede wollen wir den Konkurrenten, den Feind kleiner machen, ihm etwas von seinem Glanz nehmen. Beispiel: Der Amateurfußballer, der Laienschauspieler, der so gut beim Profi die Fehler erkennt und sie gerne erwähnt; die Opposition, die sich darauf spezialisiert, die Fehler und Schwächen der Regierungspartei »aufzudecken«. Üble Nachrede entsteht auch aufgrund von Verletzungen oder ungerechten Behandlungen, die wir erfahren haben. Wir wollen darüber mit jemandem reden und suchen im Grunde seine Bestätigung. So suchen wir uns einen »Freund«, bei dem wir uns aussprechen können und verstehen nicht, daß wir seine Beziehung zu derselben Person belasten. Vielleicht haben wir falsche Vorstellungen von dem, was Freundschaft heißt. Freundschaft kann ja nicht heißen, daß wir den Freund belasten mit dem »Mist«, mit dem wir selbst nicht fertig werden. Sicher, einen gemeinsamen »Feind« haben, kann sehr verbinden ... auch in der Ehe. Aber ob das gut ist? Offenheit zueinander ist gut, aber zu bedenken, daß man nicht immer alles sagen kann, was man weiß, ist ein Grundsatz der Weisheit.

Es ist Sonntag abend. Es ruft ein guter Freund oder guter Bekannter an. Er hat Sorgen, natürlich Schwierigkeiten mit anderen Leuten, und möchte gerne mal sein Herz ausschütten. Es würde, so wie die Sache allgemein gesehen wird, den Freundschaftskodex verletzen, wenn man ihm sagen würde: »Ich will das nicht hören.« Trotzdem ... willst Du Deinen Freund glücklich machen, so lasse ihn Anteil an Deinem Glück haben. Willst Du Deinen Freund belasten, so erzähle ihm von dem

Ärger, den Du mit einem gemeinsamen Bekannten hast. Dann hat er ihn - den Ärger - nämlich auch. Erwachsenwerden heißt ja auch, daß wir selbst Verantwortung tragen sollen für unsere eigene Hygiene. Sicher ist geteiltes Leid halbes Leid und Sprechen über Sorgen kann sehr befreiend sein. Aber hast Du Dir auch überlegt, was Dein Gesprächspartner mit der Information macht?

Viele Menschen leben in dem Glauben, daß es irgendwie gut für uns selbst sein soll, wenn wir die Schwierigkeiten, die wir mit anderen haben, einem Dritten gegenüber »ausspucken«. Stimmt das? Kann etwas, womit Du andere belastest, für Dich selbst gut sein? Was meinst Du? Wenn Du »es« nicht so wichtig machst, werden Fehler der anderen nicht vergrößert, und wenn Du Dir die üble Nachrede nicht anhörst, bestärkst Du andere nicht in ihrer falschen Grundhaltung oder in einer destruktiven Angewohnheit.

Die Sache ändert sich vollkommen, wenn am Anfang des Gespräches die Frage steht: »Willst Du mir bitte helfen herauszufinden, was ich in den Schwierigkeiten, in die ich mit Herrn oder Frau So-und-so habe, falsch mache? Ich möchte wissen, was ich tun kann.« Hier wirst Du als Helfer angesprochen von einem Menschen, der selbst vielleicht schon verstanden hat, daß der Fehler nicht nur beim anderen liegt, daß er selbst möglicherweise mit verzerrten Wahrnehmungen oder ungenügender Information lebt. Hier geht es um das Prinzip der Beratung und der Hilfe. Solche Gespräche können sehr bereichernd sein.

Wenn Du beruflich die zentrale Person in einer Beschwerdestelle bist, mußt Du Dir wohl die Klagen anhören, aber Du hast immer die Wahl, das Feuer zu dämpfen oder die Ansätze zur üblen Nachrede zur Entwicklung zu bringen bzw. anzuheizen. Das heißt, Du kannst sachlich relativierend oder emotional unsachlich reagieren.

Was tun bei übler Nachrede?

Willst Du nach Deinen Möglichkeiten beitragen, diese giftige Angewohnheit zu löschen? Mache dann mal 14 Tage lang Deine Erfahrungen mit der Übung auf Seite 250.

a) Halte den Mund, wenn Du über Fehler oder Schwächen anderer sprechen willst.

b) Finde Wege, Dich aus einem Gespräch der üblen Nachrede herauszuziehen, es zu stoppen oder umzulenken, ohne den Sprecher zu verletzen.

c) Unterscheide, ob Du Beratung und Hilfe suchst, wenn Du über andere redest, oder ob Du »nur« über die Schwächen anderer reden willst.

Wie Du Punkt b) angehst, hängt von der Qualität der Beziehung ab. Vielleicht kannst Du offen sagen: »Ich möchte das nicht hören«. Vielleicht kannst Du ein Gespräch im Sande verlaufen lassen, indem Du Dich innerlich mit anderen Gedanken beschäftigst. Sollte der andere fragen: »Interessiert Dich das nicht?« oder: »Hast Du dazu nichts zu sagen?«, so magst Du vielleicht antworten: »Mir tut es nicht gut, mich damit zu beschäftigen. Es belastet mich.« Vielleicht kannst Du gut auf ein anderes Thema umlenken, indem Du Fragen stellst oder auf einen Gegenstand oder auf ein Geschehen im Raum hinweist. Hier ist Takt und Flexibilität gefragt. Du kannst auch fragen, wenn jemand mit übler Nachrede anfängt: »Muß ich das wissen, ist es wichtig für mich?« und dann wieder von Dir sprechen, daß es Dir nicht gut tut.

Jemandem zu verstehen zu geben, sein Sprechen über andere sei nicht in Ordnung, ist eine Kritik, die bewirkt, daß der andere sich schlecht bzw. minderwertig fühlt. Solche Gefühle erhöhen gerade die Neigung, das »Schlechte« bei anderen wahrzunehmen und darüber zu reden. Das erkennen wir schon bei Kindern, die sich zu Hause nicht zugehörig und somit minderwertig fühlen. Sie neigen dazu, sich negativ über die Eltern und

Geschwister auszulassen, deren Leistungen zu schmälern und ihre Eigenschaften lächerlich zu machen.

Kannst oder willst Du aus einem Gespräch nicht aussteigen, so kannst Du ja zuhören und versuchen, den anderen zu verstehen und nicht vorrangig über den Dritten nachzudenken, über den geredet wird. Dann belastet es nicht so sehr. Im Vordergrund steht die Wahrnehmung der Gefühle des Sprechenden. Darauf kannst Du dann eingehen und versuchen, gemeinsame Lösungen zu finden. Auch so kannst Du von übler Nachrede wegführen. Du wirst Deine eigenen Wege finden.

Du kannst ja auch »einfach« Vorbild sein für eine positive Lebenshaltung, in der Du nur anerkennend über andere Menschen sprichst. Du wirst Aufsehen erregen und vielleicht einige »Freunde« verlieren. Das ist aber auch so, wenn Du aufhörst Alkohol zu trinken, zu rauchen oder Dich sonstwie von der sozialen Gruppe, in der Du lebst, unterscheidest. Obwohl das so ist, sei trotzdem tolerant. Das Thema üble Nachrede ist in erster Linie für Deine persönliche Entwicklung gedacht. Versuche zu vermeiden, daß Du als Besserwisser und als moralisch überlegen dastehst.

Ja, und dann nochmal zurück zu dem eingangs erwähnten Thema, nämlich, daß auch übertrieben positives Sprechen über jemanden einer Beziehung und auch der Person schaden kann. Es gibt eine Aussage von ʿAbdu'l-Bahá: »Geschichten, die über andere verbreitet werden, sind selten gut. Auch Gutes kann schaden, wenn es zur unrechten Zeit gegenüber der unrechten Person geäußert wird. Eine schweigsame Zunge ist am sichersten.«

Wer in Abwesenheit eines anderen schwärmt - oder übertrieben viel Gutes über die Person erzählt - kann im Zuhörenden Überlegungen wecken, die da sind: »Ja, im Vergleich zu dem bin ich ja wesentlich weniger wert.« oder: »Dem kann ich ja nie das Wasser reichen«, oder: »Da ich ja nicht so gut bin, magst Du mich vielleicht gar nicht so.«

Sicher ist es besser, wenn man schon über einen anderen spricht, nur Gutes von ihm zu sagen. Aber auch hier sollte uns die Frage beschäftigen, ob die Information für den Zuhörer gut ist und ob es nötig ist, diese Information so in dieser Form abzugeben. Wenn man übertrieben Gutes von anderen erzählt, stellt man den Betreffenden auf einen Sockel, und dadurch entsteht ein Gefälle von oben nach unten. Das Unterlegenheitsgefühl, das aufkommt, führt allzu oft gerade dazu, daß die unterlegene Person anfängt, Übles oder Fehlerhaftes der Person nachzureden, damit sie etwas von dem Sockel herunterkommt, und so bringt man im Grunde üble Nachrede in Bewegung durch das übertriebene Erwähnen des Guten.

Nein, ein einfaches Thema ist dies nicht, denn die bloße Frage: »Wie geht's Dir?« oder: »Wie geht's Deinen Kindern?« oder: »Was macht die Arbeit?«, kann Dich hineinziehen. Es lohnt sich aber sehr, mit diesem Thema anzufangen, denn die Reduzierung oder Bewältigung der üblen Nachrede hat weitreichenden Einfluß auf Deine psychische Hygiene und auf die Gesundung des Klimas, in dem Du täglich lebst.

Die berechtigte Hoffnung auf günstigere Verhältnisse im Leben des einzelnen Menschen sowie im gesellschaftlichen Leben liegt darin, daß Entmutigung das Ergebnis von Meinungen ist, die wir uns als Person oder als Gruppe angeeignet haben, und daß man Meinungen ändern kann.

1.4. Entmutigung und Vermeidung

Wir können uns teilweise oder vollkommen entmutigt fühlen. Die Entmutigung kann sich auf eine bestimmte Lebensaufgabe beziehen, oder auch alle Lebensaufgaben umfassen. Die verheerende Wirkung von Entmutigung will ich am Beispiel des Vermeidungsverhaltens im täglichen Leben aufzeigen. Durch das mangelnde Bewußtsein des eigenen Wertes und des Zugehörigkeitsgefühls erfinden kreative Menschen die verschiedensten Arten sich abzusichern. Eine Methode, sich abzusichern, ist das Vermeiden. Das Vermeiden gibt zwar nur kurzfristig ein Gefühl der Sicherheit, aber es löst auf jeden Fall etwas die

Angst, die mit der Übernahme von Verantwortung und Zusammenarbeit verknüpft wäre. Je tiefer die Entmutigung und das Minderwertigkeitsgefühl sind, um so stärker ist das Sicherungsbedürfnis durch Vermeidung. Jeder Mensch hat zwar seine Grenzen, die er nicht gerne überschreitet - siehe die »Sackgassen« der vier Prioritäten - da aber durch die Zunahme der Entmutigung auch der soziale Handlungsspielraum kleiner wird, nimmt mit der Entmutigung auch die Neigung zur Vermeidung, bzw. kreative Suche nach Fluchtwegen zu.

Kommt Dir das bekannt vor?

Du möchtest, wie alle anderen Menschen, gerne Bedeutung haben. Du weißt auch, daß Du etwas zu bieten hast. Manchmal bist Du auch ehrgeizig. Du kannst gut mit Menschen umgehen und weißt, daß Du für andere etwas bedeuten kannst. Du hast auch gute Ideen, manchmal überdurchschnittlich gute. Wenn eine Sache Dich begeistert, kannst Du Dich auch voll einbringen und Entwicklungen sinnvoll fördern. Du kannst auch Verantwortung übernehmen. Du bist ein interessanter Gesprächspartner, denn Du interessierst Dich für viele Dinge, einfach weil sie interessant sind. Und weil sie interessant sind, bist Du ständig auf der Suche nach neuen Ideen, Erkenntnissen und Impulsen.

Wie erfolgreich könntest Du sein, wenn Du nicht so ängstlich wärst. Die Angst, als Versager dazustehen, hat meistens die Überhand in Deinem Leben. Aber auch die Angst, im Grunde doch eine Niete zu sein, und die Angst, die Bestätigung zu bekommen, daß Du ein unerwünschtes Kind bist, das man wieder fallen läßt, wenn Du Dich auf längerfristige Beziehungen einlassen würdest. Auf diesem Hintergrund hast Du als Sicherungsmethode das Prinzip der Vermeidung entdeckt. Du gehst entweder Beziehungen und möglichen Verantwortungen von vornherein aus dem Wege, oder Du steigst nicht ganz ein, so daß Du bald wieder heraus kannst. Es ist, als ob Du trotz all Deiner Aktivität, trotz all Deiner Fähigkeiten, trotz Deiner Begeisterungsfähigkeit, trotz Deiner Liebe zu Menschen nie langfristige Verbindlichkeiten eingehst. Auf der einen Seite treibt Dich Dein Glaube an Deine Fähigkeiten und Dein Ehrgeiz in bestimmte Lebensaufgaben hinein, auf der anderen Seite zieht Deine Angst Dich da wieder heraus. Körperliche Verkrampfungen und verschiedenste körperliche Symptome können damit einhergehen. Manchmal, insbesondere dann, wenn Du zu länger dauernden Verbindlichkeiten gezwungen werden könntest, ist es so, als würdest Du keine Luft mehr bekommen oder als ob Du Dich auflösen müßtest. Nein, einfach hast Du es damit nicht, insbesondere dann nicht, wenn auch Eifersucht dazukommt, daß andere an der Stelle durchhalten, wo Du geflüchtet bist. Hättest Du doch nur mehr Vertrauen zu Dir und zu den anderen.

Die anderen haben es mit Dir auch nicht leicht

Die anderen erkennen Deine Qualitäten an und würden gerne mehr von Deinen Fähigkeiten Gebrauch machen. Sie machen Dir Vorschläge für weitere Zusammenarbeit, für die Übernahme von mehr Verantwortung. Sie wissen, daß Du das kannst. Wenn Du vermutest, daß es sich hierbei um längerfristige Verbindlichkeiten handelt oder um die Gefahr zu versagen, dann bist Du durcheinander. Du zögerst. Du brauchst Zeit und Du entscheidest Dich nicht. Die Angst nimmt zu, denn je länger Du zögerst, desto mehr nimmt die Gefahr zu, daß die Zeit oder die anderen für Dich entscheiden. Dein Kopf ist nicht klar. Sobald Du nur etwas Druck spürst, der von außen kommt, ist es, als ob Du keine andere Möglichkeit hast, als mit »Nein« zu reagieren oder mit irgendeiner Reaktion, die deutlich zeigt, daß Du dagegen bist. Du bringst Argumente, die belegen sollen, daß es nicht geht; Argumente, die für den anderen nicht immer einsichtig sind. Er versucht Dich zu überzeugen. Deine

Redegewandtheit nimmt zu, Du kritisierst, machst aber keine Vorschläge und bist zum Streit bereit. Du magst Dich nicht festlegen und Dich nicht festlegen lassen. Du bist im positiven Sinne zu allem bereit, aber nicht bereit, Verbindlichkeiten einzugehen, die von außen an Dich herangetragen werden. Dein gutes Gedächtnis für Versagenssituationen in der Vergangenheit unterstützt Deine Schlagkraft im Streit. So hältst Du Dich aus neuen Verpflichtungen heraus und suchst wieder Deine eigenen konkurrenzfreien Wege. Du stehst wieder alleine da. Es tut zwar weh, aber es kommt Dir sehr vertraut vor.

Ja, der andere hat es auch nicht leicht, denn er versteht Dein Verhalten nicht. Wenn er nur wüßte, wieviel Angst bei Dir dahintersteckt, dann könnte er auf einer ganz anderen Ebene mit Dir umgehen. Aber, da Du darüber ja nicht sprichst, erlebt er Dich als unberechenbar und launenhaft. Er selbst kommt sich auch hilflos vor, denn in vielen Fällen wollte er Dir etwas Gutes tun; er hat vielleicht gemeint, Du würdest Dich über seinen Vorschlag freuen, und jetzt kommst Du mit Deinem »Ja... aber« und mit Deiner Fähigkeit, ihn in Gesprächsthemen zu verwickeln, die im Grunde nur von dem anstehenden Thema ablenken sollen. Er weiß nichts von Deiner Angst, vereinnahmt zu werden, die Freiheit zu verlieren, in Entscheidungen hineingezwungen zu werden, wo Du Deinen persönlichen Geltungsdrang nicht mehr leben kannst und wo die Anerkennung für Leistungen vielleicht anderen zufallen könnte. Er weiß ja nichts von Deinen schlechten Erfahrungen, die Du in Deinem Leben mit anderen Menschen schon in der frühen Kindheit gemacht hast. Er weiß ja nicht, daß Du Dich wie ein Spion im Feindesland fühlst, der immer aufpassen, sich immer den Rücken freihalten und die Menschen gut beobachten muß und der keine längerdauernde Verpflichtung eingehen kann. Er weiß nicht, daß die Menschen grundsätzlich eine Bedrohung für Dich darstellen und daß menschliche Beziehungen eigentlich Streß bedeuten. Er kann doch nicht wissen, daß Du manchmal glaubst, kein Recht zu existieren zu haben und daß Du manchmal so hoffnungslos bist und glaubst, daß es nicht weitergeht.

Weiter

Wenn auch die Hunde bellen
zieht die Karawane weiter
wenn Berge Dir die Sicht verstellen
dahinter geht es weiter
ist das Tal auch flach und trüb
die Flüsse fließen weiter

wenn Dir auch kaum noch Hoffnung blieb
das Leben, es geht weiter -
Fühlst Du auch nur Widerstand
Dein Weg führt trotzdem weiter
suche Dein gelobtes Land
trag Deine Füße weiter
nur Stillstand und Versteinerung
die bringen niemals weiter
Leben heißt Veränderung
sei neu und gehe weiter -

Nur Anstoß und Verwundbarkeit
bringt unser Wissen weiter
wenn Ihr auch gern im Trocknen seid

der Tränenstrom drängt weiter
wenn wir den Tod auch hassen
glaubt mir, dieses Tor führt weiter

Gehabtes zu verlassen
heißt Lebendigsein und weiter[1]

Ich schreibe Dir dies alles, weil ich glaube, daß es Dir hilft,
Deine eigene Situation klarer zu sehen, und weil ich Dir sagen

---

1 Urheber und Leistungsschutzrecht: Deutsche Grammophongesellschaft
mbH, Hohe Bleiche 14-16, 2000 Hamburg 36, Text: Erika Pluhar,
Musik: D'Almeida

will, daß ich Dich verstehe. Ich freue mich, mit Dir über Deine Hochs, über Deine Zeiten der Begeisterung und vollen Engagements, über Deine Fähigkeit, vor Deiner eigenen Tür zu kehren, aber ich verstehe auch Deine Tiefs. Du hattest als Kind wenig Gelegenheit, ein starkes Gefühl der Zugehörigkeit zu entwickeln. Wie Du genau entmutigt wurdest, weiß ich nicht. Es gibt zu viele Möglichkeiten. Vielleicht bist Du ein entthrontes Kind und hattest bis zur Geburt des nächsten Kindes das Gefühl, etwas besonderes zu sein, und danach hast Du erlebt, daß man Dich fallengelassen hat. Es kann ja sein, daß sich daraus die Angst entwickelt hat, Dich langfristig an Menschen zu binden, weil Du fürchtest, wieder fallengelassen zu werden oder Deinen Platz zu verlieren. Vielleicht hast Du in der Kindheit von Deinen ehrgeizigen Eltern nur Anerkennung bekommen, wenn Du besser warst, und hast ihre Ablehnung gespürt, wenn Du ihre ehrgeizigen Ziele nicht erfüllen konntest. Vielleicht hängen damit Dein Ehrgeiz und Deine Angst zusammen. Vielleicht hast Du erlebt, wie Deine Mutter Dich mit ihrer Fürsorglichkeit verschlang, so daß Du deswegen meinst, menschliche Nähe vermeiden zu müssen. Vielleicht hast Du in Deiner Kindheit die Liebe oder die volle Zuwendung einer Person verloren, weil sie gestorben ist. Vielleicht hast Du daraus die Schlußfolgerung gezogen, ich werde mich nie wieder so voller Vertrauen an jemanden binden, denn er wird mich sowieso wieder allein lassen.

Wie dem auch sei, kreativ wie Du warst, hast Du als Überlebensstrategie das Vermeiden entdeckt, und in Zeiten, in denen Du Deine positive Brille aufgesetzt hast, erkennst Du ja auch, daß Du auf vielen Gebieten ganz gut zurechtkommst. Daß Du aber vermeidest, Dich in Gefahren zu begeben, um nicht wieder die schmerzlichen Gefühle aus der Kindheit erleben zu müssen, das kann ich ganz gut verstehen.

Ein Freund von mir, der sich selbst in dieser Situation einer entmutigenden Kindheit befindet, hat mir einmal folgendes geschrieben: »Ich merke, daß ich in bestimmten Situationen darauf aus bin, Menschen, Verpflichtungen und Aufgaben aus dem

Wege zu gehen. Ich habe das Gefühl, ich kann nicht, ich fange an, die möglichen Konsequenzen eines Ja-sagens zu übertreiben und finde darin dann die Berechtigung, mich zu wehren. Ich fange an, Fehler bei den anderen zu suchen. Ich komme mir vor wie der ewige Beschuldiger, ich mache Vorwürfe, mache aber keine Vorschläge, denn ich spüre, daß Vorschläge zu Verbindlichkeiten führen können. Ja, Unverbindlichkeit ist wohl mein Ziel, und ich spüre ganz genau, daß mein Verhalten auch andere unsicher macht, weil ich für sie unberechenbar bin. Ich empfinde es schon als einen großen Fortschritt, daß ich das sagen kann, denn grundsätzlich sehe ich nur die Fehler der anderen und nicht meinen eigenen Anteil. Sollte ich meinen eigenen Anteil klar erkennen, so müßte ich mich ja wohl ändern und darin liegt ja auch wieder Verbindlichkeit. Ich verneine im Grunde lieber die Möglichkeit zu wachsen und mich zu entwikkeln, sollen doch lieber die anderen sich entwickeln und sich ändern. Manchmal glaube ich schon, daß ich etwas ändern kann, aber dann will ich das nur selber machen. Ich will keine Hilfe von anderen, denn das führt wieder zu Verbindlichkeit und möglicherweise zur Abhängigkeit. Und sollte jemand aus guter Absicht mir ungefragt zu helfen versuchen, so wird er seine Unfähigkeit und seine Hilflosigkeit zu spüren bekommen.

Vielleicht meinst Du jetzt, daß das ein trauriges Leben ist... manchmal schon, aber ich finde das Leben auch sehr interessant. Da ich mich ja nicht längerfristig in eine Sache endgültig festbeiße, finde ich auch immer wieder neue Gebiete der Begeisterung. Ich meine, ich bin ein Sucher, und das Suchen scheint auch mein Ziel zu sein, nicht das Finden, denn das Finden würde wieder zu Verbindlichkeiten führen. Nicht nur im Bereich der Hilfe, auch auf anderen Gebieten ist es so, daß ich nicht so gerne von anderen etwas annehme.

Auch das Annehmen könnte zu Abhängigkeiten und Verpflichtungen führen. Wenn ich schon einmal in eine Sache oder eine Beziehung mit vollem Engagement einsteige, dann weiß ich, daß es nur kurzfristig ist, deswegen kann ich auch aus Beziehungen und eingegangenen Verpflichtungen leichter wieder aussteigen, weil ich innerlich entweder nie ganz oder nur kurz wirklich drin war.

Manche Menschen erleben mich als eine streitsüchtige Person. In Kontakt mit Dir ist das ja anders, weil Du ja weit genug wegwohnst. Wenn ich es mir genauer überlege, bin ich mit meiner mangelnden Entscheidungsfreudigkeit und mit meinem Zögern im Grunde darauf aus, daß andere mich in Bewegung bringen. Es ist, als ob ich dadurch meine Bedeutung bekomme. Je mehr die anderen versuchen, mich in Bewegung zu bringen bzw. mich zu Entscheidungen zu überreden, um so eigenwilliger, hartnäckiger, argumentationsfähiger werde ich. Es ist, als ob meine Kraft (die Überwindung der Angst) aus dem Gegendruck wächst, aus meinem Nein, aus meinem Kampf, aus meiner Wut. So einen Streit gewinne ich immer. Der andere mag sich als Verlierer vorkommen, aber im Grunde fühle ich mich am Ende als Verlierer und als Opfer irgendwelcher inneren Mechanismen, die ich selbst nicht steuern kann.

Da ich nun allmählich diese Strategie durchschaue, stehe ich jetzt auch noch mit Schuldgefühlen da. Früher war das leichter. Ich war immer davon überzeugt, daß nur die anderen schuldig waren. Früher habe ich mich nie verstanden gefühlt. Aber das lag wohl daran, daß ich mich selbst nicht verstanden habe. Ich kann mich jetzt auch schon besser ermutigen und oft schon stehenbleiben, wo ich eigentlich weglaufen wollte. Ich habe nun eine Freundin und kann mich manchmal vertrauensvoll fallenlassen. Dann und wann kann ich mich auch schwach zeigen und neulich sind mir mal die Tränen gekommen. Ich habe sie einfach laufenlassen und habe mich für einen Augenblick wie ein geliebtes Kind in Mutters Armen gefühlt. Bald danach war wieder die Angst da, fallengelassen zu werden, aber ich konnte gut mit Monika darüber sprechen. Ich mache Fortschritte, insbesondere in der Partnerschaft.

Manch einer wird sich erstaunt fragen, wie es möglich ist, daß in einer Welt mit so vielen möglichen Partnern es möglich ist, keinen zu finden. Die Angst vor der Nähe, die Angst fallengelassen zu werden, die Angst persönliche Freiheit zu verlieren und fremdbestimmt zu sein, die Angst vor Unterlegenheit in Kombination mit den oben beschriebenen Mechanismen führen zu einer erfolgreichen Vermeidung der Partnerbeziehung, die ja nicht denkbar wäre, ohne die endgültige Entscheidung für eine Verbindung auf »ewig«. Nirgendwo steht die Forderung nach langfristiger innerer Verbindlichkeit so im Vordergrund wie in der Partnerschaft. Es gibt viele Möglichkeiten, der Partnerschaft auszuweichen, ebenso wie es zahllose Möglichkeiten gibt, innerhalb Ehe und Partnerschaft in Scheinverbindlichkeit zusammenzuleben. Obwohl sich viele Menschen entscheiden, alleine zu leben (ein Drittel der bundesdeutschen Haushalte sind Ein-Personen-Haushalte), so ist doch für viele ihr Vermeidungsverhalten eine Quelle des Unglücks und des Leidens.

Einige Beispiele aus Korrespondenz mit Betroffenen mögen Erkenntnisse über die Folgen der frühkindlichen Entmutigungen vermitteln.

Wenn ich einen Menschen bewundere, von dem ich mir aber nicht vorstellen kann, daß er mit mir irgend etwas zu tun haben möchte, und wenn dieser Mensch dann doch ein Interesse für mich zeigt, auf mich zugeht, gute Eigenschaften in mir erkennt, beflügelt mich das ungemein. Es ist mir dann, als ob mir das Leben erst richtig Freude machen würde. Irgendwann in diesem Hochgefühl tauchen dann Angst und Unsicherheit auf. Meine Sehnsucht nach dieser Ermutigung, diesem Verstanden-Werden - ich habe nämlich das Gefühl, dieser Mensch sieht, daß ich nicht so schlecht bin; er erkennt meine guten Seiten - ist so groß und grenzenlos, daß ein Außenstehender dies gar nicht erfüllen kann. Ich habe dann im Grunde den tiefen Wunsch, Kind zu sein; blind vertrauen zu können, für mich entscheiden zu lassen und keinerlei Verantwortung tragen zu müssen, mich nicht anstrengen zu müssen, nicht achtgeben zu müssen, ob etwas für mich gut ist oder nicht, ich werde ja beschützt, einfach mich fallenzulassen. Das ist mir in dem Moment natürlich nicht bewußt; ich spüre nur ein starkes Angezogen-Sein, eine Hoffnung, die aber eben gleichzeitig mit der Angst vor Nichterfüllung verbunden ist. Zu diesem Zeitpunkt kann der andere sich verhalten wie er will, ich werde es auf jeden Fall negativ interpretieren. Wenn er mich weiterhin ermutigt, werde ich mir sagen, daß genau diese Dinge, auf die er mich anspricht, im Grunde nicht so wichtig, also auch nichts wert sind. Wenn er mich nicht beachtet oder gar verletzt ist, dann ist ohnehin alles klar. Ich kann dann keinen Sinn mehr im Leben erkennen und will es auch nicht. In mir ist dann die tiefe Überzeugung, daß alles Kämpfen und Bemühen doch letztlich zu nichts wirklich Sinnvollem führt. Es ist, als würde ich die Berechtigung zum Leben verlieren. Ich werde sehr gleichgültig, spreche sehr wenig, suche auch keine Hilfe mehr. So oft ich in dieser Situation auch Gespräche suchte, spürte ich die Hilflosigkeit des anderen, und nicht selten hörte ich auch: »Das verstehe ich nicht«, was mir meine Hoffnungslosigkeit nur noch deutlicher werden ließ. Es ist nicht einmal so, daß ich nichts Gutes mehr an mir finden könnte, aber es ist bedeutungslos geworden. Ich komme mir dann wie ein schönes Bild vor, das im Dunkeln hängt. Was bleibt von Farben und Linien ohne Licht noch übrig?

Ein weiteres Beispiel:

Sobald aus oberflächlichen Kontakten eine engere Freundschaft entsteht, macht mir das zu schaffen. Ich finde oft eine Gleichzeitigkeit von Sehnsucht und Angst. Es ist, als wenn ich innerlich in zwei Richtungen gezogen werde. Das, was mich besonders anzieht, ist mir auch der größte

Anlaß zur Flucht. Von den Menschen, die mir besonders lieb sind, fühle ich mich auch am meisten bedroht. Da taucht innerlich immer, wenn ich zur Ruhe komme und nicht abgelenkt bin, eine warnende Stimme auf. Sie macht mich auf alles Mögliche aufmerksam, was mir mit diesem Menschen Verletzliches passieren könnte. Zum Beispiel könnte er mich schließlich doch nicht so wichtig finden. Ich könnte ihm auf die Nerven gehen (oder etwas falsch machen), ohne es zu bemerken und dann unerwartet mit Kritik, Zurückweisung usw. konfrontiert werden. Überhaupt ist es für mich wichtig, daß ich nicht ahnungslos bin, weil ich von allem möglichen Unangenehmen überrascht werden kann. Ich muß ständig mit allem rechnen, auch mit dem Schlimmsten, was für mich bedeutet: mich einem Menschen anzuvertrauen, meine Kontrollinstanzen aufzugeben, mich in Sicherheit zu wiegen und dann aber doch zu fallen, bzw. fallengelassen zu werden. Solange ich mich erinnern kann, ist mir das noch nicht passiert, aber die Vorstellung, daß es so sein könnte, ist für mich gleichbedeutend mit Tod. Es hätte dann auch gar keinen Sinn mehr zu leben, so daß der Tod sogar besser wäre als lebendig zu sein. Kannst Du überhaupt verstehen, daß ich bei dem Drängen von Sehnsucht und Angst immer der Angst folge und bei der Wahl zwischen Anziehung und Flucht immer die Flucht wähle?

Ein weiteres Beispiel:

Ich kann in meiner Neigung zur Vermeidung keine positiven Aspekte entdecken. Sie nützen niemandem wirklich etwas, höchstens bringen sie scheinbaren Schutz, um letztlich Schutzlosigkeit zu bewirken. Ich fühle mich so, als ginge ich mit einem Bein vorwärts und mit einem anderen rückwärts. Dabei denke ich fortwährend darüber nach und beobachte, wo stehe ich eigentlich, wo bin ich, was will ich, was soll ich. Das weiß ich natürlich nie so richtig, aber alle anderen auch nicht. Ich bin für mich und die anderen nicht greifbar. Ich bin wie Seife in der Badewanne, wenn man sie nach langem Suchen gefunden hat, darf man auf keinen Fall fest und hastig zugreifen, sonst ist sie mit Sicherheit wieder weg. Wer nicht greifbar ist, wird auch nicht (fest)gehalten. Wer nicht gehalten wird, muß ständig auf der Hut vor dem Fall, dem haltlosen Treiben sein. Fazit: »Achte darauf, daß Du nirgendwo wirklich bist, daß Du möglichst nicht erkannt wirst. Sobald man anfängt, sich ein klares Bild von Dir zu machen, ändere es.« Ja, und so fange ich dann wieder an, mit einem Bein vorwärts und mit dem anderen rückwärts zu laufen. Es ist alles so logisch und so konsequent, aber ich habe das Gefühl, als würde ich mich auflösen, als würde ich aufhören zu sein, wenn ich mich einem Menschen voll anvertraue, mich voll binden würde und meine eingebauten Fluchtwege aufgeben würde. Wenn die Nähe zu einem anderen zu intensiv wird, dann erlebe ich das als sehr schön, aber aufgrund meiner Kindheits- und Lebenserfahrung ist dieses Schöne im Grunde eine Lüge. Ich weiß tief in mir, daß es nicht wahr sein kann. Sollte ich mich dennoch hineinbegeben, so fürchte ich zu erlahmen oder zu erstarren und in beiden Fällen ist das wie der Tod.

Ein letztes Beispiel:

Ich hatte einmal einen Freund, der mich ständig zum Heiraten drängte. Ich habe mich in diese Beziehung nie wirklich hineinbegeben, aber die Beziehung kreativ mitgestaltet, und ich hatte dabei immer das Gefühl, daß mich das im Grunde alles nichts angeht. Als mein Freund dann eine Stellungnahme gefordert hat, blieb mir nichts anderes übrig, als ihn zu verletzen. Solange ich gedrängt werde, kann ich nur erkennen, daß der andere der Schuldige, der Böse ist. Ich habe auch gemerkt, daß durch diese Wechselduschen von Sympathie, Ermutigung, Liebe und Verletzungen, die ich dem anderen gebe, dieser gerade von mir abhängig wird. Er läuft trotz der Verletzungen hinter mir her, weil er weiß, daß ich ja auch anders sein kann. Und so duldet er meine Verletzungen und wartet auf den Anbruch besserer Zeiten. Darin spüre ich auch meine Kraft. Im Grunde habe ich ja Kontrolle über diese Situation, denn ich bestimme Nähe und Distanz und die Möglichkeit der Spontaneität des anderen. Mit Sicherheit ist es so, daß mein Partner dadurch auch in Vermeidungshaltungen gedrängt wird. Mit mir muß man nämlich immer aufpassen. Mein Freund war so geduldig und hat allmählich aufgehört zu drängen. Ich habe mich immer daran erinnert, daß er mich heiraten wollte. Diese geduldige Haltung hat mir im Grunde nicht geholfen, denn ich weiß, daß es ein Aufschub für die anstehende Entscheidung ist. Es hilft mir nicht, aus der Angst und aus dem Gefühl, innerlich blockiert zu sein, herauszukommen. Geduld hilft mir nur, um zu erkennen, daß ich das Problem bin und nicht der andere. In meiner Entmutigung weiß ich, wenn ich Er wäre, würde ich mit mir nichts zu tun haben wollen, denn es muß unmöglich sein, mit mir zu leben. Ich weiß nicht, ob irgendjemand das verstehen kann, aber, wenn die Chance besteht, daß ich in irgendwelche Verbindlichkeiten hineingezogen werde, kann ich nicht vernünftig handeln. Ich verstehe, daß das mit meiner Entmutigung, durch die immer wiederkehrende Trennung von meiner Mutter, die öfters ins Krankenhaus mußte, zu tun hat, denn im Bereich der Arbeit habe ich keine Schwierigkeit, mich längerfristig zu verpflichten oder Verantwortung zu übernehmen.

Das Prinzip Vermeidung in Ehe und Partnerschaft[2]

Nirgendwo wird die Auswirkung der Entmutigung durch Vermeidung so schmerzlich empfunden wie in Beziehungen, wo Menschen so sehr auf Austausch in der Nähe angewiesen sind, wie in der Lebensaufgabe Ehe und Partnerschaft. Nirgendwo sonst auch ist man so verletzbar, als dort, wo man nur liebenswert ist, wenn man den Mut hat, sich verletzbar zu machen, und nirgendwo sonst haben wir so wenig Erfahrung, Vorbilder und Tradition, als Gleichwertige miteinander zu leben, als in der Lebensaufgabe Ehe und Partnerschaft. Es gibt deswegen wohl nirgendwo so viele »gute Gründe«, Vermeidungsverhalten zu entwickeln, als gerade in Ehe und Partnerschaft. Die Scheidungsraten sind dementsprechend hoch und es gibt keine Gründe zu glauben, daß die, die zusammen bleiben, nun unbedingt glücklich sind.

Ob die Ursachen dafür nun in der Kindheit oder in der mangelnden Fähigkeit, als Gleichwertige miteinander umzugehen und zu kommunizieren, liegen, wodurch einer von beiden sich nicht ernstgenommen fühlt, d.h. also in den schlechten Erfahrungen, die man im Erwachsenenleben miteinander macht, eines steht fest: Partnerschaft, Ehe, Familie und Vermeidung gehören nicht grundsätzlich zusammen. Vermeidung in der Ehe heißt: einander ausweichen. Dabei fühlt der andere sich vernachlässigt bzw. nicht ernstgenommen. Was vermeiden wir?

Wir vermeiden Nähe und Zärtlichkeit, die sexuelle Beziehung, das gemeinsame Frühstück, den Blickkontakt, das Aussprechen von Gefühlen, das offene Sprechen über Probleme. Wir vermeiden es, den anderen wirklich an unserem Leben teilhaben zu lassen und generell das Zusammenarbeiten.

Nachstehend ist eine Aufstellung von Fluchtwegen, die wir wohl nur dann als Fluchtwege erkennen, wenn wir dieses Verhalten bei uns selbst oder bei dem Partner als solches erleben:

---

2 siehe auch: Theo Schoenaker, »Mut tut gut: Zwischen Frau und Mann« (in Vorbereitung für Herbst 1993)

lesen,
in die Werkstatt verschwinden,
telefonieren,
den Wagen pflegen,
Zeit mit den Kindern verbringen,
Ausschuß- oder Vereinsaufgaben, Elternbesuche,
außereheliche Beziehungen,
Blickkontakt meiden,
auf der Couch einschlafen,
spät nach Hause kommen,
krank und müde sein,
nicht berührt werden wollen,
sexuellen Kontakt meiden,
im Garten leben,
Waldlauf machen,
tagträumen,
nicht reden wollen,
trinken,
das Haus renovieren,
masturbieren,
Kreuzworträtsel lösen,
dem Hund Liebe schenken,
fernsehen, usw. usw.

Viele Ehen sind im obigen Sinne durchlöchert. Anstatt Möglichkeiten zu suchen, in Vertrauen zusammen zu sein und sich auszutauschen, das zu erleben, was sie vor der Ehe gesucht haben, nämlich Vertrauen, Wärme, Verständnis, Zärtlichkeit, Geborgenheit, Gemeinsamkeit, suchen die Partner oder einer von beiden Möglichkeiten, körperlich oder geistig »weg zu sein«. Gibt es Möglichkeiten, diese Fluchtwege zu schließen und die Einsamkeit zu zweit zu beenden? Ja, es gibt sie. Ich habe mit Antonia, meiner Frau, in unserem Buch »Die neue Partnerschaft« (Horizonte-Verlag, 1989) die praktischen Lösungswege beschrieben.

Es gab sicher für Euch als Paar auch andere Zeiten. In der romantischen Phase oder der Zeit Eurer Verliebtheit hattet Ihr wenig Bedürfnis, Nähe und Zärtlichkeit zu vermeiden. Jeder von Euch hat erfahren, wie stärkend es ist, wenn Ihr Euch öffnet, Euch gegenseitig anvertraut und Euch voll auf die Beziehung einlaßt.

Ich bin mir ganz sicher, daß die meisten Menschen, die Schwierigkeiten in ihrer Beziehung haben, nicht krank sind, sondern Opfer von mangelnder Information, mangelnden Vorbildern und mangelnden Möglichkeiten, neues Wissen praktisch zu üben. Deshalb empfehle ich an dieser Stelle das Buch »Die neue Partnerschaft« und die Teilnahme an Ermutigungs- oder Wachstumsgruppen, wie sie in Kapitel 8 beschrieben werden.

In der heutigen Zeit braucht kein Paar aus Mangel an Wissen und praktischen Übungsmöglichkeiten in einer unbefriedigenden Beziehung weiterzuleben. Es ist besser die Notwendigkeit zu erkennen, gemeinsam an der Qualität einer Beziehung zu arbeiten und die Möglichkeiten zu nutzen, als irgendwann festzustellen, wir bzw. ich habe(n) zu spät reagiert. Wie die meisten Menschen, die Vermeidungsverhalten entwickelt haben, hast auch Du vielleicht das Gefühl, daß Du gar keine andere Wahl hast, als Dich so zu verhalten, und vielleicht erlebst Du es dadurch auch gar nicht als Vermeidungs- bzw. Fluchtverhalten. Deswegen finde ich es gut, daß Du dieses Buch zur Hand genommen hast, um Dich zu orientieren, denn unwissend kann man seine »Dummheiten« noch lange wiederholen, aber wissend dieselben »Dummheiten« fortzusetzen, das ist schwierig.

Hätten Vati und Mutti eher verstanden, wie sie in Vermeidungsverhalten gefangen waren; sie durch ihre Haltung des Verzichtens und des Opferns und er durch seine Betriebsamkeit, so wäre folgende Geschichte vielleicht anders ausgefallen.

Mutti schien nie die schöneren Dinge des Lebens zu vermissen, und wenn sie es tat, so ließ sie es Vati nie wissen.
Sie wollte nie etwas anderes, als Mutter und Frau sein, und wenn sie es wollte, so ließ sie es Vati nie wissen.

Das Einzige, was in ihrem Leben von Wichtigkeit zu sein schien,
war, aus unserem Haus ein Heim zu machen, und uns alle glücklich zu sehen.
Mutter wollte nie mehr, als was sie hatte,
und wenn sie es wollte, so ließ sie es Vati nie wissen.
Er ließ sie oft allein,
aber sie hatte nichts dagegen, zuhause zu bleiben,
und wenn sie etwas dagegen gehabt hätte, so ließ sie es Vati nie wissen.
Sie vermißte nicht die Blumen und Karten, die er nie schickte,
und wenn sie es tat, so ließ sie es Vati nie wissen.
Als selbstverständlich angesehen zu werden, nahm sie hin
und sie brauchte nie all' diese Dinge, um glücklich zu werden.
Sie schien nicht zu bemerken, daß er sie nie küßte oder in den Armen hielt,
und wenn sie es tat, so ließ sie es Vati nie wissen.
Eines Morgens erwachten wir und fanden einen Zettel,
den Mutti sorgfältig geschrieben und Vati zurückgelassen hatte.
Und als er ihn zu lesen begann, trauten wir unseren Ohren nicht,
solche Worte zu hören, wie sie sie an Vati geschrieben hatte.
Sie sagte: »Die Kinder sind nun alt genug, und sie brauchen mich nicht mehr so sehr.
Deshalb habe ich mich auf die Suche nach Liebe gemacht, die ich so nötig habe.
Ich hätte dich schon so lange gebraucht, aber nun kann ich nicht länger warten.«
Sie hatte nicht die Absicht, nach Hause zurückzukehren,
und wenn sie es vorhatte, so ließ sie es Vati nie wissen.
Lebe wohl, Vati!
(aus: Love must be tough, Dr. J. Dobson)

Ihr könnt lernen, miteinander zu sprechen, einander besser kennenzulernen, Eure Grenzen im Einvernehmen miteinander abzustecken und die Anfangsliebe wieder aufflammen zu lassen. Neues Wissen und Ermutigung, aber auch sonst etwas mehr Anstrengung für die qualitative Entwicklung Eurer Beziehung werden die Türöffner sein, diese Lebensaufgabe befriedigender zu gestalten.

2. Ermutigende Erkenntnisse

Einsichten und die Erkenntnis neuer Möglichkeiten, das Verständnis für die Gesetzmäßigkeiten des Lebens, die Fähigkeit, durch Wissen die Geschehnisse des Lebens einzuordnen, sind notwendig, wenn Du Dich im Leben zurechtfinden willst. Aber das alles genügt nicht. Viele Menschen bleiben hier stehen. Es ist, als glaubten sie, Wissen sei genug. Wissen ist aber in Wirklichkeit nur der Anfang. Man muß nicht nur wissen, man muß auch tun. Ich hoffe, daß die weiteren Kapitel Dir nicht nur Anlaß sind, weiteres Wissen zu speichern, sondern Dich dazu bewegen, das Gelesene wirklich in die Praxis umzusetzen. Dieses wünsche ich Dir, weil Wissen, das Du nicht umsetzt, Dich nur belastet. Es macht Dich unzufrieden und Du entwickelst Schuldgefühle, weil Du nicht tust, was Du weißt, das Du tun könntest.

2.1. Der Mensch - ein soziales Wesen

Jeder von uns lebt sein Leben in Kontakt mit anderen Menschen. Die Anzahl der Kontakte ist begrenzt. Freuden und Probleme liegen sowohl in den mitmenschlichen Kontakten, als auch in ihrem Fehlen. Der Mensch ist ein Gemeinschaftswesen. Er gehört zur Familie der Menschheit. Es ist nicht einfach, den Begriff Menschheit gedanklich zu erfassen. Er bedeutet, daß alle Menschen auf dieser Erde eine große Familie bilden, deren Mitglieder verschiedenen Nationen, Rassen, Religionen und Kulturen angehören. Alle sind im weitesten Sinne Geschwister. Der Mensch ist ein soziales Wesen, dies ist die Kernaussage eines geistigen Gesetzes. Wer gegen dieses Gesetz verstößt und meint, er habe mit anderen nichts zu tun, der wird sehr oft

Schiffbruch erleiden und feststellen, daß er ohne Zusammenarbeit, Anpassung und gegenseitige Unterstützung gar nicht leben kann und überdies wird er einen hohen Preis der Einsamkeit bezahlen müssen. Wer jedoch auf dem Strom dieses Gesetzes mitschwimmt, also bereit ist, die Bedingungen zu erfüllen, der wird sich sozial, d.h. zum Wohle der Gemeinschaft verhalten. Er wird bei dem, was er tut, nicht nur seine eigenen Interessen, sondern auch die Interessen der anderen im Auge behalten. Er wird verstehen, daß er auf Dauer seinen eigenen Interessen am meisten dient, wenn er sich für das Wohl der Gemeinschaft einsetzt.

Wenn in einer Familie die Mitglieder auf das gemeinsame Wohl bedacht sind, zusammenarbeiten und sich gegenseitig helfen, dann geht es dieser Familie gut. Es ist wie in einem gesunden Körper. Wenn alle Zellen zum Wohle des ganzen Körpers zusammenarbeiten und sich gegenseitig in ihrer besonderen Funktion unterstützen, dann geht es dem Körper gut. Geschwülste entstehen dort, wo Zellen sich selbständig machen, auf Kosten anderer sich bereichern oder vermehren. Dies kann zum Tod des Körpers führen. In der Gemeinschaft der Menschen ist es, wie wir wissen, nicht anders. Wer als soziales Wesen leben will, braucht bestimmte Fähigkeiten.

Es sind Fähigkeiten, die uns nicht angeboren sind, aber wozu wir die Veranlagung haben. So mußten wir als Kind lernen, die Sprache der Menschen um uns herum zu sprechen. Jetzt hilft es, wenn wir die wichtigsten Weltsprachen sprechen. In Zukunft, wenn die Menschen in diesem kleiner werdenden Land Erde noch mehr zusammengewachsen sind, wird es eine Welthilfssprache geben. Die Sprache ist ein Werkzeug der Verständigung. Sprechen können genügt noch nicht, denn das Sprechen des einen bekommt erst einen Sinn durch das Zuhören des anderen. Wir müssen also auch zuhören lernen. Zuhören allein genügt nicht, wir müssen auch Interesse entwickeln für die Interessen des anderen und Verständnis für seine ganz persönliche Lage. Wir brauchen auch die Fähigkeit über alle Angelegenheiten miteinander zu beraten. Derzeit werden noch viele Entscheidungen von einer Person oder von einem Gremium getroffen, und in dem Gremium setzt sich die Meinung desjenigen durch, der am besten reden kann. In Zukunft wird sich das Prinzip der Beratung auf der Grundlage der Gleichwertigkeit vollziehen. Wir werden wie in der kleinen Familie zum Wohle des Ganzen zusammenarbeiten, unsere Fähigkeiten und Talente zum Wohle der Gemeinschaft einsetzen und helfen, wo Hilfe gebraucht wird.

Es hat Zeiten gegeben, in denen die einzelnen Menschen ihr Zugehörigkeitsgefühl nicht weiter ausdehnen konnten, als zur eigenen Sippe oder zum eigenen Volk. Später konnte man es schon auf die eigene Nation, der vielleicht mehrere Völker angehörten, erweitern. Noch immer gibt es Menschen, die ihr Zugehörigkeitsgefühl auf eine soziale Schicht mit einem bestimmten Einkommen oder auf ihre eigene religiöse Gemeinschaft beschränken. Die Entwicklung geht jedoch dahin und immer mehr Menschen verstehen es, daß wir auf dieser Erde auf Dauer nicht ganze Bevölkerungsgruppen ausschließen oder ihnen Schaden zufügen können, ohne uns selbst zu schädigen.

Es kann ein ermutigender Gedanke sein, daß jeder von uns eine wichtige Zelle im Organismus Menschheit ist. Dadurch, daß er seine eigenen Interessen in Übereinstimmung mit den Interessen des Ganzen bringt, hat er im Grunde einen wichtigen Platz, genauso wichtig wie die gesunden Zellen im menschlichen Körper. Wenn es auch für Dich ein Ziel werden kann, durch Verhalten, Vorbild und Ideale zur Gesundung anderer Zellen beizutragen, dann kannst Du ein glückliches und erfülltes Leben leben. Denn dann hat mit diesem Ziel Dein Leben auch Sinn. Die Frage, die Dich dann immer mehr beschäftigt, lautet: »Wo und wie kann ich am besten einen Beitrag leisten?«

Wir stehen nun nicht nur vor der lohnenden Herausforderung, uns bestimmte Fähigkeiten, die für das Zusammenleben mit anderen nützlich sind, anzueignen, wir stehen auch vor ganz bestimmten Lebensaufgaben, mit denen jeder Mensch permanent konfrontiert wird. Die Auseinandersetzung mit ihnen und ihre Lösung ist Ziel und Sinn des Lebens.

Die sozialen Lebensaufgaben

Aus der Sicht der Individualpsychologie gibt es fünf Lebensaufgaben. Alfred Adler sprach von den Lebensaufgaben: *Arbeit*, *Liebe* und *Gemeinschaft*. Seine Schüler, Rudolf Dreikurs und Harald Mosak, beschrieben noch zwei weitere, nämlich die *Beziehung zum Kosmos* und den *Umgang mit sich selbst*. Diese Lebensaufgaben richtig verstanden, dienen dem Wohl der Menschheit. Sie alle fünf zu erfüllen, erfordert ein gewisses Bemühen. Schon eine teilweise erfolgreiche Bewältigung schenkt uns tiefe innere Befriedigung. Unsere sozialen Probleme rühren von einem fehlerhaften Umgang mit diesen Aufgaben her. Sie zu kennen und zu unterscheiden kann uns helfen, unsere Energie in der richtigen Weise einzusetzen.

1. Arbeit

Arbeiten mit der richtigen Grundeinstellung, d.h. im Bewußtsein, daß das, was wir tun, irgendwie ein Beitrag zum Wohle des Ganzen darstellt, ist gesund. Aufgaben verantwortungsvoll so gut wie möglich zu erledigen und dabei noch in guter Stimmung zu sein, das tut uns und unseren Mitmenschen gut, sogar dann, wenn wir nicht verstehen, welchen Sinn diese Arbeit im Ganzen der Menschheit haben soll, obwohl uns das Verständnis hierfür und unsere bewußte Einbringung grenzenlos bereichert. Arbeiten, Tätigsein, Ideen entwickeln, Neues erfinden, sich mit anderen Menschen im Arbeitsprozeß sinnvoll auseinandersetzen, Schwierigkeiten überwinden, das alles gehört zum Menschen und tut ihm wohl.

Die Erdkruste, auf der wir leben, muß bearbeitet werden, damit sie bewohnbar wird und das hervorbringt, was das Leben der Menschen auf Erden ermöglicht. Die Arbeit zum Wohle aller muß verteilt werden. Wir vergegenwärtigen uns selten, wie viele Menschen dazu beigetragen haben, daß das Brot auf unserem Tisch liegt. Vom Pflügen, Sähen, Mähen, Dreschen, Mahlen, Backen, Transport, bis zum Verkaufen gehört vieles dazu oder was durch Menschenhand geschah, zwischen dem Sägen des Baumes in einem fernen Land bis hin zum fertigen Tisch, an dem wir unser Brot essen. Alfred Adler hat nun darauf hingewiesen, daß soziales Verhalten auf die Zukunft ausgerichtet sein muß, d.h. es geht nicht darum, ob das, was wir tun, einen kurzfristigen Nutzen bringt, sondern ob das, was wir heute tun, auch unter der Perspektive der »Ewigkeit« sinnvoll ist. Die vielen ökologischen Probleme machen uns klar, daß wir allzuoft am Anfang nicht auf das Ende, sprich auf die »Ewigkeit« geschaut haben. Es lohnt sich, es ist eine ermutigende Kraft, die richtige Haltung zur Lebensaufgabe Arbeit und natürlich auch zur Ausbildung, die schließlich zur Arbeit führt, zu entwickeln.

Mit der Lebensaufgabe Arbeit sind die meisten Menschen vertraut, weil sie in der Kindheit Vorbilder aus diesem Bereich hatten. Die Großeltern arbeiteten, die Eltern arbeiten, und so weiß jeder von frühester Kindheit an: Arbeit muß sein. Für wenige Menschen ist jedoch die Arbeit eine Freude. Vielleicht hängt es gerade damit zusammen, daß wir erzogen wurden mit der Idee: Arbeit muß sein, anstatt Arbeit als ein Geschenk zum Freuen anzusehen. Vielleicht war die biblische Vorstellung, daß Arbeit die Strafe für den sündigenden Menschen ist, auch nicht sehr hilfreich. Wir lernten ja schon als Kind, daß Adam und Eva aus dem Paradies verbannt wurden und die Strafe u.a. lautete: »Du sollst im Schweiße Deines Angesichtes Dein Brot verdienen«.

Ich bin sicher, daß viele von uns die besten Erinnerungen an befriedigende Stunden haben, in denen sie arbeiten und schwitzen konnten. Packen wir also die Lebensaufgabe Arbeit an, bewältigen wir unsere Aufgaben, so gut es nur möglich ist, schauen wir anerkennend auf unsere eigenen Versuche und Fortschritte und tun das auch bei unseren Kollegen. Wir ermutigen sie dadurch und schaffen unter Anwendung der ermutigenden Haltungen und Fähigkeiten (siehe Kap. 4) eine gute Atmosphäre am Arbeitsplatz, reduzieren Verleumdungskampagnen und üble Nachrede, die die Atmosphäre vergiften, und senken so auch die Unfallquote. Wenn Du Dich so verhälst, wirst Du spüren, daß Du wichtig und wertvoll bist für die Gemeinschaft, in der Du lebst. Auch wenn die Handlungen am Arbeitsplatz Dir nicht sehr sinnvoll erscheinen und sogar dann, wenn Du weißt, daß die Arbeit, die Du machst, eigentlich für destruktive Zwecke eingesetzt wird, mache Dir Gedanken über eine sinnvollere Arbeit, aber laufe nicht so schnell weg. Was Du jetzt aus dieser gegebenen Situation machst, die Fähigkeiten, die Du dabei entwickelst, machen Dich an der nächsten Arbeitsstelle um so nützlicher.

2. Liebe

Die soziale Lebensaufgabe Liebe bezieht sich auf Ehe und Partnerschaft. Nirgendwo ist der Mensch so gefordert zusammenzuarbeiten und zu helfen, sich anzupassen und kreativ zu sein, als in der Lebensaufgabe Ehe und Partnerschaft, wo er über viele Jahre mit einem Menschen auf einer begrenzten Anzahl Quadratmetern zusammenlebt. Gerade hier wird das Gemeinschaftsgefühl, das sich in den ermutigenden Haltungen und Fähigkeiten ausdrückt, immer wieder gefordert und getestet. Obwohl das Schließen einer Ehe keine Pflicht ist, liegt es doch in der Natur des Menschen, daß er sich zu dem anderen Geschlecht hingezogen fühlt. Die Fremdheit wird durch die Phase des Verliebtseins überwunden, man kommt sich näher und überschreitet immer weitere Grenzen, bis durch den sexuellen Kontakt die Fortpflanzung und damit der Fortbestand der Menschheit erreicht wird.

Miteinander sprechen, zuhören, Interesse zeigen, ermutigen, anpassen, helfen, zusammenarbeiten auf der Grundlage der Gleichwertigkeit von Mann und Frau sind Fähigkeiten, die bei dieser Lebensaufgabe, der man nicht so leicht ausweichen sollte, dringender als in anderen gefordert werden. Viele Menschen haben mit dieser Lebensaufgabe Schwierigkeiten, weil sie in ihrer Kindheit keine guten Vorbilder für kreative, gleich-

54

wertige Ehen hatten. Manche Menschen entscheiden sich deswegen gegen die Ehe und leben lieber als Single.

Trotzdem ist es die Sehnsucht eines jeden Menschen, einen
Partner für sich allein zu haben; einen Partner, mit dem man
sprechen kann, mit dem man alle Gedanken und Gefühle aus-
tauschen kann; einen Partner, den man so gut kennt, wie man
sich selbst kennt; dessen Körper einem so vertraut ist, wie der
eigene; einen Partner, von dem man weiß, daß er zu einem
steht, auch wenn andere uns schon längst fallengelassen haben,
und mit dem man gemeinsam höhere Ziele anstreben kann als
nur die Erfüllung der täglichen Aufgaben; einen Partner, mit
dem man lachen und weinen und sich necken kann und vor dem
man sich nicht zu fürchten braucht.

Vielleicht gibt es so einen Partner nicht. Aber nach meiner
Überzeugung und Erfahrung kann ein Paar, das wirklich bereit
ist, an der Beziehung zu arbeiten, immer wieder die beglük-
kende Erfüllung einiger dieser Sehnsüchte erleben. Packen wir
also die Lebensaufgabe Liebe an. Sie bietet mehr als andere
Lebensaufgaben die Möglichkeit, unser soziales Potential zu
entwickeln. Noch nie in der Menschheitsgeschichte hat es so
viele nützliche Informationen darüber gegeben, wie man
Schwierigkeiten in der Lebensaufgabe Ehe und Partnerschaft
überwinden und daran selbst wachsen kann, wie heute.

3. Gemeinschaft

Nicht nur die Arbeit und das Zuhause sind Bausteine für unser Leben, sondern auch alle Menschen, denen wir in anderem
Zusammenhang begegnen. Das sinnvolle Gestalten der Freizeit
bringt uns immer in Kontakt mit anderen Menschen. Es entwickeln sich Freundschaften, Kameradschaften; wir suchen
gemeinsam nach Zielen und verbinden uns zu Interessengemeinschaften, die unsere Fähigkeiten entwickeln, aber mit deren Hilfe wir auch größere Ziele aus dem Bereich von Politik,
Wissenschaft oder Religion verfolgen. Auch hier geht es wieder
um Hilfe und Zusammenarbeit. Gemeinsam erreichte Ziele

können tief befriedigen, die Gespräche mit Menschen anderer Wissens- und Erfahrungshintergründe können anregen und das zwanglose Zusammensein mit Menschen, die nicht zum Bereich der Arbeit und der Familie gehören, kann uns bereichern. Nein, einsam brauchen wir nicht zu sein, sobald wir erkennen, daß der Weg der Gesundheit auf den anderen Menschen zugeht. Packen wir also die Lebensaufgabe Gemeinschaft an und tragen mit Hilfe der ermutigenden Haltungen und Fähigkeiten zum Frieden und zur Entwicklung in und zwischen den verschiedenen Interessengemeinschaften bei.

4. Die Beziehung zum Kosmos bzw. zur Religion

Die Erfüllung der drei Lebensaufgaben Arbeit, Liebe und Gemeinschaft beantwortet nicht die wesentlichste Frage, die viele Menschen in ihrem Herzen bewegen, die Frage nach dem Sinn des Lebens. Sie vermeiden die Frage nach der Beziehung zum Kosmos und nach dem Sinn des Daseins hier auf dieser Handvoll Staub im All, die wir Erde nennen, und nach dem, was uns am Ende dieses Lebens erwartet. Soll das alles sein, diese siebzig, achtzig Lebensjahre? Was ist der Sinn des Leids? Woher kommen die Religionen? Gibt es einen Gott? Diese und ähnliche Fragen sollten nicht verdrängt werden. Für den Sucher gibt es Antworten, Gewißheit, Ruhe und Geborgenheit. Da wir doch wissen, daß wir alle sterblich sind, kommt es mir oft leichtsinnig vor, obigen Fragen einfach auszuweichen.

Packen wir diese Lebensaufgabe mit der Gewißheit an, daß der Schöpfungsplan auch über das materielle Leben hinaus Vorkehrungen getroffen hat. Packen wir die Aufgabe mit der Sicherheit an, daß Religionen nicht nur geschichtliche Erscheinungen sind, sondern daß Religion auch für die Menschen dieser Zeit und der sich bildenden neuen Weltordnung notwendig ist und Antworten bereithält.

5. Der Umgang mit sich selbst

Der Großteil dieses Buches handelt von dieser Lebensaufgabe. Sie färbt und bestimmt die Qualität aller anderen Lebensaufgaben. Also, bitte weiterlesen.

2.2. Der Mensch –
ein Entscheidungen treffendes Wesen

Weißt Du manchmal auch nicht, was Du willst? Der Mensch, als ein Entscheidungen treffendes Wesen, ist ein weiteres psychologisches Prinzip. Es ist zwar nur eine Annahme, aber vielleicht gehörst Du auch zu den Menschen, die sich damit anfreunden und sich dadurch besser kennenlernen können. Die Arbeit mit diesem Prinzip ist zwar nur ein Baustein, aber er kann Dir mit den anderen Bausteinen der weiteren Kapitel helfen, Klarheit über Dich selbst zu gewinnen, wenn Du Dir selbst einmal ein Rätsel bist.

Du kannst Dich entscheiden, ins Kino zu gehen oder zu Hause zu bleiben. Du kannst Dich entscheiden, Freunde zu besuchen oder allein wegzugehen. Derartiges ist uns generell bekannt, und damit leben wir. Du kannst Dich aber in jeder Situation auch entscheiden, die Mundwinkel hängenzulassen oder sie hochzunehmen und lächelnd in die Welt und in Dich selbst hineinzuschauen. Du kannst Dich entscheiden, die Fehler, das Störende an Deinem Partner, an Deinen Eltern, an Deinen Kollegen zu sehen oder Deinen Blick auf das Gute, auf das Konstruktive oder Liebenswerte zu richten. Du kannst Dich entscheiden, hart zu bleiben oder zu verzeihen. Du kannst Dich entscheiden, im Wirrwarr des täglichen Lebens unterzugehen oder Dir über geistige Themen Gedanken zu machen. Du kannst nach wie vor schweigen, hadern und zögern, oder Du kannst das längst fällige, klärende Gespräch endlich riskieren. Aber wie Du Dich auch entscheidest, *das, was Du tust, ist das, was Du willst.*

Du kannst weiterhin dickköpfig auf eigenen Wünschen und Bedingungen bestehen, Du kannst aber auch im Dienste des Friedens nachgeben und eine gemeinsame Grundlage suchen. Du kannst weitermachen, so wie Du bis jetzt lebst, oder Du kannst die Entscheidung treffen, von der Du weißt, daß sie schon längst fällig ist. Aber wie Du Dich auch entscheidest, das, was Du tust, ist das, was Du willst. Diese Erkenntnis kann man auch umdrehen: *Das, was Du willst, wird sichtbar in dem, was Du tust.* So beurteilen wir schließlich andere Menschen und reagieren auch auf sie. Denn wenn ich in meinen Rückspiegel schaue und sehe, daß der hinter mir fahrende Wagen nach links ausscherte und seine Geschwindigkeit erhöht, so weiß ich durch das, was er tut, was er will: Er will mich überholen.

Die Entscheidungen, die Du triffst, bestimmen die Qualität Deines Lebens. Du kannst Dich entscheiden, es so zu machen wie der Pfau, der immer zufrieden ist, den Kopf hochträgt und nur seine schönen Federn anschaut und nie auf seine häßlichen Füße sieht. Du kannst es auch so machen wie David, als er dem großen Goliath gegenüberstand. Die Juden, die sich versammelt hatten, um den Zweikampf mitzuerleben, zitterten vor Angst und dachten: »Wie klein ist dieser und wie groß ist jener. Das schafft er nie.« David aber dachte: »Schön, daß er so groß ist, den kann ich nie verfehlen.« Du kannst Deine Aufgaben so oder so machen. Du kannst das Positive oder das Negative sehen. Die Entscheidung und damit die Qualität Deines Lebens liegt bei Dir, aber *was Du wirklich willst, ist das, was Du tust.*

Das Prinzip, daß der Mensch ein Entscheidungen treffendes Wesen ist, umfaßt aber noch mehr. Es geht nämlich nicht in erster Linie darum, daß Du Dich so oder so entscheiden *kannst*, es geht darum, daß Du Dich *nicht nicht* entscheiden *kannst*. Wenn ich sage, der Mensch ist ein atmendes Wesen, dann drücke ich damit aus, daß der Mensch aus dem Prozeß des Ein- und Ausatmens nicht entweichen kann, solange er lebt. So ist es auch mit den Entscheidungen: Solange Du lebst, kannst Du aus dem Prozeß des Entscheidens nicht entweichen.

Alles, was Du tust, fühlst, denkst, erwartest oder träumst, ist das Ergebnis Deiner eigenen, meist unbewußten Entscheidungen. Normalerweise bezeichnen wir mit dem Wort »Entscheidung« einen »ziel«-bewußt durchgeführten Vorsatz. Du nimmst Dir vor, eine bestimmte Person nach dem Weg zu fragen; Du gehst auf sie zu und führst den Vorsatz durch. Ob Du Dich wirklich entschieden hast, es zu tun, wird in Deiner Handlung sichtbar. Das war eine bewußte Entscheidung. Der Begriff ist aber auch auf unbewußte Prozesse zu erweitern, und so kannst Du generell sagen, daß Du erkennen kannst, was Du wirklich willst, wenn Du darauf achtest, was Du tust oder getan hast. Dies gilt sowohl für bewußte als auch für unbewußte Entscheidungen.

Im täglichen Leben triffst Du nur wenige Entscheidungen nach einem bewußten Vorsatz. Die meisten Entscheidungen kommen nicht bewußt zustande. Deswegen verstehst Du auch oft nicht, wieso oder wozu Du Dich für ein bestimmtes Verhalten, für ein bestimmtes Gefühl oder für einen bestimmten Gedanken entschieden hast.

Wenn jemand in seiner Nase bohrt, während er ein Buch liest, so ist klar, daß der Finger kein eigenes Leben führt und sich nicht ohne das Zutun des Lesers in dessen Nase befindet, sondern daß der Leser, vielleicht nicht bewußt, sich entschieden hat, mit seinem Finger in seiner Nase zu bohren. Es wäre ja lächerlich anzunehmen, daß der Finger ein eigenes Leben führt. Der Betreffende würde nach oben erarbeitetem Prinzip seine Situation so formulieren: »Ich muß mich wohl dazu entschieden haben, zu lesen und zur gleichen Zeit in meiner Nase zu bohren.«

Wenn ein Vater sich aufregt und sein Kind schlägt, so lautet seine Erkenntnis hinterher: »Ich habe mich entschieden, mich aufzuregen und mein Kind zu schlagen.« Wir merken jetzt schon an diesen Beispielen, daß der Satz: »Der Mensch ist ein Entscheidungen treffendes Wesen«, ziemlich unbequem ist. Der Satz läßt uns keinen Spielraum für Entschuldigungen. Wir können nicht mehr auf Kräfte oder Einflüsse außer unseren eigenen zurückgreifen. Sicher, es kann sein, daß es in der Nase des Lesers gekribbelt hat und daß das Kind seinem Vater das Leben schwer gemacht hat. Diese Umstände können jedoch an der Tatsache nichts ändern, daß der Betreffende sich entschieden hat, in seiner Nase zu bohren bzw. sein Kind zu schlagen. Alle nachher angeführten Entschuldigungen, wie z.B.: »Ich wollte mein Kind ja nicht schlagen, ich konnte jedoch nichts dafür, meine Hand ist mir ausgerutscht; irgendetwas in mir war stärker als ich« sind Selbsttäuschungen und verschleiern unseren Blick für die Wahrheit.

Wenn Du mit einer traurigen Miene in der Ecke sitzt, kannst Du von Dir sagen: »Ich habe mich entschieden, mich in die Ecke zu setzen und eine traurige Miene zu machen.« Nur Du selbst konntest Dich ja in die Ecke setzen, und Deine Gesichtsmuskeln sind Deine eigenen Gesichtsmuskeln, deren Ausdruck nur Du selbst bestimmen kannst. Ich bin sicher, daß Du in den meisten Fällen Deine Situation nicht als das Ergebnis Deiner Entscheidung erlebst, Du fühlst Dich einfach traurig, weil etwas nicht so gelaufen ist, wie Du es Dir vorgestellt hast. Vielleicht fühlst Du Dich auch als Opfer Deiner eigenen Stimmungen. Aber wie dem auch sei, es kann Dir helfen, Dir in einer solchen Situation zu vergegenwärtigen, daß Du als Entscheidungen treffendes Wesen es offensichtlich so haben willst, wie es jetzt ist, sonst könntest Du Dich ja auch anders entscheiden. Die meisten Menschen gestehen sich das nicht gerne ein, deswegen stoßen wir hier auf Begriffe wie Wertung und Verantwortung.

Wertung und Verantwortung

»Wenn meine Taten Ausdruck meiner eigenen Entscheidungen sind, so trage ich für meine Handlungen auch die Verantwortung.« Diese Aussage kommt uns wie ein Ziel des Erwachsenwerdens vor. Ob Du jedoch bereit bist, Deine Handlungen als Ausdruck Deiner eigenen Entscheidungen anzunehmen, hängt wohl eng damit zusammen, ob Du Deine Handlungen als positiv oder negativ einschätzt. Wenn Du fröhlich oder freundlich bist, ein Buch liest oder eine Zigarette rauchst, so kannst Du diese Handlung positiv oder wertfrei deuten und Dir eingestehen: »Ich habe mich entschieden, freundlich zu sein. Ich habe mich entschieden, fröhlich zu sein. Ich habe mich entschieden, ein Buch zu lesen. Ich habe mich entschieden, eine Zigarette zu rauchen. Ich stehe dazu.«

In anderen Fällen wie Traurigkeit, Weinen, Erröten, Stottern, Untreue, Wutausbrüche hast Du sicher größere Schwierigkeiten, diesen Grundsatz konsequent anzuwenden. Das würde nämlich heißen: »Ich habe mich entschieden, traurig zu sein; ich habe mich entschieden zu weinen; ich habe mich entschieden zu erröten, zu stottern, untreu zu sein, einen Wutausbruch zu haben.« Die Annahme, daß diese Verhaltensweisen Ausdruck Deiner eigenen Entscheidungen sind, bedeutet ja auch, daß Du dafür die Verantwortung trägst und den damit verbundenen Konsequenzen nicht ausweichen willst. Hinter der Formulierung: »Ich habe mich entschieden...« spürst Du ja auch, daß Du, wenn Du wolltest, Dich auch anders hättest entscheiden können. Das ist oft unangenehm, und deswegen benutzen wir dann Entschuldigungen, mit denen wir äußere Umstände oder andere Personen für die Traurigkeit, für das Weinen usw. verantwortlich machen und sagen: »Ich kann nichts dafür« oder »Ich würde ja so gerne anders, aber es geht einfach nicht« oder »Ich bin nicht schuld« usw. Das Geradestehen für die eigenen Handlungen und deren Folgen ist eine erstrebenswerte soziale Haltung, wobei uns dieses individualpsychologische Prinzip »Der Mensch ist ein Entscheidungen treffendes Wesen« helfen kann.

Es gibt sozial nützliche und sozial schädliche Verhaltensweisen; es gibt verbindende und trennende Gefühle. Dafür haben wir die Begriffe »gut« und »schlecht«. Die Angst, schlecht zu sein oder für schlecht gehalten zu werden, führt zu dem Versuch, die Erkenntnis, daß sozial störende Verhaltensweisen und trennende Gefühle im Bereich unserer eigenen Entscheidung liegen, nicht anzunehmen. Für Deine Selbsterziehung kann es jedoch eine große Hilfe sein, wenn Du vorläufig Werturteile über Dein Verhalten unterläßt. Es geht jetzt nicht darum, ob Traurig-sein, Weinen, Untreue, Aggressivität, Einsamkeit usw. gut oder schlecht sind, sondern daß Du für Dich selbst feststellst:

>>Ich habe mich entschieden, traurig zu sein, sonst wäre ich ja nicht traurig.<<

>>Ich habe mich entschieden zu weinen, sonst würde ich jetzt nicht weinen.<<

>>Ich habe mich entschieden zu kämpfen, sonst würde ich jetzt nicht kämpfen.<<

>>Ich habe mich entschieden nachzugeben, sonst gäbe ich jetzt nicht nach.<<

>>Ich habe mich entschieden zu erröten, sonst hätte ich jetzt nicht einen so heißen Kopf.<<

>>Ich habe mich entschieden, aggressiv zu sein, sonst wäre ich nicht aggressiv.<<

>>Ich habe mich entschieden, einsam zu sein, sonst wäre ich nicht einsam.<<

Erst wenn Du Deine Verhaltensweisen als Deine Entscheidung, ohne Dich selbst schlecht zu machen, akzeptiert hast, kannst Du sachlich auf die Frage eingehen: >>Wozu habe ich das nötig? Warum entscheide ich mich nicht anders? Was bringt mir dieses Verhalten?<< Solange Du über Deine eigenen Verhaltensweisen die Meinung hast: >>Ich kann nicht anders<<, machst Du die Tür zur Selbsterkenntnis zu. Wenn Du aber Dein Verhalten mit diesen neuen Einsichten belegst, z.B.: >>Ich will es offensichtlich so<<, kommt Dir auch sofort die nächste Frage: >>Wieso, wozu habe ich denn das nötig?<< Solange der Vater glaubt: >>Ich wollte mein Kind ja nicht schlagen... meine Hand ist mir ausgerutscht<<, hört sein Denken an dieser Stelle auf. Wenn er dazu steht: >>Ich wollte mein Kind schlagen<<, dann geht der Gedankenprozeß mit der Frage weiter: >>Wieso, weshalb eigentlich...?<<.

62

Wenn die wertfreie Selbstbeobachtung Dir auf dem Weg zur Selbsterkenntnis weiterhelfen soll, ist es hilfreich, zweierlei zu bedenken. Es geht nicht darum, ob Du gut oder schlecht bist, und es geht auch nicht darum, daß Du Dich verändern mußt. Es geht in diesem Prozeß lediglich um Selbsterkenntnis. Lächle lieber in Dich hinein und denke:»Aha, da gehe ich wieder«.

Ich entscheide mich, ich will, ich möchte ...

Es ist unser Problem, daß wir nicht nur viele unserer Entscheidungen nicht verstehen, sondern auch viele nicht wahrhaben wollen.»Wie kann ich akzeptieren, daß meine Hektik meine Entscheidung ist, wo ich doch so gerne Ruhe möchte.«»Wie kann ich akzeptieren, daß ich mich für meine Aggressivität entscheide, wo ich doch so gerne friedlich mit anderen zusammenleben möchte.« Nun, was Du möchtest, ist meistens nicht das, was Du tust. Du kannst feststellen, daß das, was Du mit»möchten« bezeichnest, meistens ein Scheinwunsch und das Umgekehrte von dem ist, was Du wirklich tust.

Was sagt Dir Deine innere Stimme, wenn Du sagst:
»Ich möchte ordentlicher sein.«
»Ich möchte aktiver sein.«
»Ich möchte endlich diesen Brief beantworten.«
»Ich möchte mehr Kontakte schließen.«

Wenn Du etwas wirklich willst, dann tust Du es. Dann sagst Du auch nicht:»Ich möchte«, sondern»Ich will«, oder»Ich werde«. Du sprichst dann nicht über die Zukunft, sondern über die Möglichkeiten, wie Du jetzt einen Anfang machen kannst. Für das, was Du wirklich willst, entscheidest Du Dich auch; und in dem Moment, wo Du es ausführst, weißt Du, daß Du es wirklich wolltest.»Ich will meinen Bruder anrufen und diese heikle Sache klären.« Wenn Du diesen Vorsatz ausführst, weißt Du, daß Du Dich dafür entschieden hast, und weißt, daß Du es wirklich wolltest. Wenn Du diesen Vorsatz nicht ausführst, weißt Du, daß Du es nicht wolltest, sondern höchstens möchtest.

Wenn ich wissen will, was ich wirklich will...

Dieser Gedanke systematisch zu Ende gedacht, kann auch schmerzliche Erkenntnisse fördern, denn wir bringen uns damit bisher nicht-bewußte Entscheidungen ins Bewußtsein, und diese können recht schmerzlich sein. Angenommen Du leidest darunter, daß Du keine Lebenspartnerin findest, weil die Kontakte, die Du aufbaust, immer wieder von der neuen Freundin abgebrochen werden. Der Gedanke, daß Du selbst daran einen wichtigen Anteil hast, kann sehr aufwühlend sein; denn abgesehen von Einzelheiten aus Deinem Verhaltensrepertoire mußt Du, nachdem schon des öfteren eine neue Freundin die Beziehung von sich aus beendet hat, ganz allgemein feststellen: »Wenn ich wissen will, was ich wirklich will, muß ich schauen, was ich tue. Ich will mich offensichtlich so verhalten, daß mir die Freundin wegläuft.« Im einzelnen könnte das heißen: »Ich will mich wegen Kleinigkeiten verletzt fühlen.« »Ich will, daß sie nur für mich da ist.« »Ich will sie ständig mit meinen Problemen belästigen.« »Ich will meine Zeit nicht mit ihr teilen.« »Ich will mich nicht zwischen meiner Mutter und ihr entscheiden« usw. Ehrlicherweise muß die Schlußfolgerung dann lauten: »Ich sage mir zwar, ich möchte eine feste Partnerbeziehung, aber wenn ich schaue, was ich wirklich will, stelle ich fest: Ich will alleine sein und mich ungerecht behandelt fühlen.«

In dem obigen Beispiel geht es um die Beobachtung der eigenen Lebensgestaltung, zusammengesetzt aus verschiedenen Einzelentscheidungen. Wenn Du in Dein Leben zurückblickst und auf die allgemeine Linie schaust, die Du öfters entwickelst, so kannst Du vielleicht feststellen: »Ich will mich offensichtlich von anderen Menschen bestimmen lassen, denn das ist es, was ich immer wieder tue, oder?«»Ich will mich mit anderen Leuten streiten, es besser wissen und so immer wieder meine sozialen Kontakte zerstören.« Oder: »Ich will immer wieder Großes anpacken, mit viel Begeisterung anfangen und nach einiger Zeit wieder aufgeben.« Wenn Du wahrnimmst, daß Dein Leben immer wieder nach einem ganz bestimmten Muster abläuft, dann kannst Du erst einmal aufhören, den »bösen anderen« oder dem Zufall die Schuld zuzuschieben, sondern dies als Ausdruck Deiner eigenen Entscheidung zu akzeptieren.

Sicher kannst Du auch die positiven Linien in Deinem Leben sehen. Ich komme darauf noch beim Thema Selbstermutigung zurück, denn das wird Dir sicher sehr gut tun. Ich möchte zunächst mit dieser Beschreibung nur erreichen, daß Du Verhaltensweisen oder eine bestimmte Lebensführung, unter der Du leidest, besser erkennst und dadurch auch mehr innere Freiheit gewinnst. Es kann zwar weh tun, z.B. feststellen zu müssen:»Ich will offensichtlich viel Geld verdienen und meine Ehe vernachlässigen«, aber vielleicht fallen Dir durch diese Erkenntnisse auch einige Schuppen von den Augen, und Du kannst neue Entscheidungen treffen, insbesondere dann, wenn Du verstehst, wieso Dir das Geld wichtiger als die Ehe ist. Die Frage nach dem »wieso« oder »wozu« ist meistens die Frage nach den unbewußten Zielen. Das ist das Thema des nächsten Kapitels.

2.3. Der Mensch
- ein zielorientiertes Wesen

Du weißt ja aus Erfahrung: Ohne klare Ziele, keine Richtung, keine Kraft, keine Bewegung. Aber wenn Du weißt, was Du willst und Dein Ziel klar vor Dir siehst, dann spürst Du, wie sich in Dir die Dynamik zum Handeln entwickelt, Du weißt »Ich kann«.

Was ist ein Ziel, und wie wirkt es?

Ein Ziel ist eine Vorstellung, die nicht bewußt zu werden braucht. Wenn das Kind denkt: »Ich will dahin«, gibt das Ziel die Richtung an. Das Ziel ist eine Vorstellung, die Du in einem bestimmten Augenblick hast, ganz gleich, ob Du das Ziel erreichst oder nicht. Wenn jemand zum Beispiel das Ziel hat, Dich zu bekämpfen, dann bestimmt das die Art seines Verhaltens. Auch wenn es nie zum Kampf kommt, wirst Du immer wieder Spannung, Widerstand, Widerspruch, Besserwisserei und das genaue Gegenteil von Förderung und Zusammenarbeit zu spüren bekommen. Ziele sind die Antriebskräfte des Verhaltens. Wer danach strebt, der beste Redner, der reichste Schlagersänger, der beste Ermutiger zu werden, der hat ein Ziel. Dieses Ziel macht sein Verhalten verständlich, auch wenn er das Ziel nicht ganz erreicht.

Werner von Braun wollte auf den Mond. Als Kind hat er schon die Nachbarschaft unsicher gemacht mit seinen selbstgebastelten Knallkörpern. Er hat sein Ziel nicht erreicht, aber das Ziel erklärt seine Beiträge für die Raumfahrt.

Andere wurden zu großen Beispielen für die Kraft, die von Zielen ausgeht. Magellan, der fast übermenschlichen Widerständen trotzte und große Probleme löste, hatte das Ziel oder besser gesagt die Vision, daß er den »Paso«, den Durchgang vom Atlantischen zum Stillen Ozean, finden würde. Er »wußte«, wo er ihn suchen mußte, obwohl es objektiv nichts zu wissen gab. Es gab nur eine Ahnung, eine fixe Idee, die er sich zur Vision machte und die ihn schließlich die nach ihm benannte Magellan-Straße finden ließ. Große Künstler wie z.B. Komponisten können derart mit ihrem Ziel, der Vorstellung von ihrer Komposition verschmelzen, daß sie nur noch das abzuschreiben brauchen, was sie vor sich sehen. Wolfgang Amadeus Mozart erzählte: »Die (musikalischen) Gedanken, die mir nun gefallen, die behalte ich im Kopfe und summe sie auch wohl für mich hin, wie mir andere auch wenigstens gesagt haben. Halte ich das nun fest, so kommt mir bald eines nach dem anderen bei. Das erhitzt mir nun die Seele; da wird es immer größer, und ich breite es immer weiter und heller aus, und das Ding wird im Kopfe wahrlich fast fertig, wenn es auch lang ist, so daß ich es hernach mit einem Blick, gleichsam wie ein hübsches Bild oder einen Menschen im Geist übersehe, und es auch gar nicht nacheinander, wie es hernach kommen muß, in der Einbildung höre, sondern wie gleich alles zusammen.«

Ludwig von Beethoven sagte:»… ich sehe und höre das Bild in seiner ganzen Ausdehnung, wie in einem Gusse vor meinem Geiste stehen, und es bleibt mir nur die Arbeit des Niederschreibens, die rasch von Schritten geht, je nachdem ich die Zeit erübrige, weil ich zuweilen mehreres zugleich in Arbeit nehme, aber sicher bin, keines mit dem anderen zu verwirren. Sie werden mich fragen, woher ich meine Ideen nehme? Das vermag ich mit Zuverlässigkeit nicht zu sagen: Sie kommen ungerufen, in der freien Natur, im Walde auf Spaziergängen, in der Stille der Nacht, am frühen Morgen, angeregt durch Stimmungen, die sich bei dem Dichter durch Worte, bei mir in Töne klingen, brausen, stürmen, bis sie endlich in Noten vor uns stehen.«

Von Michelangelo wird berichtet, daß er in einem Mamorblock den David »sah«, die vollendete Gestalt des Jünglings. Er fing an, eine Schicht Mamor nach der anderen abzuheben. Er »sah« seinen David in jeder darunterliegenden Schicht des Gesteins. Manchmal stand er stundenlang vor dem Mamorblock und »sah«, was sein würde. Er hob ihn ans Licht und schuf so ein vollkommenes Werk.

Die großen Revolutionen im Osten entstanden nicht ohne das Ziel, die Vorstellung der Freiheit und der Demokratie. So ist es auch in Deinem Leben. Ohne Ziele gibt es keine Bewegung. Vom Ziel geht eine Anziehungskraft aus … ja, Du wirst hingezogen, und oft ist es, als wäre auf dem Weg dahin vieles schon vorbereitet. Mit einem klaren, erstrebenswerten Ziel vor Augen begegnest Du oft den richtigen Leuten, Dir fällt das richtige

Buch in die Hand, und Du bekommst die passenden Informationen und tust das Richtige. Weil Du Dein Ziel nicht aus den Augen verlierst, erreichst Du es früher oder später. Kennst Du diese Aussage von Christus: »Alles, um was ihr betet und bittet - glaubt, daß ihr es empfangen habt, und es wird euch zuteil werden.« (Markus 11, 24) Das ist praktische Psychologie. Glaube (= siehe es als Endzustand vor Dir), daß Du das, was Du anstrebst, schon hast oder kannst, und verhalte Dich soweit wie möglich schon ALS OB... Ja, das ist das Geheimnis. Wenn Du das aus Deiner Erfahrung nicht bestätigen kannst, wenn Du erlebst, daß Deine Wünsche sich nicht erfüllen und Dir nur Knüppel zwischen die Beine geworfen werden, dann könntest Du Dir mal überlegen, ob Deine Ziele nicht nur Worte ohne Vorstellungen sind, oder ob Du nur Vorstellungen dessen hast, was Du *nicht* willst.

Unbewußte Ziele

Nun gibt es nicht nur bewußte Ziele, wie oben besprochen. Der Mensch ist ein zielorientiertes Wesen und richtet sich immer auf Ziele aus. Die meisten sind aber nicht-bewußte Ziele. Jeder Mensch hat z.B. *das Ziel der Vollkommenheit*, das er zwar nie erreichen wird, aber - unbewußt - immer anstrebt. In diesem, dem Menschen eigenen Streben nach Vollkommenheit, liegt die Antriebskraft Deiner Entwicklung.

Manche Menschen haben Angst vor der Zufriedenheit, weil sie meinen: »Wenn ich zufrieden bin, dann werde ich faul und entwickle mich nicht mehr«. Das Gegenteil ist der Fall. Wenn Du Dir selbst nicht im Wege stehst mit Schuldgefühlen, Selbstvorwürfen und einem negativen inneren Dialog, dann kannst Du gar nicht anders als Dich entwickeln.

Nein, Menschen sind nicht faul. Die, die wir faul nennen, sind entmutigt. Sie haben den Glauben daran verloren, Beiträge leisten zu können. Die meisten, die wir faul nennen, sind ja auch nicht auf allen Gebieten untätig. Kinder, die in der Schule als faul bezeichnet werden, sind beim Spielen oft sehr aktiv und kreativ. Dort, wo sie sich zugehörig fühlen, sind sie nicht faul. Faulheit ist kein Aspekt der menschlichen Natur, sondern das Ergebnis der Entmutigung. Das Ziel der Vollkommenheit hält Dich immer in Bewegung. Neugierde ist zum Beispiel ein Ausdruck dieses nichtbewußten Ziels der Vollkommenheit. Das Wissen-Wollen, wie etwas ist, warum etwas so ist, wie etwas funktioniert, wie jemand denkt, wie die Zukunft aussehen könnte usw., das sind die neugierigen Fragen, die aus dem Streben nach Vollkommenheit geboren werden. Hier ist dazu eine Geschichte:

Ein Mann träumte, er wäre gestorben und befände sich in einem herrlichen Land voller Bäume, bunter Blumen und anmutiger Bäche. Er ließ sich nieder und ruhte sich aus. Dann überfiel ihn die Langeweile, und er rief:»Ist da jemand?« Es erschien eine weißgekleidete, freundliche Gestalt und fragte ihn, ob er einen Wunsch habe. »Ich möchte etwas essen«, sagte der Mann. »Was möchten Sie essen?« Der Hungrige stellte ein köstliches Menü zusammen; Sekunden später stand es vor ihm. Er speiste und schlenderte weiter und freute sich an der Pracht der Gefilde. »He«, rief er wieder, und schon stand der Dienstbare vor ihm. »Golf würde ich gerne spielen.« »Bitte«, sprach der Unbekannte, faßte den Besucher am Arm und führte ihn um eine Waldspitze an den Rand eines bezaubernden Feldes. Schläger und Bälle standen bereit. Der Mann spielte und aß wieder und wanderte und erhielt alles, was er sich wünschte. Eines Tages war alle Freude aus ihm gewichen. Er zitierte den Freundlichen herbei und klagte:»Ich habe es satt, das Leben hier. Gib mir etwas zu tun!« - »Bedauere«, erwiderte der Weise. »Arbeit ist das einzige, was ich Dir nicht bieten kann.« - »Dann pfeife ich auf den Laden hier«, schrie der Mann, »schicke mich in die Hölle«. Der andere lächelte: »Wo glauben Sie eigentlich, daß Sie sind?«

Der Mensch hat auch *das Ziel, sich zugehörig zu fühlen.*
Ziele erklären das Verhalten. Wenn Kinder helfen wollen oder
konstruktiv beitragen, tun sie es, weil sie das Ziel der Zugehörigkeit anstreben und glauben, es über diesen Weg erreichen zu
können. Verhalten sie sich so, daß sie immer wieder bestraft
werden, so tun sie es, weil sie sich nicht zugehörig fühlen und
auch nicht glauben, das Ziel mit nützlichen Mitteln erreichen zu
können. Das entmutigte Kind, das sich nicht zugehörig fühlt,
tut alles, um zu erleben, daß es wieder wahrgenommen wird,
daß man sich mit ihm beschäftigt. Für dieses Kind ist es
schlimmer, übersehen, links liegen gelassen als geschlagen zu
werden. Auch ein Machtkampf oder ein Racheakt gibt ihm
schließlich das Gefühl der Zugehörigkeit und wäre es die eines
Aschenbrödels. Dies ist für den Menschen wichtiger, als ganz
ausgeschlossen zu sein. Bei uns Erwachsenen ist es nicht anders. Wie Du siehst, kann man Ziele mit positiven oder negativen Mitteln erreichen.[3]

Ziele erkennen

Dein eigenes Verhalten wäre Dir verständlicher, wenn Du
Deine unbewußten Ziele *kennen* und *verstehen* würdest. *Verstehen* wirst Du sie zunehmend klarer, wenn Du Dich mehr mit
Deiner Kindheit beschäftigst. Dazu sind Dir die weiteren Kapitel eine Hilfe. *Erkennen* kannst Du einige Deiner unbewußten
Ziele, wenn Du die Gedanken aus dem vorigen Kapitel weiter-
denkst. Das Verhalten kann als Bewegung betrachtet werden,
an deren Ende das Ziel steht. Schaue, was Du tust, dann weißt
Du, wofür Du Dich entschieden hast; achtest Du darauf, wo die
Bewegung endet, dann kennst Du das Ziel. Also lautet jetzt die
gedankliche Hilfestellung: »Wenn ich wissen will, was ich
wirklich will, muß ich schauen, was ich tue *und was dadurch*

---

3 In Kapitel 2.7. über die Prioritäten sind noch vier weitere Ziele mit
ihren positiven und negativen Verhaltensmöglichkeiten beschrieben.

passiert.« Stehst Du »am Ende«, d.h. dort, wo die Bewegung aufhört, als Gewinner da, dann ist es wohl ein zentrales Ziel in Deinem Leben, Gewinner zu sein. Vielleicht bist Du auch »am Ende der Bewegung« der Versager, der Friedensstifter, der Helfer oder der edle Märtyrer. Vielleicht hast Du Dir auch »am Ende der Bewegung« wieder einmal bewiesen, daß die anderen ungerecht sind, und Du fühlst Dich sowohl schlecht als auch moralisch überlegen. Vielleicht bist Du auch selbst am Ende wieder zu nichts nütze. Wenn solche Ergebnisse und Gefühle Dir bekannt oder vertraut vorkommen, dann kannst Du sicher sein, daß es unbewußte Ziele sind, die - wie jedes andere Ziel auch - einen großen Einfluß auf Dein Leben ausüben.

In Zeiten der Entmutigung, d.h. wenn Du Dich nicht mehr zugehörig, nicht gleichwertig fühlst, verfolgst Du eher negative Ziele, demgegenüber sind Deine Zielsetzungen und Dein Verhalten eher positiv und sozial nützlich, wenn Du Selbstvertrauen hast und mutig bist. Bei Kindern ist es leicht zu erkennen. Entmutigte Kinder stören, kämpfen, rächen sich oder wollen alleine gelassen werden. Mutige Kinder wollen Beiträge leisten, dabeisein und mitmachen. Dir geht es wohl nicht anders. So erkennst Du auch hier wieder die entscheidende Bedeutung der Ermutigung für das persönliche Wohlergehen und den Fortschritt der Gesellschaft.

Nun gibt es zwar Ausdrücke wie »Ziellosigkeit« und »keine Ziele haben«, aber auf der Erlebnisebene und in der Beurteilung anderer entspricht das nicht der Wirklichkeit. Der Mensch als zielorientiertes Wesen verfolgt, wie wir oben gesehen haben, immer Ziele. Wir sagen: »Er geht ziellos durch die Welt« und meinen im Grunde »Sein Ziel gefällt mir nicht oder ...entspricht nicht meinen Vorstellungen von einem sinnvollen Leben.« Wenn Du meinst, daß jemand kein Ziel hat oder verfolgt, dann hängt das wohl mit Deinem Mangel an Verständnis für seine Ziele zusammen. Ziele können sich widerstreben, sowohl zwischen Menschen als auch in Dir selbst, und so fühlst

71

Du Dich dann gebremst oder es geht Dir die Luft aus, weil Du Dich nicht entscheiden willst oder kannst.

Du hast vielleicht heute das Ziel zu faulenzen, das Dir nicht bewußt ist, aber Du hast auch das Ziel, tüchtig zu sein. Du fühlst Dich nicht wohl, das ist Dir klar. Du merkst, daß Du tust als ob Du was tust, spürst den Energieverschleiß, aber es kommt nichts Nützliches dabei heraus. Du ärgerst Dich, kämpfst mit Dir und weißt nicht, was Du willst. Du erlebst es so, als hättest Du kein Ziel, und auch andere, die Dich beobachten, beurteilen es so, aber wie Du siehst, Du hast zwei … und doch ist das weniger als eins. Mit einem anderen Beispiel:

Wenn Du über die Stränge schlagen und zu gleicher Zeit gut sein willst, erlebst Du mit diesen zwei Zielen auch so einen Zustand von Ziellosigkeit und Antriebsschwäche, bis Du Dich für eines der Ziele entscheidest.

Das Wissen um die unbewußten Ziele kann Dich vielleicht noch mehr beflügeln, Deine positiven Verhaltensweisen und Ziele (= das, was am Ende der Bewegung ist) anzuerkennen und so Dein Selbstvertrauen zu stärken. Dann wirst Du die negativen Ziele und Verhaltensweisen nicht nur weniger nötig haben, Du wirst sie auch als weniger störend empfinden. Die Unvollkommenheit gehört halt zum Leben.

2.4. Der Mensch - ein unvollkommenes Wesen

Vom Standpunkt der Vollkommenheit aus lautet die Krankheitsdiagnose für alle Menschen: »chronisch, menschlich unvollkommen.« Mögen auch auf dieser Erdkugel dann und wann Menschen leben, die ein vollkommenes Werk schaffen, so ist doch die absolute Vollkommenheit für alle von uns nur ein fernes Ziel. Unbewußt strebt aber jeder Mensch danach, dieses Ziel zu erreichen. Und indem jeder sein Bestes gibt, entwickeln wir unsere Fähigkeiten und können immer bessere Beiträge leisten. Trotzdem, solange wir in unserem Körper auf dieser Erde herumlaufen, wird die Diagnose »chronisch, menschlich unvollkommen« für jeden von uns gültig sein. Es ist gesünder, diese Tatsache zu akzeptieren und den Mut zu entwickeln, auch dann etwas beizutragen, wenn Du Dir nicht sicher bist, daß das, was Du sagst, Hand und Fuß hat oder daß das, was Du tust, den großen Applaus bekommt oder daß die Menschen Dich wegen Deiner wunderbaren Leistung mehr lieben werden. Wer bereit ist, erst dann einen Beitrag zu leisten, wenn dieser vollkommen oder ausgezeichnet ist, der enthält der menschlichen Gesellschaft zuviel vor. Tue, was Du kannst, und klammere Dich dann nicht mehr daran. Dies wird Dir leichter fallen, wenn Du das Gesetz der menschlichen Unvollkommenheit akzeptierst und verstehst, daß Du deswegen nicht schlechter bist. Alfred Adler drückte es so aus: »Der Mensch ist von Natur aus nicht böse. Was auch ein Mensch an Verfehlungen begangen haben mag - verführt durch seine irrtümliche Meinung vom Leben - es braucht ihn nicht zu bedrücken; er kann sich ändern. Die Vergangenheit ist tot. Er ist frei, glücklich zu sein und andere zu erfreuen.« (Alfred Adler)

Wenn Du Dein Streben nach Vollkommenheit mit der Idee verbindest, daß Du als unvollkommener ein schlechter Mensch bist, dann fällt es Dir allerdings nicht leicht zu glauben, daß Du mit Deiner Unvollkommenheit so sein darfst, wie Du bist. Wenn Du Deine Unvollkommenheit damit verbindest, daß es furchtbar ist, vor anderen dumm dazustehen, wenn Du etwas nicht weißt, dann hast Du es nicht leicht zu akzeptieren, daß Du so wie Du bist, gut genug bist.

Für viele Menschen bedeutet dieses Akzeptieren das Ende jeden Fortschritts. Gehörst Du auch zu denen, die meinen, daß Akzeptieren eine Art Resignieren (sich widerspruchslos fügen) ist? Meinst Du auch, daß akzeptieren das gleiche ist, wie die Hände in den Schoß legen, den Kopf hängenlassen und die Hoffnung aufgeben? Akzeptieren bedeutet aber: Aufhören, mit Dir selbst zu kämpfen und Dir etwas vorzumachen; es heißt, die Realität zu sehen, dazu »ja« zu sagen, und, wo nötig, Dir und anderen zu verzeihen. Es ist kein Zufall, daß die Worte

»akzeptieren« und »kapieren« auf die gleiche lateinische Wurzel (capere = annehmen und auch begreifen) zurückgehen. Akzeptieren hat mit dem Verständnis für die Grundregeln des Lebens und mit Toleranz sich selbst und anderen gegenüber zu tun. Wer Fortschritte machen will, nachdem er seinen eigenen Anteil an seinen Problemen erkannt hat, für den ist akzeptieren vorläufig wichtiger, als nach Veränderung zu streben. Die meisten Menschen glauben jedoch, daß, solange sie mit sich und ihren Verhaltensweisen oder Symptomen kämpfen, sie noch eine Chance haben, etwas zu ändern; anders herum formuliert: Sie haben Angst, daß, wenn sie ihren Zustand oder ihr Verhalten akzeptieren, sie nie mehr etwas ändern können. Es ist im Grunde viel einfacher, gegen Verhaltensweisen anzukämpfen und damit sich selbst und vielleicht auch anderen seinen guten Willen zu zeigen, daran seine Energie zu verschwenden, sich schließlich geschlagen zu geben und dann doch alles beim alten zu lassen, als die Verhaltensweisen als Ausdruck eigener Entscheidung zu akzeptieren und sich in Ruhe, ohne zu kämpfen, zu überlegen: »Was kann ich tun, jetzt, wo ich verstanden habe, daß ich nicht Opfer sondern Täter bin?«

Sich als Mensch verstehen und tolerant sein (akzeptieren).

Da wir nun einmal Menschen sind, ist wohl das wenigste, was wir tun können, »ja« zu unserem Menschsein zu sagen. Dies ist die erste Realität, die wir zu akzeptieren haben. Wer »ja« sagt zu der Tatsache, daß er ein Mensch ist, der kann nicht umhin, »ja« zu seiner Unvollkommenheit zu sagen.

Diese Tatsache gehört zu den Grundregeln des Lebens. Einige Auswirkungen dieser Unvollkommenheit sind:

- die menschliche Fehlerhaftigkeit
- die teilweise Unwissenheit
- die Sündhaftigkeit

Das Jasagen zu diesen grundlegenden menschlichen Wirklichkeiten steht am Anfang des Akzeptierens und damit am Anfang eines jeden Fortschritts im Umgang mit uns selbst und anderen. Das »tägliche Gebet« für jemanden, der es ganz genau nimmt, könnte lauten:

»Ich bin ein Mensch, und das ist gut so.«
»Ich bin ein Mensch und unvollkommen, und das ist gut so.«
»Ich bin ein Mensch und unvollkommen, und deswegen mache ich Fehler, und das ist gut so.«
»Ich bin ein Mensch und unvollkommen, und deswegen kann ich nicht alles wissen, und das ist gut so.«
»Ich bin ein Mensch und unvollkommen, und deswegen tue ich manchmal Dinge, die ich besser nicht hätte tun sollen, und das ist gut so.«

Hast Du auch Angst, daß Du mehr Fehler machen wirst, wenn Du Deine Unvollkommenheit und Fehlerhaftigkeit akzeptierst? Das Gegenteil ist der Fall. Die Angst vor Fehlern, die Angst, etwas Falsches zu machen, nimmt Dir Deine geistige Wendigkeit, und dadurch wird Fehlermachen nur wahrscheinlicher. Du könntest viel entspannter leben, wenn Du Dich akzeptierst, so wie Du bist und nicht wie Du meinst, daß Du sein sollst. Wenn Du aufhörst, Angst zu haben, das Falsche oder etwas Schlechtes zu tun oder zu sagen, erst dann kannst Du Dich unverkrampfter zugunsten des Guten entscheiden. Fehlermachen ist kein Anzeichen dafür, daß Du dumm bist; Fehlermachen ist eine Chance, einen anderen Weg, eine Alternative kennenzulernen.

Wenn Du Fehlermachen als Lernchance siehst, empfindest Du Fehler nicht mehr als entmutigend. Es kann im Gegenteil ermutigend wirken, wenn Du plötzlich einsiehst, daß es andere Möglichkeiten oder andere Ideen gibt. Solange Du glaubst, daß Du keine Fehler machen darfst, hast Du nicht nur eine falsche Vorstellung von Dir selbst, sondern auch von der Grundregel des Lebens. Es gibt im Leben keine Möglichkeit, auf Dauer und unter allen Umständen perfekt zu sein, es gibt aber viele Möglichkeiten zu lernen. Ein Weg zu lernen ist das Probieren und Fehlermachen und die damit verbundene Erkenntnis, daß das, was Du bis jetzt gemacht oder geglaubt hast, auch anders sein kann. Solche Erkenntnisse sind keine Erniedrigungen, sondern Sprungbretter zur Weiterentwicklung.

Oder gehörst Du zu den Menschen, die Angst haben zufrieden zu werden, wenn sie ihre Fehlerhaftigkeit und Sündhaftigkeit akzeptieren? Hast Du Angst vor der Zufriedenheit, weil Du glaubst, daß Du dann nicht mehr weiterkommst und Dich in Deiner Zufriedenheit ausruhst? Das ist ein Vorurteil aus Deiner Erziehung. Menschen, die mit sich zufrieden sind, sind freundlicher, können besser auf andere zugehen, sind kreativer, können sachlicher über ihre Probleme nachdenken, haben mehr Freude an der Arbeit, spüren mehr inneren Antrieb und sind kontaktfreudiger. Sich selbst als Mensch zu akzeptieren hat viele Vorteile. Es hat nur einen Nachteil, nämlich den, daß Du zugeben mußt, nicht so ideal zu sein, wie Du gerne sein würdest. Du bist aber endlich dort angekommen, wo Du hingehörst. Du kannst Dich entspannen, den inneren Frieden finden und - ohne ständig auf Deinen Zehenspitzen zu stehen - mutig und unvollkommen etwas beitragen. Das tut Dir selbst gut und so bist Du ein ermutigendes Beispiel für die Menschen um Dich herum, die an Dir sehen: »Ich bin nicht auf dieser Welt, um der Beste zu sein, sondern um mein Bestes zu geben.«

2.5. Kinder in einer alternden Haut

O fröhliche Kinderzeit. Oft hört man in den Reden über die Kindheit heraus, daß dies die unbeschwerte, die sorgenfreie, die fröhliche, die beschützte Kindheit gewesen ist. Und manch ein Erwachsener sehnt sich noch einmal in diese Zeit zurück, in der er ohne Streß und ohne Verantwortung, ohne dieses ständige Streben und Hasten in Mutters Armen ausruhen konnte, vierzehn Engel bereitstanden ihn zu beschützen, zuzudecken und zu wecken.

Ist das nicht eine herrliche Welt? Viele Kinderlieder, schöne Gedichte und weltberühmte Arien sind voll der Sehnsucht nach der Kinderwelt. Eine meiner Lieblingsarien aus Zar und Zimmermann von Adalbert Lortzing erzählt, wie der Zar Peter der Große von Rußland aus der Zimmermannslehre in Zaandam in Holland, wo er die Kunst des Schiffbaus erlernte, wegen dringender Regierungsangelegenheiten zurückgerufen wird. Er besingt, wie Krone und Zepter ihn schwer belasten, wie er als Kind schon lernte, mit dem Schwert zu hantieren, wie die vielen Diener und die ihm zugewiesenen Spielgefährten seinen Blick beengten und wie gerne er zum Schoße des Vaters zurückging. In Erinnerung an die Worte seines Vaters: »Lieber Knabe, Du bist mein...« bringt er seufzend zum Ausdruck: »O selig, o selig, ein Kind noch zu sein...« Auch Johannes Brahms läßt in einem seiner Lieder singen: »O wüßt' ich doch den Weg zurück, den lieben Weg zum Kinderland! O warum sucht' ich nach dem Glück und ließ der Mutter Hand? O wie mich sehnet auszuruh'n, von keinem Streben aufgeweckt, die müden Augen zuzutun, von Liebe sanft bedeckt, ... Und nichts zu forschen, nichts zu späh'n, und nur zu träumen leicht und lind, der Zeiten Wandel nicht zu seh'n, zum zweiten Mal ein Kind, ... O zeigt mir doch den Weg zurück, den lieben Weg zum Kinderland! Vergebens such' ich nach dem Glück, ringsum ist öder Strand!«

Wenn wir als Erwachsene Kinder beobachten, können der Streß und die Belastung, denen wir selbst ausgesetzt sind, die Sehnsucht in uns wecken, wieder ein Kind zu sein und noch einmal dieses Höchstmaß an Unbeschwertheit zu genießen. Ist das nun für Dich auch so, daß Du Dich in Erinnerung an Deine Kindheit wieder nach ihr zurücksehnst?

Viele Menschen erinnern sich an eine ganz andere Kindheit. Sie erinnern sich an ungerechte Behandlungen, an überhöhte Werte, an einen Druck zum Perfektionismus und Gefühle der Bedeutungslosigkeit, wenn sie Fehler machten. Sie erinnern sich an Überforderungen durch Ansprüche ehrgeiziger Eltern, an Verlust der Sicherheit durch Scheidung der Eltern, an Angst und Bedrohung durch Alkoholmißbrauch, an Verletzungen durch Schläge, an Panik durch Eingesperrtsein in dunklen Räumen, an sexuellen Mißbrauch. Sie erinnern sich an tiefempfundenes Allein-, Vergessen-, Verloren-, Abgelehnt- oder Bedrohtsein und wundern sich dann nicht, daß sie im Grunde wenig von sich, von den Mitmenschen und vom Leben halten.

Sicher ist es für Dich unschwer zu erkennen, daß es eine Beziehung gibt zwischen dem, was damals war, und dem, was jetzt in Deinem Leben vor sich geht. Ja, die Kindheit beeinflußt unser Erwachsenenleben sehr. Wir sind nicht so erwachsen, wie wir aussehen; wir sind Kinder in einer alternden Haut. Es ist, als würde das Kind von damals in uns weiterleben.

Vielleicht kennst Du auch Speisen oder Getränke, die Du als Kind nicht mochtest und die Du im Grunde immer noch nicht magst. Vielleicht mußtest Du sie damals essen oder trinken und hast Dich sehr dagegen gewehrt. Vielleicht wehrst Du Dich heute als Erwachsener immer noch dagegen. Nun kannst Du Dich fragen: Wer wehrt sich nun eigentlich, der Erwachsene von heute oder das Kind von damals. Ich mag zum Beispiel noch immer keine Tomaten. Meine Oma hat mir gesagt: »Wenn Du Zucker darauf tust, dann schmecken sie genau wie Erdbeeren.« So habe ich mich zum Tomatenessen verführen lassen und fühlte mich anschließend übel betrogen. Ich kann Tomaten immer noch nicht leiden. Wenn Du an bestimmte Kinderängste zurückdenkst, sind sie jetzt ganz verschwunden? Manche Menschen haben in der Kindheit Angst vor Hunden entwickelt, und sie haben als Erwachsene immer noch nicht gerne mit Hunden zu tun. Wer hat nun Angst vor dem Hund, Du als Erwachsener oder das Kind in Dir?

Wir werden nur äußerlich älter, aber innerlich reagieren wir noch genauso wie damals. Viele Erwachsene haben Angst vor der Dunkelheit. Auch als Kind hatten sie diese Angst. Wenn ich einen großgebauten erwachsenen Mann mit starken Muskeln vor mir sehe, der mir sagt: »Ich habe Angst vor der Dunkelheit«, dann kommt mir wieder die Frage: »Wer hat eigentlich Angst vor der Dunkelheit, dieser Erwachsene oder das Kind in ihm.« Der Erwachsene weiß schon längst, daß die Angst unbegründet ist. Vielleicht hilft auch Dir die Frage: »Wer hat da eigentlich das Problem, ich oder das Kind in mir?«

Eine junge Frau erzählt, daß sie aggressiv wird, sobald ihr Freund mit seinen Händen großflächig ihr Gesicht berührt oder zudeckt, auch wenn sie weiß, daß dies liebkosend gemeint ist. Sie erinnert sich an eine Situation, in der ihr älterer Bruder ihr im Spiel das Kissen so auf den Kopf gedrückt hat, daß sie darunter fast erstickt wäre.

Ein anderes Beispiel:

Da ist ein Mann, der kann es einfach nicht ausstehen, wenn man ihm unerwartet die Hand auf die linke Schulter legt, auch wenn es freundlich gemeint ist. Er wehrt sich dagegen und versteht selbst nicht warum. Bei ihm finden wir eine Erinnerung an seine Kindheit, wo er als fünfjähriger Knirps im Tante-Emma-Laden steht und meint, daß niemand zuschaut. Gerade als er die Hand in das Glas mit Pralinen steckt, steht der Ladenbesitzer hinter ihm und legt ihm seine große Hand auf die linke Schulter und sagt: »....«

Vielleicht kommen Dir, wenn Du über dieses Phänomen nachdenkst, einige Erkenntnisse über Dich. Nicht nur solche einschneidenden Begebenheiten, auch allgemeine Einstellungen der Erzieher zu Geld, Zärtlichkeit, Sexualität usw. werden an die Kinder weitergegeben, und so reagieren wir als Erwachsene wieder mit Werten aus der Kindheit. Es kann uns helfen, neue Einstellungen zu finden, wenn wir zwischen dem Kind von damals und dem Ich als Erwachsener trennen. Du kannst dann Deine Gefühle besser verstehen und erkennen, daß es eigentlich die Gefühle von damals sind. Du erlebst sie zwar jetzt, aber es sind die Gefühle von damals. Es ist das Kind in uns, das uns vor dem Hund warnt, vor der Dunkelheit, vor der Erstickungs-gefahr. Und wir als erwachsene, großgewordene Menschen reagieren wie damals.

Manchmal schimpfen wir dann mit uns selbst, d.h. mit die-sen »kindischen« Gefühlen. Daß uns dieses Schimpfen nicht hilft, wissen wir auch schon, denn das nächste Mal werden wir wieder auf dieselbe Weise reagieren. Aber so gehen wir nun einmal mit uns um. Es ist, als ob wir wieder so mit uns schimpfen, wie die Eltern mit uns damals geschimpft haben. Wenn wir schon durch die Art, wie die Erzieher mit uns umge-gangen sind, an Selbstwertgefühl verloren haben, dann machen wir das jetzt trotzdem mit uns selbst und werten uns immer wieder ab, als wären wir unser eigener schlechter Erzieher.

Wenn wir zu trennen lernen zwischen dem, was das Kind von damals in uns bewirkt, und dem, was der Erwachsene bzw. der gesunde Menschenverstand in uns will, dann können wir vieles aus einem neuen Blickwinkel betrachten.

Man kann sich zum Beispiel fragen, was die Beziehung zur Religion mit der Kindheit zu tun hat. Lebst Du nicht auch, in bezug auf die Religion, mit vielen kindlichen Meinungen und Haltungen? Meinungen, die Du vielleicht hinterfragen solltest, bevor Du als Erwachsener innerlich frei leben kannst. Es gibt Menschen, die haben als Kind gelernt, daß es einen menschen-artigen Gott gibt, der irgendwo auf dem Thron mit dem Sohn an der rechten Seite sitzt. Mit dieser Vorstellung läßt es sich als Erwachsener nur schwer leben. Wer mit Verständnis für die Kindheit lächelnd zurückblicken kann auf diese Vorstellungen, der wird sich jetzt als Erwachsener neu orientieren können, ohne das Kind mit dem Bad auszuschütten. Andere Menschen haben gelernt zu glauben, daß Gott böse sei, wenn sie böse oder schlecht handeln, und wenn sie brav sind, Gott freundlich gestimmt sei. Der gesunde Menschenverstand kann das nicht akzeptieren, denn das gäbe dem einzelnen Menschen ja eine unglaubliche Macht, die Gefühle oder Stimmungen Gottes be-stimmen zu können.

Wer aber jetzt als Erwachsener noch immer Gefühle der Angst bekommt, wenn er mal nicht brav war oder moralische Gesetze übertreten hat, der kann vielleicht verstehen, daß es das Kind in ihm ist, das ihm Angst macht. Vielleicht können wir auch verstehen, daß die Beziehungen, die wir zu unseren Eltern hatten, in einem übertragenen Sinne darin eine Rolle spielen. Wenn Kinder ungezogen sind, ist der Vater böse. Diese Erfahrung läßt sich leicht auf Gott übertragen, obwohl sie nicht stimmt. Kennst Du nicht auch Menschen, die mit Gott nichts zu tun haben wollen und eine gestörte Beziehung zu ihrem Vater haben? Können die beiden Themen etwas miteinander zu tun haben?

Die meisten Kinder haben in ihren Bedürfnissen nach Geborgenheit und Sicherheit gelernt, die eigene Religion als die ausschließlich richtige zu betrachten. Viele Erwachsene nehmen auch jetzt noch wie damals das Kind die anderen Religionen auf dieser Erdkugel entweder nicht wahr oder nicht ernst und glauben an die ausschließliche Wahrheit der eigenen Religion. Dies sind alles Ideen, die überdacht und neu verstanden werden müssen, wenn wir zu einer erwachsenen Haltung kommen wollen.

Wenn wir unsere Probleme in Zusammenhang mit unserer Kindheitsgeschichte betrachten, werden sie oft durchsichtiger, wir können sie besser verstehen und leichter einen Anfang zur Neuorientierung finden.

Einige der wichtigsten theoretischen Annahmen, die Dir bald verständlich und praktikabel vorkommen werden, lauten:

1. Wir gehen so mit uns selbst um, wie unsere Erzieher mit uns umgegangen sind.
2. Wir schaffen uns selbst über unbewußte Wege die Atmosphäre, die uns von zuhause so vertraut ist.

Dies bedeutet:
- Wenn Deine Eltern Dich unter Leistungsdruck gesetzt haben, so setzt Du Dich jetzt selbst unter Leistungsdruck.

- Wenn Deine Erzieher ständig mit Dir unzufrieden waren und Dich kritisierten, so bist Du es jetzt selbst, der mit Dir unzufrieden ist und Dich selbst kritisiert.
- Wenn Deine Erzieher Dich links liegengelassen haben, so hast Du jetzt selbst die Neigung, Dich von anderen zu entfernen, so daß Du wieder das Gefühl und die Stimmung von damals erlebst, nämlich allein zu sein.
- Wenn Deine Eltern Dich mit Deinem Bruder verglichen haben und sagten: »Das kannst Du nicht, das kann er besser«, so redest Du jetzt in derselben Weise mit Dir und stehst dann wieder mit dem vertrauten Gefühl der Unfähigkeit da.
- Wenn in Deinem Elternhaus mit einer überbelasteten, unglücklichen Mutter fast immer eine traurige Atmosphäre herrschte, dann wirst Du als Erwachsener Dich und Deine Umwelt so behandeln, daß Du Dich immer in dieser vertrauten Traurigkeit wiederfindest.

Es scheint also so zu sein, daß das Kind von damals ein Interesse daran hat, Situationen von damals wiederherzustellen. Das Kind in Dir kennt keine Vergangenheit und keine Zukunft. Es kennt nur die Gegenwart, und das ist die Gegenwart von damals.

Kennst Du das auch, daß Du Dich des öfteren in einer bestimmten Stimmung oder Atmosphäre wiederfindest, in die Du Dich im Grunde selbst hineinmanövriert hast? Beispielsweise: Ablehnung, Traurigkeit, Schuldgefühle, Ängstlichkeit, Vorsicht, Einsamkeit, Selbstmitleid, Feindseligkeit, Leben in einer ungerechten Welt. Das sind alles Stimmungen, an denen Du zwar leidest, die Dir aber sehr vertraut vorkommen. Du fühlst Dich wieder wie zuhause. Diese Stimmungen, die von Dir geschaffene Atmosphäre, legen Dir zwar allerhand Einschränkungen auf, aber auch ein Gefühl der Vertrautheit. Und merkwürdigerweise ist mit dem Gefühl der Vertrautheit auch eine Ahnung der Sicherheit verbunden. Einige Beispiele werden diesen Ansatz verdeutlichen.

Beispiel 1: Hoffnungslosigkeit

Peter, Mitte zwanzig, fühlt sich unfähig, seine Examensarbeit fertigzuschreiben. Alles ist gut vorbereitet, die Kapitelüberschriften sind fertig, das Material ist durchgesehen, es muß nur noch alles zusammengeschrieben werden. Er steht schon wochenlang vor der Aufgabe und tut nichts. Er weiß, daß diese Haltung nicht richtig ist und hat Schuldgefühle. Er fühlt sich unfähig anzufangen; er glaubt allmählich, er könne gar nichts, er werde nie etwas zustande bringen; er fühlt sich völlig hoffnungslos; er meint, das falsche Studium gewählt zu haben und lieber ganz aufhören zu sollen. »Wenn ich jetzt schon so Schwierigkeiten habe, wie soll das dann später weitergehen.« Er erlahmt völlig, geht von einem Zimmer ins andere, macht hier etwas, tut dort etwas, macht im Grunde nichts und leidet zusätzlich noch an der Angst, nicht fertig zu werden.

Unser Gespräch verlief ungefähr so:

Therapeut: Welches ist das intensivste Gefühl?

Peter: Das ist das Gefühl der Hoffnungslosigkeit.

Therapeut: Wann hattest Du als Kind solche Gefühle, oder wer hat Dir dieses Gefühl der Hoffnungslosigkeit vermittelt?

Nach einer Weile des Nachdenkens:

Peter: Meine Eltern hatten immer Mitleid mit mir. Ich habe oft gehört, daß sie zueinander sagten: »Was wird aus diesem Jungen werden, der schafft es nie.« Und immer, wenn ich das hörte, fühlte ich mich völlig unfähig und hoffnungslos, genau wie jetzt.

Therapeut: Erkennst Du jetzt, woher das Gefühl kommt?

Peter: Du hast mir ja gesagt, daß ich so mit mir selber umgehe, wie die Eltern früher mit mir umgegangen sind. Aus diesem Grundsatz heraus kann ich das verstehen. Ich sage mir, wenn ich vor einer größeren Aufgabe stehe wie jetzt zum Beispiel vor dieser Examensarbeit: »Das schaffe ich nie, was wird wohl aus mir werden. Ich werde mit dem Studium nie fertig werden. Ich habe bestimmt das falsche Studium gewählt«, und so entwickle ich dann dieses vertraute Gefühl der Hoffnungslosigkeit. Obwohl ich noch nicht weiß, was ich mit dieser Einsicht anfangen soll, hilft sie mir trotzdem schon etwas weiter. Jetzt brauche ich nicht mehr die einzelnen Situationen, in denen ich mich hoffnungslos fühle, zu analysieren. Ich brauche dieses Gefühl der Hoffnungslosigkeit in den verschiedenen Lebenssituationen nur auf die Kindheitsbegebenheit zu übertragen.

Therapeut: Gut, so nimm nun dieses Gefühl an als das Gefühl des Kindes von damals. Schimpfe nicht mit Dir, lehne Dich nicht ab und insbesondere bemitleide Dich nicht selbst, denn dann machst Du wieder genau dasselbe, was Deine Eltern mit Dir gemacht haben. Das Gefühl, das Du hast, führt Dich zurück in Deine Kinderzeit.

Was würdest Du tun, wenn Du Dein eigener idealer Erzieher sein könntest, bzw. was würdest Du dem kleinen Kind von damals gerne sagen wollen?

Peter: Ich würde, wenn ich meine eigenen idealen Eltern wäre, zu mir sagen: »Ich verstehe, daß Du Angst hast und Dich minderwertig und hoffnungslos fühlst. Aber ich glaube an Dich. Ich glaube, daß Du das schon packst. Ich stehe zu Dir und glaube, daß Du auch selbst weißt, wie Du die Sachen anpacken kannst.

Therapeut: Gut. Das Wesentliche ist Deine Erkenntnis, daß die Gefühle, die Du in diesem Moment hast, zwar echte Gefühle sind, aber daß sie trotzdem die Gefühle von damals sind und sie nichts über die jetzige Wirklichkeit, sondern etwas über die Wirklichkeit von damals aussagen. Das bedeutet, daß Du Dich in diesem Moment zwar unfähig fühlst, aber nicht wirklich unfähig bist. Was hast Du denn schon so in Deinem Leben fertiggebracht?

Peter: Ich habe ein gutes Abitur gemacht, ich habe meinen eigenen religiösen Weg gefunden, ich habe Esperanto studiert, ich leite Gruppen erwachsener Menschen. Ich bin ein guter Gastgeber. Ich bin ein guter Ehemann. Meine Freunde kommen gerne zu mir, und ich habe einige Prüfungen erfolgreich hinter mich gebracht.

Therapeut: Mhm, mhm, dies ist die Schilderung eines kompetenten Menschen. Aber solange Du so mit Dir umgehst, wie die Eltern damals mit Dir umgegangen sind, solange wirst Du auch immer wieder diese Gefühle der Unfähigkeit und Hoffnungslosigkeit produzieren. Du kannst jetzt in solchen Situationen den Einfluß des Kindes von damals erkennen und akzeptieren, Du brauchst aber nicht nach diesem Gefühl zu handeln. Du kannst das machen, was in diesem Augenblick für Dich als Erwachsener richtig ist, ohne mit Dir zu schimpfen, ohne mit Dir zu kämpfen.

Er hatte verstanden. Drei Tage später rief er an und sagte: »Ich habe kapiert, ich bin an meiner Arbeit und mache gute Fortschritte.«

Beispiel Nr. 2: Einsamkeit und Selbstmitleid

Sabine, Mitte Dreißig, fühlt sich immer wieder einsam und bemitleidet sich selbst. Sie erlebt die Welt so, als ob alle anderen immer zusammen, glücklich und fröhlich sind; nur sie gehört nicht dazu. Sie erlebt sich immer irgendwie abseits, außerhalb, und meint, sie sei nicht so, wie sie eigentlich sein sollte. Die Menschen wollen sie irgendwie anders haben, aber sie weiß nicht richtig wie. So geht das Leben an ihr vorbei.

Als wir auf die Kindheit zu sprechen kamen, erzählte sie, sie habe des öfteren Situationen erlebt, in denen sie sich von anderen ausgeschlossen gefühlt habe. Als Musterbeispiel für solche Situationen erzählt sie: »Ich bin im Kindergarten und erlebe wie ich überströme vor Energie und Aktivität und dabei offensichtlich etwas falsch mache. Ich werde dann von der Erzieherin in die Ecke gestellt; die anderen machen einfach weiter. Das Leben geht weiter.

Ich erlebe, daß die anderen Spaß haben und sehe, daß das Leben fröhlich ist, nur ich gehöre nicht dazu. Das Leben ist schön für die anderen, aber nicht für mich, denn ich habe darin keinen Platz. Ich bin nicht so, wie die anderen. Ich bin außerhalb und gehöre nicht dazu.« Sie erinnert sich an ähnliche Begebenheiten zu Hause. Das, was die Erzieher früher mit ihr gemacht haben, das macht sie jetzt mit sich selbst. Sie schließt sich selbst aus, stellt sich selbst abseits und sagt zu sich selbst: «Ich gehöre nicht dazu, ich habe keinen Platz, ich bin nicht so, wie die anderen sind.«

Diese Selbstgespräche (siehe auch Kapitel 5) laufen nicht so bewußt ab, wie ich sie hier jetzt beschreibe. Bewußt wird uns schließlich nur das störende Gefühl, welches das Ergebnis dieser Selbstgespräche ist.

Durch diese inneren Prozesse stellt sie immer wieder diesen Zustand des Ausgeschlossenseins her. Solange sie so mit sich umgeht, wie die Erzieherin und die Eltern mit ihr umgegangen sind, solange wird sie auch immer wieder dieses Gefühl des Ausgeschlossenseins und des Selbstmitleids erzeugen. Die Gefühle, die sie jetzt erlebt, sagen aber nichts über die jetzige Wirklichkeit, sondern etwas über die Situation von damals aus. Was kann sie tun? Sie kann zwischen damals und jetzt trennen. Nicht mit sich selbst schimpfen, nicht passiv dasitzen und sich bemitleiden, sondern sich bewußtmachen: »Aha, dieses Gefühl und die Neigung, mich zu bemitleiden, kenne ich doch. Das Kind von damals fühlt sich wieder ausgeschlossen. Das ist in Ordnung so, ich will dieses Kind in mir nicht beschimpfen, nicht bekämpfen. Ich verstehe, daß es sich unglücklich und einsam fühlt, aber diese Gefühle sind Gefühle von damals und gehören nicht zu der jetzigen Situation. Ich bin erwachsen, akzeptiere dieses Gefühl von Einsamkeit und gehe auf die Leute zu. Ich kann Kontakte herstellen, mich für andere interessieren, mit anderen zusammen etwas unternehmen.« Das wäre eine Entscheidungsmöglichkeit, die sie, ohne mit sich selbst zu kämpfen, treffen kann. Sie wird aber immer wieder diese Gefühle der Einsamkeit, des Ausgeschlossenseins, in sich erkennen, und sie wird in regelmäßiger Kleinarbeit lernen, diese Gefühle des Kindes von damals ernstzunehmen, aber trotzdem so zu handeln, wie es die jetzige Situation erfordert. Sie wird eine gute Erzieherin für sich selbst sein.

Beispiel Nr. 3: Halbe Sachen machen

Der 40-jährige Bernd erzählt:
Ich leide daran, daß ich immer wieder halbe Sachen mache und mutig angefangene, erfolgversprechende Aufgaben nur selten zu Ende führe. Ich schimpfe dann mit mir, fühle mich minderwertig und weiß: »Ich tauge nichts.« Meistens nehme ich das, was ich anfange, sehr wichtig. Ich arbeite gewissenhaft und voller Begeisterung, ich habe viele Ideen und viel Energie. Mittendrin ist es plötzlich fast so, als ob ich einen Blackout bekomme; ich weiß dann nicht mehr weiter. Ich beschimpfe mich selbst als blöd und unfähig. Da ich ja die meisten Arbeiten zu Ende führen muß, mache ich in dem zweiten Teil der Arbeit häufig viele Fehler. Es gibt auch andere Situationen, wie zum Beispiel diese: Ich arbeite gute Vorschläge aus, bringe die Hälfte des Vorschlages zu Papier, fühle mich dann wieder wie gelähmt, höre auf und beschimpfe mich später, weil der Vorschlag in der Besprechung mit dem Chef nicht sein Ziel erreicht hat. Wenn ich in einem Team oder einer anderen Gruppe bin, fange ich oft mit viel Mut an zu sprechen, aber nach einer Anzahl gutgesprochener Sätze verläßt mich dann der Mut, und ich bekomme Angst und verhaspele mich. Dann beschimpfe ich mich wieder selbst, daß ich so schlecht gesprochen habe.«
Im Laufe des Gesprächs zeichnet er eine Situation aus der Kindheit, die offensichtlich oft vorgekommen ist. Die Zeichnung zeigt zwei Räume, die miteinander durch eine

offene Tür verbunden sind. Rechts ist die Küche, links das Schlafzimmer. In der Küche sitzt die Mutter, im Schlafzimmer liegt der Vater im Bett. Die blaue Hose des Vaters hängt über dem Stuhl. So ungefähr in der Mitte, zwischen Mutter und Vater, zwischen Küche und Schlafzimmer kriecht ein kleiner Junge auf dem Boden von der Küche in das Schlafzimmer hinein. Die Geschichte dazu ist folgende: »Mein Vater war oft betrunken. Er kam nach Hause und legte sich ins Bett, nachdem er entweder meine Mutter oder mich verprügelt hatte, und er schlief dann ein. Wir hatten nicht viel Geld, da mein Vater viel zum Trinken brauchte. Meine Mutter benötigte aber Geld für den Haushalt und sie hatte nicht den Mut, Vater um Geld zu fragen. Sie hatte aber auch nicht den Mut, ins Schlafzimmer zu gehen und das Geld aus Vaters Hosentasche zu nehmen. So zwang sie mich, auf Händen und Füßen im Halbdunkeln ins Schlafzimmer zu kriechen, das Portemonnaie aus Vaters Tasche zu holen und es, nachdem meine Mutter das Geld herausgenommen hatte, wieder zurückzubringen. Es war ein gefährliches Unterfangen. Auf Druck meiner Mutter habe ich auch immer wieder angefangen, ins Schlafzimmer zu kriechen, aber auf halbem Wege war ich vor lauter Angst so gelähmt, daß ich nicht mehr weiter konnte. Ich bin dann zurückgekrochen, wurde von Mutter beschimpft und geschlagen. »Du Angsthase, Du taugst auch für gar nichts, bringst nie etwas zu Ende«, das waren die zentralen Aussagen. Ich fühlte mich so minderwertig.

In seinem Problem erkennen wir die Wiederholung der frühkindlichen Erlebnisse. Er fängt immer wieder neue Aufgaben an, nimmt sie anfangs sehr wichtig, bekommt auf halbem Wege Angst, weiß nicht mehr weiter, geht zurück oder macht halbe Sachen und beschimpft sich selbst. Die bloße Erkenntnis, daß er so mit sich selbst umgeht, wie die Erzieher mit ihm umgegangen sind, und die Erkenntnis, daß er die Atmosphäre von früher, die mit Angst, Druck, Gefahr beschrieben werden kann, selber immer wieder herstellt, ist wichtig, aber sie allein löst keine Probleme. Erkenntnisse können uns helfen, uns selbst besser zu verstehen und etwas mehr Frieden mit uns selbst zu haben, aber Erkenntnisse lösen keine Probleme. Der Lösungsweg ist im Grunde derselbe wie in den vorigen Beispielen. Ich fasse noch einmal zusammen:

Lösungswege

1. Erkenne die störenden Gefühle und deren Ursprung als die Gefühle von damals (aus der Kindheit)
2. Nimm diese Gefühle an als ebenso unvermeidlich wie die Kindheit selbst. Verstehe und achte das Kind in Dir. Klage nicht, schimpfe nicht.
3. Grenze die Gefühle von damals von den Aufgaben und Möglichkeiten ab, die Du jetzt hast, und handle zielstrebig und in Frieden mit Dir.

So kannst Du diese störenden Gefühle in geduldig wiederholter Arbeit ändern.

Dir selbst ein guter Erzieher sein, heißt, so mit Dir umzugehen, wie Du als ideal erziehender Vater oder Mutter mit Deinem Kind umgehen würdest. Wenn Dein Kind wütend und stampfend vor Dir steht und unbedingt jetzt seinen Kakao will, so würdest Du sagen:»Ich verstehe, daß Du wütend bist, weil Du Dir in den Kopf gesetzt hast, daß Du jetzt Deinen Kakao haben willst. Aber es ist jetzt noch nicht die Zeit, um Kakao zu trinken. Es ist jetzt Zeit, Deine Hausaufgaben zu machen, und danach gibt es dann den Kakao.« Du würdest dann sicherlich etwas Ermutigendes hinzufügen. Du würdest also die Gefühle des Kindes achten, in verständnisvoller Sachlichkeit Grenzen setzen, d.h. zeigen, wo es lang geht und ihm zu erkennen geben, daß Du es liebst. So wirst Du es auch mit Dir machen.

Es wird Dir gut tun, als guter Erzieher liebevoller mit Dir selbst umzugehen.

Wenn Du heute abend im Bett liegst, kannst Du Dich ja einmal fragen: »Wenn meine Eltern nun hier an meinem Bett säßen, wie hätte ich es dann gerne. Was würde ich dann gerne von ihnen hören.« Die Antwort auf diese Frage kommt Dir ganz sicher. Vielleicht hättest Du gerne gehört: »Du bist recht so, Du bist gut so, wie Du bist, wir lieben Dich, auch wenn Du heute einen Fehler gemacht hast.« Nun, dann fang an, so mit Dir selbst zu reden. Und wenn Dir bei diesem Thema die Beziehung zu Deinen Erziehern bewußter geworden ist und Du dabei auch Trauriges entdeckt hast, so schimpfe nicht mit Deinen Eltern, gib ihnen nicht die Schuld an Deinen Problemen. Auch Deine Eltern wären, wenn sie die Wahl gehabt hätten, gerne die besten Eltern der Welt gewesen. Auch sie waren nicht so frei in ihrer Wahl, wie Du vielleicht glaubst. Auch sie hatten ein Kind von damals in sich. Auch sie hatten die Wunden und Narben ihrer eigenen Erziehung mitzutragen.

Gerade die Menschenkenntnis, die Du allmählich gewinnst, wird Dir helfen, toleranter Dir selbst und Deinen Erziehern gegenüber zu sein. Fange jetzt an, und sei Dir gute Eltern und habe Geduld mit Dir und mit anderen. Denn der Weg, den Du jetzt kennengelernt hast, ist klar und erfolgversprechend, aber er ist lang. Du wirst diesen Weg immer wieder gehen müssen, aber jeder kleine Fortschritt, jede Entscheidung zum unabhängigen und selbständigen Handeln wird Dir - wie dem Wanderer - wie ein Augenblick höchsten Glückes und reich an Ermutigung vorkommen.

Der Wanderer

Einst versank ein Wanderer in tiefste Verwirrung. Seit Ewigkeiten schien er in hilfloser Einsamkeit umherzuziehen. Kein Ausweg bot sich ihm. - Eine Sonne, ihn zu führen, gab es nicht. Der Dornstrauch krallte sich an seinen

Leib. Wind und Regen gossen erbarmungslos ihre Zornes-
schauer über ihn aus. Er war heimatlos....
Als ihm so alle Hoffnung schwand, gelangte er plötzlich
zu einem Bergesrücken. Er blickte hinunter in ein lieb-
liches Tal und sah einen himmlischen Palast. Ja! Dies war
die Heimstatt seiner Träume! Und mit unsäglicher Freude
eilte er einzutreten.
Aber kaum hatten seine Schritte ihn in den Vorhof
gelenkt, als eine mächtige Hand seinen Nacken faßte und -
er sich wieder in jener furchtbaren Wildnis befand.
Aber jetzt war er nicht ohne Hoffnung! Er hatte sein
Zuhause gesehen! Und mit ungeahnten Kräften machte er
sich von neuem auf die Suche. Er war jetzt vorsichtiger:
Er hielt Ausschau nach Wegzeichen, und sein Blick
durcheilte das drohende Dunkel, ob er vielleicht einen
Lichtschimmer erkenne.
Und nach mühseliger Suche sah er seine Wohnstatt wieder. Er war jetzt achtsamer geworden. Er trat nicht eilig
ein. Er merkte sich den Platz und die Stelle mit Hilfe der
Sonne. Und sanften Schrittes ging er ehrwürdig hinein.
Aber ach! Wieder zog ihn die mächtige Hand von seinem
geliebten Haus fort und brachte ihn zurück in jene endlose
Wildnis. Aber jetzt war sein Herz keineswegs niederge-
schlagen. Er kannte ja die Richtung! Und mit großer
Freude machte er sich wieder auf die Suche. Jetzt machte
er Zeichen in der Bäume Rinde, um seinen Weg wieder-
finden zu können. Der Himmel über ihm hellte sich auf,
und die Strahlen der Sonne standen ihm bei.
Und bald - viel schneller als vorher - fand er seine Wohnstatt wieder. Und trat ein... Diesmal fühlte er sich ruhig
und zuversichtlicher. Er fühlte nicht mehr die Furcht vor
der gewaltigen Hand. Und als sie kam und ihn packte und
er sich wieder in dem wildwuchernden Dickicht der
Stofflichkeit sah, eilte er mit sicherem Schritt suchend
voran.

Die Sonne schien hell. Die Lieder der Vögel drangen in sein Ohr. Er zog das hinderliche Unterholz beiseite; denn er wußte wohl, daß er noch oft in diesem Leben diesen Weg begehen mußte. Sein Ziel aber hatte er gefunden. Und wenn ihn das Toben der Welt verwirrte, wandte er sich ab von seinem Selbst und eilte seinem Gott entgegen.

(aus: Howard Colby Ives: Portals to Freedom, London 1969. Übersetzt von: Elfriede u. Wolfgang Löhndorf)

Das Leben wurde zwar nicht erschaffen zum Traurigsein, aber niemand hat Dir bei der Geburt versprochen, daß es leicht und nur eitler Sonnenschein sein würde. Deshalb, wenn Du neben den hier gebotenen psychologischen Hilfen auch das Gebet als Hilfe kennst, dann nutze es. Das Beten ist eine große Hilfe, wenn Du lernen willst, geduldiger und freundlicher mit Dir und anderen zu sein. Nun, mit oder ohne Beten, Du kannst etwas tun und dem Ziel »glücklich sein« wieder etwas näherkommen.

2.6. Der Lebensstil

»Warum schließt ihr Psychologen euch nicht zusammen und setzt alle eure Fähigkeiten dazu ein, den Menschen in der ganzen Welt klarzumachen, wie wichtig die ersten fünf bis sechs Kinderjahre für das Zusammenleben der Erwachsenen auf dieser Erde sind. Wenn doch alle Eltern die Erziehung ihrer Kinder in den ersten Jahren mit mehr Verständnis und mit mehr Ermutigung durchführen würden, dann könnte jedes Land große Summen Geld und viel Energie sparen, die jetzt in allerhand Hilfsprogrammen verschwinden«, sagte ein Besucher nach einem Vortrag über das Thema: »Kinder in einer alternden Haut.« Er hatte recht. Wir als Erwachsene stehen in dieser Welt und schauen durch das Raster der Erfahrungen, das wir uns in der Kindheit gebildet haben, und handeln danach.

Denken wir die Entwicklung noch einmal durch. Als Kind werden wir auf der Bühne dieser Welt geboren, im zweiten Akt des Schauspiels mit dem Titel »Dies ist mein Leben.« Es ist der zweite Akt, denn das Schauspiel läuft schon. Es gibt schon eine Vater- und eine Mutterrolle, es gibt schon eine Oma-Rolle, vielleicht gibt es schon eine Ältere-Bruder- oder Schwesterrolle. Wie dem auch sei, wenn Du als Kind geboren wirst, machst Du Deine ganz persönlichen Erfahrungen im Umgang mit Deinem Körper, mit seinen Möglichkeiten und Begrenzungen, mit den Dingen um Dich herum, die Du erforschst, die Dir Freude machen, die Dir weh tun, mit den anderen Menschen, die Dich füttern, die lieb zu Dir sind, die Dich bestrafen, Dich ablehnen.

So bildest Du Dir - in einem Versuch, all das, was Du erlebst, irgendwie einzuordnen - eine Meinung von Dir selbst (»Ich bin klein, ich bin gut, ich bin ein Mädchen, ich bin etwas Besonderes, ich bin nicht intelligent genug, ich bin dumm, ich bin unfähig, ich bin ungeschickt usw.«) und beantwortest damit für Dich die Frage: »Wer oder was bin ich oder kann ich?« Du bildest Dir aufgrund Deiner Erfahrung auch Meinungen über andere Menschen, wie z.B. »Die anderen sind dazu da, mir zu helfen; die anderen wollen mit mir nichts zu tun haben; die anderen sind ungerecht; die anderen sind stark; die anderen sind schöner als ich; die anderen überfordern mich.« Auch über Frauen und Männer, Gegenstände und Naturerscheinungen bildest Du Dir Meinungen, auch ethische Überzeugungen entwikkeln sich, und Du gewinnst eine erste, aber konstante Ahnung von Werten wie Ehrlichkeit, Sexualität, Religion. Das Begriffssystem, das Du aufbaust, ist subjektiv und für Dich auch sinnvoll.

In Deinen ersten fünf, sechs Kinderjahren überprüfst Du diese Meinungen, die Du gebildet hast, immer wieder und kommst zu der Überzeugung, daß sie richtig sind. Für Dich sind es keine subjektiven Wahrheiten, sie sind für Dich objektiv gültig. All diese Meinungen und Überzeugungen zusammen nennen wir den Lebensstil. Diese Grundvorstellung von Dir, von den anderen Menschen und von der Welt und wie Du mit den Situationen des Lebens umzugehen hast, um Deinen Platz zu haben, bleiben im Laufe Deines ganzen Lebens relativ stabil. Weil jeder Mensch sich sein eigenes Überzeugungsgebilde macht, ist es auch verständlich, daß jeder Mensch aufgrund seines Lebensstils einzigartig ist. Es gibt so viele Lebensstile, wie es menschliche Gesichter gibt. Dieses Wissen kann Dich veranlassen aufzuhören, danach zu streben, so zu sein, wie andere sind. Du bist Du, und Du bist etwas ganz Besonderes. Dich gibt es nur einmal. In Deiner Einmaligkeit liegt auch eine individuelle Gesetzmäßigkeit. Diese fast gleichförmige Art, Dir Ziele zu stecken, Dich zu verhalten, Dich zu entscheiden, Geschehnisse zu verarbeiten, erkennst Du und auch andere, die sich für Dich interessieren, am leichtesten im Vergleich verschiedener Lebensphasen, also im Längsschnitt.

Es gibt Menschen, die auf Widerstände mit Rückzug, andere, die mit verstärktem Druck reagieren. Es gibt Menschen, die ihr Leben so einrichten, daß sie am Ende einer Lebensphase - wieder - allein dastehen, andere, die immer einen gelungenen Anschluß an andere finden. Es gibt solche, die sich von Menschen und Situationen bestimmen lassen und solche, die auffallen durch ihre aktive Gestaltung der Lebenssituation. Da diese Erlebnisse und Verhaltensweisen relativ konstant auftreten, betrachten wir sie als typisch für diesen Menschen, als Ausdruck seines Lebensstils.

Jeder Lebensstil bietet viele Verhaltensalternativen, obwohl die frühkindliche Meinung, die sich ein Mensch gebildet hat, relativ unflexibel ist. Wenn ein Kind gelernt hat zu glauben: »Ich bin hilflos, die anderen sind dazu da, mir zu helfen«, dann liegt darin auch sein Ziel »Hilfe bekommen«. Es gibt nun viele Verhaltensmöglichkeiten, andere in seinen Dienst zu stellen, z.B. durch Zögern, Fehlermachen, Schüchternsein, Sich-dumm-Stellen, Weinen, Stottern, Wutausbrüche, andere einschüchtern, Charme, Freundlichkeit. Über all diese verschiedenen Verhaltenswege kann es das Ziel »Hilfe zu bekommen«

erreichen. Auch im Erwachsenenalter wird dieser Mensch, wenn er sich entmutigt fühlt, auf jene Verhaltensweisen zurückgreifen und andere in seinen Dienst stellen. Da wir nun alle vor den zuvor beschriebenen sozialen Lebensaufgaben stehen, wird uns unsere Sicht auf uns selbst und auf das Leben dabei entweder eine Hilfe oder ein Hemmnis sein. Es gibt Lebensstile, die mehr Flexibilität und Lernen zulassen und andere, die eher eng und starr sind und sich neuen Impulsen und Aufgaben gegenüber verschließen oder mit Krankheit, Angst, Wut und verschiedenen anderen Weisen des Vermeidungsverhaltens reagieren.

Der Lebensstil übt einen großen Einfluß auf unser Leben aus, aber wir sind ihm nicht ausgeliefert. Wir können uns bemühen, diese in uns wirksamen psychischen Prozesse und Gesetzmäßigkeiten kennenzulernen. Und wir werden durch Ermutigung und Übung mehr Auswahl an Verhaltensmöglichkeiten bekommen und so flexibler auf die verschiedenen Lebenssituationen reagieren können. Den Lebensstil erkennen heißt, uns selbst erkennen. Den Lebensstil verstehen heißt, uns selbst verstehen. Der Lebensstil, der sowohl unsere Grundstimmung, unsere positiven und negativen Reaktionen, unseren Erfolg und unseren Mißerfolg, unsere Zielstrebigkeit oder Ziellosigkeit, unseren Optimismus oder Pessimismus, unsere Aktivität oder Passivität zum größten Teil mitbestimmt, ist im Grunde ein geheimnisvolles Etwas, das wir nie ganz verstehen werden. Jeder Mensch behält für sich und für andere einen Rest an Geheimnis, das wohl nur Gott kennt. Aber trotzdem: das, was wir kennen und verstehen, können wir beeinflussen und so wieder unabhängiger von unbewußten Impulsen werden und das eigene Leben und das Leben um uns herum bewußt, gezielt mitgestalten.

Wie kann man nun verstehen, daß der Lebensstil sich nicht ändert, obwohl der Mensch im Laufe des Lebens ja unendlich viele, entgegengesetzte Erfahrungen macht? Das Kind hat seine Meinung aufgrund von Erfahrungen gebildet. Es weiß also: »So ist das!« Dieses »So ist das« hilft ihm, das Leben um sich

herum und auch das eigene Verhalten zu verstehen und vorhersagen zu können. Dafür braucht der Mensch Meinungen und
Regeln, eben ein »So ist das«. Wenn jemand die Regel hat:
»Rot heißt stop«, dann braucht er sich nicht jedesmal, wenn er
vor einer roten Ampel steht, zu fragen: »Was ist denn da
eigentlich los, was könnte das bedeuten, und warum fahren die
Autos nicht weiter?« Nein, er kann das Leben um sich herum
verstehen und auch sein eigenes Verhalten, nämlich daß er bei
Rot stoppen wird, vorhersagen.

Wenn eine Frau mit der Überzeugung lebt: »Männer sind
Betrüger, und ich muß ihnen aus dem Wege gehen«, so ist dies
eine Regel, die sie für sich aufgrund ihrer früheren Erfahrungen gebildet hat. Und in diesem Sinne redet sie auch mit sich
selbst. Nun kann es aber sein, daß sie am Arbeitsplatz mit
einem Mann zusammenarbeiten muß, dem sie nicht aus dem
Wege gehen kann, und dabei feststellt, daß dieser Mann kein
Betrüger ist. Sie hat jedoch für die Integrität eines Mannes kein
Auge oder anders gesagt, an dieser Stelle hat sie einen »blinden
Fleck«. Sie beobachtet ihn durch ihr Raster des Betrügens und
findet irgendwann garantiert etwas, das sie so umdeuten kann,
daß es ihre Meinung bestätigt. Wenn seine Vertrauenswürdigkeit nicht zu übersehen ist, wird es ihr Mißtrauen wecken, weil
sie sich voller Überzeugung sagt: »Das kann nicht wahr sein«.
Läßt sie aber die Erfahrung zu und muß feststellen, dieser
Mann ist vertrauenswürdig, so würde dies noch kein Grund
sein, ihre Regel zu ändern. Sie würde ihre Regel festschreiben
mit: »Dieser Mann ist eine Ausnahme innerhalb meiner Regel.
Meine Regel stimmt.«

Es ist, als ob Menschen sagen wollen: »Verwirr mich nicht
mit der Wahrheit, ich habe mich schon entschieden«. Wenn wir
unseren Lebensstil nicht kennen und den oben beschriebenen
Prozeß nicht verstehen, ist die Möglichkeit, neue Erkenntnisse
zu gewinnen, reduziert. Auch unsere Freunde und Lebenspartner bieten wenig Anlaß, unsere Anschauung zu ändern, denn
auch sie haben wir aufgrund unseres Lebensstils gewählt. Des-

wegen bestätigen sie eher unsere Sicht, als daß sie Anlaß wären, sie in Frage zu stellen.

Therapie und Selbsterziehung - das ist jetzt leicht zu verstehen - führen über den Prozeß der Selbsterkenntnis zur Erweiterung der oft zu eng gesteckten Regeln. Wer in diesem Prozeß aber eine Regel aufgeben will, fühlt sich zunächst wie ein Segler ohne Steuer. Es kann Dich sehr unsicher machen, weil Du alte Pseudosicherheiten in Frage stellst. Wenn Du eine Regel ändern willst, dann erkenne, daß es die Regel des kleinen Kindes ist und daß Du sie nicht unbedingt ganz aufgeben mußt. In dieser Regel steckt für Dich bestimmt eine Wahrheit, aber wenn sie Dir zu eng ist, kannst Du sie erweitern. Sei bereit, Deine engen Vorurteile aufzugeben und mehr von den Gesetzmäßigkeiten des Lebens zu verstehen. Mach dies in der Sicherheit, daß Du so, wie Du bist, gut genug bist, und sei neugierig auf das, was Du alles zur persönlichen Entfaltung auch im Dienste der Menschen um Dich herum lernen kannst. Neugierig warst Du als Kind ja auch schon, und dies wird die Kraftquelle für die Erweiterung Deiner Sicht und Deines Lebens sein. Aber vor allem gewinnst Du aus der Neugier die Impulse für das Lernen.

2.7. Die vier Prioritäten[4]

Mag auch jeder Mensch, bedingt durch seinen Lebensstil, einmalig und unverwechselbar sein, so gibt es trotzdem Wünsche, Neigungen, Bestrebungen, die vielen Menschen gemeinsam sind. Die Persönlichkeitstheorie der vier Prioritäten ist als ein Versuch zu verstehen, die Eigenarten der Menschen in Gruppen zusammenzufassen, Wünsche und Abneigungen klarzumachen und herauszufinden, welchen Preis man für eine be-

---

4 siehe: Schottky, A. / Schoenaker, Th.: Was bestimmt mein Leben?
   4. Auflage. 1991. Frankfurt/M.

stimmte Priorität zu zahlen bereit ist. Im einzelnen handelt es sich um folgende Wünsche:

Bequemlichkeit: Ich möchte es angenehm haben, möchte behaglich genießen, ich will nicht gestört werden, ich will nicht »müssen«.

Gefallenwollen: Die anderen sollen mich mögen und gerne haben, mich akzeptieren und nett finden, jedenfalls nicht gegen mich sein.

Kontrolle: Ich wünsche mir Sicherheit, überschaubare Verhältnisse, Ordnung, Schutz vor unerwarteten Bedrohungen und Gefahren.

Überlegenheit: Ich will etwas darstellen, der Stärkste, der Reichste, der Klügste sein, ich will gewinnen.

Diese Wünsche sind menschlich und sind weit verbreitet. Unterschiedlich ist jedoch die persönliche Rangordnung, in die er diese vier Wünsche stellt. Dem einen steht die Bequemlichkeit an erster Stelle; er nimmt in Kauf, daß er nicht viel erreicht und vielleicht, was die Leistung betrifft, sogar der Letzte ist. Dem zweiten ist es wichtiger, daß er bei den anderen beliebt ist, oder jedenfalls nicht abgelehnt wird; dafür verzichtet er auf die Verwirklichung anderer persönlicher Wünsche und Ziele. Dem dritten geht die Sicherheit vor. Er richtet seine Anstrengungen darauf, sich selbst und seine Gefühle, aber auch eine Situation oder andere Menschen zu kontrollieren. Dem vierten sind diese drei Wünsche weniger wichtig als der eine: sich überlegen, sich bedeutungsvoll zu fühlen.

Da jeder der vier Wünsche an erster Stelle stehen kann, sprechen wir von »Prioritäten«. Man kann nicht alles gleichzeitig haben. So zahlt jeder den Preis für seine Priorität - und der ist um so höher, je stärker der eine Wunsch alle anderen beherrscht und die anderen dahinter zurücktreten müssen. Wer die Bequemlichkeit voranstellt, kann nicht viel schaffen. Wer sich immer nach anderen richtet - damit sie ihn akzeptieren und ihm nicht böse sind - muß eigene Wünsche zurückstellen. Er findet kaum eine eigene Linie, er entwickelt keine klare Persönlichkeitsstruktur. Wer vor allem auf Kontrolle und Sicherheit aus ist, schränkt damit die eigenen Entfaltungsmöglichkeiten ein. Im persönlichen Bereich bleibt er distanziert, ihm droht die Einsamkeit. Wem die Überlegenheit an erster Stelle steht, der hat oft mit Überlastungen und Überforderung zu bezahlen, vielleicht auch mit der Einsamkeit, die mit dem sprichwörtlichen »einsame Spitze« verbunden ist.

Das folgende Schema zeigt diese Verhältnisse im Überblick:

Priorität	Sackgasse[5]	Preis
Bequemlichkeit (Gemütlichkeit)	Druck, Streß, Verantwortung	verminderte Produktivität
Gefallen wollen	Ablehnung, unerwünscht sein	verzögerte Persönlichkeitsentwicklung
Kontrolle (Sicherung)	Unerwartetes, lächerlich sein, ausgeliefert sein	sozialer Abstand, Verminderung der Spontanität
Überlegenheit (Bedeutung haben)	Bedeutungslosigkeit, durchschnittlich sein	Überverantwortlichkeit, Überlastung

Positive und negative Möglichkeiten

Die Prioritäten sind als wertneutrale Potenz zu betrachten. Sie tragen sowohl positive als auch negative Entwicklungstendenzen in sich. Die positiven Aspekte der Prioritäten kommen bei genügend ausgeprägtem Selbstvertrauen und Mut (= Akti-

---

5 Wir wählen dieses Wort *Sackgasse* für eine Situation, in die man um keinen Preis geraten möchte.

vität und Gemeinschaftsgefühl) zum tragen; im anderen Fall ist die Angst die Trägerin des Vermeidungsverhaltens. Da Mut und Selbstvertrauen situativ bedingt sind, erlebt jeder Mensch Lebensphasen und Situationen, in denen er die positiven Möglichkeiten und solche, in denen er die negativen (d.h. die sozial wenig nützlichen) Möglichkeiten zum Ausdruck bringt.

Typische Verhaltensmöglichkeiten

Priorität	bei genügendem Mut	bei weniger Mut
Bequem-lichkeit	Leicht im Umgang; schafft gemütliche Umgebung; friedliebend, diplomatisch, kann gut zuhören; beschäftigt sich mit eigenen Angelegenheiten; betont Unterschiede nicht; leicht mit sich selbst zufrieden; ruhig; kann genießen (mit allen Sinnen), kann gut delegieren.	Will in Ruhe gelassen werden; stellt andere in seinen Dienst; drückt sich vor Verantwortung; auf der Flucht; blockiert Veränderungsmöglichkeiten; will kurzfristige Befriedigung.
Gefallen wollen	Kann harmonisieren; Frieden stiften, helfen, Erwartungen erfüllen; ist freundlich, tolerant, flexibel, nicht aggressiv, kann sich gut in andere Menschen einfühlen und stellt leicht Kontakte her.	Kann nicht »nein« sagen und sein »ja« nicht halten; richtet sich in der Meinungsbildung nach anderen; nimmt keine Risiken auf sich; stellt indirekt hohe Anforderungen an den Partner; sucht ständig die Bestätigung des Geliebt- oder Angenommenseins (liebst Du mich noch); gibt, um zu bekommen; meint »ich habe keine Chance«; hat wenig Selbstrespekt und erwartet keinen Respekt von anderen.
Kontrolle	Hat Führungsqualitäten; Gefühl für Zeit und Ordnung; ist zuverlässig, produktiv, praktisch, genau, standhaft, strebsam und macht »Gesetze und Vorschriften«; kann	Engt andere durch »Vorschriften« und Kontrolle ein; hält Gedanken und Gefühle zurück (= Verlust von Spontaneität); blockiert Annäherungsversuche; seine Ordnung, seine Plä-

Kontrolle *(Fort-* *setzung)*	durchhalten, schafft Ordnung, trägt Verantwortung, ist ein »Selbststarter«.	ne sind wichtiger als menschliche Beziehungen; kann sich nicht gut anvertrauen; bestimmt das Tempo der Annäherung; vermeidet das Äußerste von Glück und Traurigkeit.
Über- *legenheit*	Aktiv; bringt neue Ideen; kann andere begeistern; dynamisch; arbeitet für Ideale; weiß, was er will; hat hohe moralische Werte; kann sich aufopfern.	Wertet andere ab und sich selbst auf; ist lieber der Schlechteste, als durchschnittlich; weckt Schuldgefühle; sieht in anderen die Beurteiler seines Verhaltens; denkt in Kategorien von »oben und unten«, »mehr und weniger«, »gut und schlecht« usw.

Gerade durch diese Gegenüberstellung der breiten Skala der Verhaltensmöglichkeiten wird ersichtlich, welche Bedeutung die Ermutigung für einen befriedigenden Umgang mit anderen Menschen hat. Je mehr das Gefühl der Zugehörigkeit wächst, die Erlebnisse der Gleichwertigkeit zunehmen, desto selbstverständlicher wird sich der Mensch sozial nützlich betätigen.

Die Prioritäten sind nicht angeboren, sie sind wie der Lebensstil das Ergebnis der schöpferischen Kraft des Kindes und unter dem Einfluß seiner Veranlagung, seiner Erziehung und im Kontakt mit den Menschen, mit denen es aufgewachsen ist, entstanden. Die frühkindliche Entmutigung hat, so vermuten wir, erheblich zur Bildung der Prioritäten beigetragen.

Die Quelle der kindlichen Entmutigung

Der Mensch mit der Priorität Bequemlichkeit hat wohl durch überfürsorgliche und verwöhnende Erziehung erfahren, daß andere nicht nur die Arbeit machen, sondern auch alles besser können. Wenn er Initiativen ergriff, wurde er entmutigt, und er versagte. Er zeigte immer weniger Initiative, und seine Passivität nahm zu. Schließlich wurden unter Druck von ihm Handlungen verlangt mit der moralischen Maxime »Ja nicht faul zu sein«. Es ist dieser Druck, den er zu vermeiden sucht und gegen den er starke Widerstände entwickelt. Er will nicht »müssen«.

Der Mensch mit der Priorität Gefallenwollen hat durch Ablehnung oder durch eine inkonsequente Erziehung, die ihm nie klar werden ließ, daß er so, wie er ist, liebenswert ist, erfahren, daß Liebe durch ständige Anpassung oder Leistung erkauft werden muß. So versucht er Ablehnung zu vermeiden.

Der Mensch mit der Priorität Kontrolle weiß durch frühkindliche, schmerzliche Erfahrungen, daß das Leben und/oder die Menschen bedrohlich, schlecht, unberechenbar sind. Aus diesem Gunde sichert er sich ab und ist lieber von anderen unabhängig.

Der Mensch mit der Priorität Überlegenheit hat als Kind erfahren, daß er nur einen Wert hat, wenn er besser ist. Gut sein ist nicht gut genug. Die schmerzlichen, frühkindlichen Erfahrungen des Wertloseins versucht er mit seinem Überlegenheitsstreben zu vermeiden.

Wir sehen in diesen Beschreibungen, daß der Mensch sich ständig zwischen zwei Polen bewegt, das heißt mit allen Mitteln versucht, seine Priorität zu verwirklichen, aus Angst vor der Wiederholung der frühkindlichen Traumata (Sackgasse). So bedeutet die Verwirklichung der Priorität das Erreichen eines Zustandes des Wohlbefindens.

Das Erlebnis der Angst ist ursprünglich gekoppelt an das Fluchtverhalten. Dieses Flüchten ist beim Kind auf die Schutzsuche bei der Mutter, gelegentlich auch beim Vater gerichtet. Die Prioritäten: Bequemlichkeit (das Empfangen von Versorgung, Schutz, Ruhe, Freiheit von Druck), Gefallenwollen (das Empfangen von körperlicher Nähe, Liebe, Trost, Angenommensein) und Überlegenheit (das Empfangen von Lob, Schulterklopfen, Bewunderung) lassen diesen Beziehungsaspekt erkennen. Der soziale Kontakt, den das Kind erfährt, beruhigt, und es erlebt seine Priorität als Zustand der Zugehörigkeit. Bei der Priorität Kontrolle ist dies anders. Wir können vermuten, daß die Schutzsuche nicht gelungen ist, d.h. daß die Eltern nicht imstande waren, die Funktion als Angstbefreier zu erfüllen. Das Kind sucht seine Sicherheit in sich selbst und strebt die Unabhängigkeit von fremder Hilfe an.

Die Priorität und psychosomatische Symptome

Psychosomatische Symptome werden - nicht bewußt - auf der negativen Seite als Mittel eingesetzt, um die Sackgasse zu vermeiden. Dies ist der Fall, wenn man die Priorität nicht in einer sozial nützlichen Weise, d.h. mit genügend Selbstvertrauen und Gemeinschaftsgefühl, leben kann. Die Ziele der Symptome werden dann erkennbar.

So wird jemand mit der:

Priorität	Symptome entwickeln	mit dem unbewußten Ziel
Bequem-lichkeit	wenn der Druck oder die Verantwortung ihm zu groß wird	andere in seinen Dienst zu stellen und sich vom Druck zu befreien
Gefallen wollen	wenn er Ablehnung erfährt	die Beziehung durch Mitleiderregen herzustellen oder aufrechtzuerhalten
Kontrolle	wenn die Situation unübersichtlich wird oder die Konsequenzen seines Verhaltens nicht mehr vorhersagbar sind	im Rückzug Selbständigkeit/ Unabhängigkeit (= Sicherheit) zurückzugewinnen
Über-legenheit	wenn er Gefühle der Unterlegenheit ahnt	Schonung und Entschuldigung für eigene Mängel zu bekommen und sein Überlegenheitsgefühl zu sichern

Nonverbale Signale

Da der Mensch die gewählte Priorität mit seinem ganzen Auftreten in verbalen und nonverbalen Signalen mitteilt, weckt jede Priorität auch andere Reaktionen. Ohne diese Fähigkeit, auch über nonverbale Signale den Mitmenschen unsere Absichten mitzuteilen, würden wir die meisten unserer verborgenen Ziele wohl selten erreichen. Psychosomatische Reaktionen betrachte ich als nonverbales Verhalten.

Der Mensch mit der Priorität		**Der andere**
Bequem-lichkeit	demonstriert nonverbal, auch durch sein Problemverhalten und seine Symptome, seine Hilflosigkeit.	entwickelt Hilfsbereitschaft und wird dazu bereit, ihm Aufgaben und Verantwortung abzunehmen.
Gefallen wollen	demonstriert nonverbal, auch durch sein Problemverhalten und seine Symptome, seine Freundlichkeit oder Traurigkeit.	entwickelt Mitleid und verspürt die Neigung, ihn zu trösten, und wenn es ginge, ihn in den Arm zu nehmen, aber auf jeden Fall Mitempfinden zu zeigen.
Kontrolle	demonstriert nonverbal, auch durch sein Problemverhalten und seine Symptome, seinen Unabhängigkeitskampf. Er ist entweder mit sich beschäftigt, im Rückzug aus der Beziehung oder aggressiv.	fühlt sich vom Kontakt abgeschnitten, überflüssig, eingeschüchtert oder herausgefordert. Er wird ihn jetzt oder später auf dieser Kontaktebene meiden oder die Begegnung auf ein Mindestmaß reduzieren.
Über-legenheit	demonstriert nonverbal, auch durch sein Problemverhalten und seine Symptome, daß er trotz Schwierigkeiten leistungsfähig ist.	gewöhnt sich bald daran, bewundert dieses »trotzdem«, und wertet gebrachte Leistungen auf und entschuldigt Fehler.

Die beschriebenen Reaktionen der Zuhörer sind natürlich nicht ganz unabhängig von deren eigener Priorität. Trotzdem

104

werden die meisten Menschen in diesem Sinne von den zielge-
richteten, nonverbalen Signalen berührt.

Das Erkennen der eigenen Priorität

Das Erkennen der eigenen Priorität ist manchmal schmerzlich, meistens jedoch befreiend. Probleme und Symptome verlieren einen Großteil der Unberechenbarkeit, wenn man seine
Priorität erkannt hat. Manchmal erkennt man schlagartig,
manchmal auch erst über einen längeren Zeitraum das Ziel des
Problemverhaltens oder der Symptome und versteht auch deren
Auftreten und die Reaktionen der anderen in Situationen, in
denen man die Priorität gefährdet glaubt.

Das Modell der vier Prioritäten ist übrigens ein kreatives
Denkmodell. Wenn Du mehr davon verstehst, merkst Du, daß
es gar nicht so leicht ist, die eigene Priorität zu finden. Das ist
gut so. Es ist eigentlich besser, es nicht so genau zu wissen.
Dann bleibst Du kreativ. Sonst sperrst Du leicht Deine Priorität
in eine Schublade und hörst auf, über Dich nachzudenken.
Bleibe aufmerksam für die Bedeutung Deines Verhaltens. Dann
erkennst Du ja in den wechselnden Situationen des Alltags, wie
mal die eine, mal die andere Priorität im Vordergrund steht, bis
Du immer schärfer Deine erste Priorität erkennst und trotzdem
erlebst: »Es kann auch alles anders sein«.

Die »Nur-wenn-Absurdität«

Über die Prioritäten erkennt man auch seinen Entwicklungs-
weg. Man kann einsehen, daß die Überwindung der »Nur-
wenn-Absurdität« aus der Sackgasse führen kann.

»Nur wenn ich (B) es bequem habe und frei bin von Druck;
nur wenn ich (G) anderen gefallen kann; nur wenn ich (K) mir
meiner Sache sicher bin; nur wenn ich (Ü) mich überlegen
fühle, habe ich einen Platz und fühle ich mich zugehörig.« Dies

sind die mit den Prioritäten verbundenen Überzeugungen und »Nur-wenn-Absurditäten«.

Je geringer das Selbstvertrauen, um so absoluter wird der Anspruch auf das Erreichen der Ziele. In dem Maße, in dem der Anspruch absoluter wird, wird auch das soziale Bewegungsfeld kleiner. Das Vermeiden und Zögern als Ausdruck der Angst und der Ichbezogenheit stehen dann im Vordergrund aller sozialen Aktivitäten. Das Gefühl, einen Platz zu haben, wird immer mehr gekoppelt mit vorhersagbaren Situationen, der Kreativitätsrahmen wird dementsprechend eingeengt. Schließlich bekommt der Mensch dann genau das, was er befürchtet: Weil er (B) sich vor immer mehr Aufgaben »drückt«, wird er von anderen unter Druck gesetzt; weil er (G) sich übertrieben gefällig verhält, lehnt man ihn ab; weil er (K) immer mehr Sicherheiten einbaut, verbaut er sich den letzten Fluchtweg; weil er (Ü) seine Überlegenheit zu sehr zur Schau stellt, fordert er andere heraus, ihn abzuwerten.

Rückzug oder Symptome psychosomatischer Krankheiten zu entwickeln bleibt ihm im Ernstfall als letzte Möglichkeit. Für ihn steht fest: Ich (B) kann nicht handeln, solange ich unter Druck stehe. Ich (G) kann nicht handeln, solange ich dabei Gefahr laufe, auf Ablehnung zu stoßen. Ich (K) kann nicht handeln, solange ich nicht weiß, wo es lang geht. Ich (Ü) kann nicht handeln, solange ich befürchten muß, als bedeutungslos dazustehen.[6]

Entwicklungsmöglichkeiten

Wenn Du aus irgendeinem Grunde an Deiner Priorität leidest, möchtest Du sie vielleicht ändern. Ich rate Dir davon ab. Es wäre vergeudete Energie. Wenn Du nach vielen kostbaren Jahren der Therapie und hohem Einsatz persönlicher Energie

---

6 Eine Wertskala zur Ermittlung der eigenen Priorität ist im Rudolf-Dreikurs-Institut für soziale Gleichwertigkeit, R.-Dreikurs-Weg 4-6, 6492 Sinntal-Züntersbach, gegen Rückporto gratis erhältlich.

Deine Priorität geändert hättest, würdest Du eine andere Priorität annehmen und dann wiederum die Sackgassen dieser Priorität fürchten und den Preis bezahlen müssen. Nein, es ist nicht nützlich, Deine eigene Priorität abzulehnen, im Gegenteil: Deine Fortschritte und Entwicklungsmöglichkeiten liegen darin, daß Du Dich immer wieder ertappst, wie Du im Sinne Deiner Priorität reagierst und durch Entwicklung Deines Mutes und Deines Selbstvertrauens Dich immer mehr auf der positiven, d.h. sozial nützlichen Seite engagierst. Mit Dir selbst in Frieden leben heißt, Deine Eigenart (Deine Stärken und Deine Schwächen) erkennen und sie annehmen. Lebensstil und Prioritäten sind Deine subjektiven Meinungen, die Du mit guten Gründen entwickelt hast.

Wenn Du die Priorität »Bequemlichkeit« angenommen hast, so gratuliere ich Dir. Du hast genau das, was wir in unserer Gesellschaft brauchen, nämlich die Fähigkeit, Ruhe, Wärme, eine behagliche Atmosphäre zu verbreiten und anderen zu helfen, ihren Streß auszugleichen.

Hast Du die Priorität »Gefallenwollen«, so gratuliere ich Dir. Du bist der Sonnenschein in unserer Gesellschaft. Du vermittelst Freude und hast ein feines psychologisches Empfinden, um für andere das zu tun, was sie brauchen, noch bevor sie ihre Wünsche ausgesprochen haben.

Wenn Du die Priorität »Kontrolle« angenommen hast, so gratuliere ich Dir, denn Du bist mit Deiner Ordnungsliebe, mit Deiner Fähigkeit, übersichtliche Verhältnisse zu schaffen und Sicherheit zu vermitteln, aber auch durch Deine Gründlichkeit und Zuverlässigkeit das Rückgrat der Gesellschaft.

Wenn Du die Priorität »Überlegenheit« hast, so gratuliere ich Dir, denn Du bist mit Deiner Fähigkeit, zu erkennen, wo Veränderungen notwendig sind, mit Deiner Bereitschaft, Dich für die Veränderungen einzusetzen und dafür Bequemlichkeit zu opfern und auch Überlastung in Kauf zu nehmen, der wesentliche Antrieb für die Entwicklung der Kultur.

Lerne, Deine Priorität und die der anderen Menschen zu erkennen und vor allem zu lieben. Dann bist Du auf dem besten Weg, ein universales Gesetz zu erfüllen, nämlich: »Liebe Deinen Nächsten so, wie Du Dich selbst liebst.«

3. Die Ermutigung

3.1. Was ist Ermutigung ?

Das Wort Ermutigung gehört nach dem »Duden« mit der Vorsilbe »er-« zu der Gruppe von Wörtern, die die Erreichung eines Zwecks ausdrücken, z.B. schwerer machen ist er-schweren, leichter machen ist er-leichtern, mutiger machen ist ermutigen. *So ist der Prozeß der Ermutigung zu definieren als jedes Zeichen der Aufmerksamkeit, das anderen oder uns selbst Mut macht oder Auftrieb gibt.* Das heißt auch: Ermutigung ist das, was als Ermutigung empfunden wird. Die Definition bezieht sich also auf das Ergebnis. Wenn ich Dich anschaue, berühre, ein gutes Wort der Anerkennung sage, Dich sein lasse, wie Du bist, Dich in Deinen eigenen Absichten bestärke oder Dich anlächle, und Du fühlst Dich dadurch besser, dann war das, was ich tat, eine Ermutigung für Dich. Ermutigung erwirkt in Dir eine Änderung der inneren Haltung. Ermutigung erhöht Dein Gefühl von Selbstachtung, stärkt den Glauben an Deine eigenen Fähigkeiten und führt Dich zu dem Schluß: »So wie ich bin, bin ich gut genug« und zu der Überzeugung: »Ich kann«.

3.2. Das Ziel der Ermutigung

Du hast in den Kapiteln über die Entwicklung von Minderwertigkeitsgefühlen und die Auswirkungen in der Vermeidungshaltung die Ergebnisse von Entmutigung kennengelernt. Welches andere Ziel kann Ermutigung verfolgen, als solchen Entwicklungen zuvorzukommen und das gestörte psychologische Gleichgewicht wiederherzustellen? Das Ziel der Ermutigung ist es also, uns selbst und den Mitmenschen zu einer neuen Orientierung über unsere frühkindlichen Meinungen zu verhelfen, Minderwertigkeitsgefühle zu beseitigen und ein stärkeres Gefühl der Zugehörigkeit zu entwickeln. Die Entwicklung von Selbstachtung und Selbstvertrauen, das sichere Erleben der sozialen Gleichwertigkeit und die Entwicklung des Gemeinschaftsgefühls sind dabei die Hauptbegriffe. Neben diesen psychologischen und sozialen Begriffen hat durch Ermutigung die Wiederherstellung der körperlichen Gesundheit eine nicht zu unterschätzende Wirkung. Ermutigung bewirkt, daß wir unserer Stärken und Fähigkeiten gewahr werden, Minderwertigkeitsgefühle beseitigen, den Mut zur Unvollkommenheit und Lebensfreude entwickeln, unabhängiger und selbständiger werden und zu der Überzeugung gelangen: »Ich bin ich, und so wie ich bin, bin ich gut genug. Ich habe meinen Platz in dieser Welt, und was auch kommen mag, ich schaffe das schon irgendwie.« Ermutigung führt dazu, daß der Mensch gedanklich nicht um sich selbst kreist, sondern mehr Vertrauen zu und Interesse für andere entwickelt und bereit ist, seinen Beitrag zum Wohle der Gemeinschaft zu leisten. So ist das, wenn er sich zugehörig fühlt.

3.3. Ermutigen kann man lernen

Es gibt Menschen, die generell ermutigend wirken. Es scheint also allgemein ermutigende Haltungen und Fähigkeiten zu geben. Wir würden leichter den Zugang zur Ermutigung finden, wenn wir diese Haltungen und Fähigkeiten erkennen könnten und feststellen würden, daß man sie auch üben kann. Auf der Suche nach Verhaltensweisen, die Selbstvertrauen einflößen, habe ich öfters die Frage gestellt: »Welche Personen waren es, zu denen Du in Deiner Kindheit gerne hingegangen bist, wenn Du Sorgen hattest oder auch wenn Du begeistert warst über einen Erfolg? Zu welchen Menschen gehst Du jetzt in Deinem Erwachsenenleben? Du gehst ja nicht zu irgend jemandem. Welche sind die Eigenschaften oder Verhaltensweisen, die Dir an diesem Menschen so gefallen, daß Du Deine Sorgen oder Dein Glück mit ihm teilen willst?« Unter vielen anderen tauchen folgende Haltungen und Fähigkeiten immer wieder auf:

Zuhören,
Interesse zeigen und zum Sprechen anregen,
mit einem freundlichen Blick anschauen,
geduldig sein (Zeit haben),
mich annehmen, so wie ich bin,
begeistert und fröhlich sein,
das Gute betonen,
Versuche und Fortschritte anerkennen,
für mich da sein,
nicht übel nehmen (verzeihen),
Verständnis zeigen (»ich verstehe Dich«),
verständnisvoll zunicken,
Körperkontakt herstellen,
trösten,
mir etwas zutrauen,
Hoffnung machen,
Vertrauen schenken

Diese Begriffe sind hier nicht in der Reihenfolge der Wichtigkeit aufgeführt, denn ihre ermutigende Wirkung ist abhängig von der Qualität der Beziehung und der gegebenen Situation. Ich komme in Kapitel 4 ausführlich auf einige der obigen Begriffe zurück. Du kannst lernen, eine positive Person zu werden und einen wesentlichen Beitrag zur Verringerung des Leids in der Gesellschaft zu leisten.

Es gibt unter den heutigen störenden und gestörten sozialen und psychischen Verhältnissen im Bewußtsein der formenden Kraft der Ermutigung keine bedeutendere Aufgabe, als Beispiel zu sein für ermutigende Haltungen und Fähigkeiten. Maria

Montessori drückte es folgendermaßen aus: »Was man als Ermutigung, Trost, Liebe, Achtung bezeichnet, das sind Hebel für die Seele des Menschen, und je eifriger sich jemand in diesem Sinne bemüht, desto nachhaltiger erneuert und stärkt er das Leben um sich herum.«

Wie wäre es, wenn Du selbst in den ersten zwei Jahren Deines Lebens viel mehr Ermutigungen bekommen hättest? Ich bin sicher, Du hättest mehr an Dich geglaubt, Du wärst optimistischer, Du würdest entspannter leben und gesünder sein. Dies alles, weil Du ein positiveres Bild von Dir und den Mitmenschen hättest.

Stell Dir vor, Du würdest mit dieser Erkenntnis Deine Beziehung zu Kindern und Erwachsenen mehr auf Ermutigung ausrichten! Nimm die Herausforderung an, über diesen Weg Deinen Mitmenschen einen Beitrag zu liefern und eine ermutigende Person zu werden. Es wird auch Dein Leben in erfreulicher Weise beeinflussen.

Wie wäre es, das Gute in anderen zu erkennen und in Zuneigung über Deine Mitmenschen zu denken? Du lernst, in Chancen denken, anstatt in Kritik. Du lernst, in Herausforderungen zu denken, anstatt in Problemen. Du lernst, mit Vorschlägen zu leben, anstatt mit lähmender Kritik. Du lernst, kreativ weiterzudenken, den nächsten Schritt, die nächsten Möglichkeiten zu sehen. Du lernst Feindbilder abzubauen, den negativen inneren Dialog zu stoppen und erlebst, daß das Leben nicht zum Leid, sondern zum Glücklichsein erschaffen wurde. Deine Freude wächst aus der Beobachtung, wie der Ermutigte sich ändert. Fröhlicher, aktiver, kreativer, mit mehr Leichtigkeit geht er seine Probleme an und kommt generell besser zurecht.

3.4. Die andere Haltung

In einem Gesellschaftssystem, in dem Machtausübung herrscht und Gehorsam gefordert wird, hat Ermutigung keinen Platz. Wenn wir als Gleichwertige leben wollen, können wir das menschliche Verhalten nicht mehr durch äußeren Druck, Machtausübung, Kontrolle, Angstmachen, Befehl und Gehorsam bestimmen. Wir müssen umlernen, wenn wir andere zur Gleichwertigkeit anregen und zur Mitarbeit gewinnnen wollen. Es gilt, den anderen von innen heraus zur Zusammenarbeit und zu nützlichen Beiträgen zu aktivieren. Das ist möglich, wenn wir sein Zugehörigkeitsgefühl stärken und ihm Mut machen. Ermutigung ist der Weg, der dahin führt.

Können wir von Methoden wie Kritisieren, Abwerten, Schuldgefühle Wecken, Kleinmachen, Erniedrigen, mit denen wir so viel Erfahrung haben, Abschied nehmen? Generationenlang wurden sie praktiziert, und die meisten von uns wurden so erzogen. Im Umgang mit unseren Mitmenschen stehen uns diese Methoden spontan zur Verfügung. Wir merken oft gar nicht, wie häufig wir sie einsetzen; es ist »normal«, so zu reagieren. Vielen von uns fällt es schwer zu glauben, daß es auch anders geht. Es geht allerdings auch nicht anders, solange wir keine andere innere Haltung finden. Wir können andere erst ermutigen:

...wenn wir glauben, daß wir *so, wie wir sind, gut genug sind.* Wir meinen, erst wenn wir besser sind, werden wir gut genug sein und vergegenwärtigen uns nur allzu selten, daß das ein Faß ohne Boden ist. Wenn wir heute nicht gut genug sind, werden wir es nie sein. Dies gilt auch für die grundsätzliche Beurteilung anderer. War Johann Strauß' Vater nicht gut genug, weil sein Sohn später erfolgreicher war? Warst Du als Kind nicht gut genug, weil Du später besser laufen konntest?
Bist Du heute nicht gut genug, weil Du morgen besser sein wirst? Bist Du heute nicht gut genug, weil Du mehr Fehler machst als gestern? Oder bist Du nicht gut genug, weil Du ständig unter dem Druck des Strebens nach mehr und den unerfüllten Ansprüchen stehst? Wo soll denn die Zufriedenheit herkommen, die als Friede der Seele vernünftiges Urteilen, Freude, kreatives Arbeiten und einen

freundlicheren Umgang möglich macht? Nie gut genug zu sein ist die Grundlage für dauernde Unzufriedenheit, die ihren Ursprung in übersteigertem Ehrgeiz und Vollkommenheitsstreben findet. Wer seine Unzulänglichkeiten und die seiner Mitmenschen zu wichtig nimmt, wird humorlos und unzufrieden. Wer die Unzulänglichkeiten und Schwächen relativiert, liebevoll versteht und verzeiht, ist zufrieden und macht zufrieden. Er ist so, wie er ist, gut genug und meint, andere seien es auch. Er ist ein Mensch mit ermutigenden Haltungen und Fähigkeiten. Wir können lernen, uns so, wie wir sind, als gut genug anzunehmen und in uns selbst und anderen den Mut zur Unvollkommenheit zu wecken. Ein Beitragen, wie mangelhaft auch immer, ist in jedem Fall besser als nicht beizutragen.

... wenn wir *Selbstvertrauen* haben, verletzbar sind und weniger dazu neigen, uns selbst zu verteidigen und andere herabzusetzen. Sobald wir uns unsicher oder unsere Position gefährdet fühlen, reagieren wir mit Demütigungen. Da wir uns unseres eigenen Wertes und unserer Fähigkeiten ungenügend bewußt sind, erhöhen wir - wie der Miweko in Kap. 6 - uns selbst, indem wir die Schwächen des anderen hervorheben oder seine Stärken zu Schwächen umdeuten. Wir können lernen, unseren eigenen Wert zu erkennen und uns selbst generell, aber auch situativ aufzubauen, indem wir uns selbst ermutigen. Dann können wir auch andere ermutigen.

... wenn wir aufhören zu glauben, daß *Kritisieren* nützlich ist. Wir kritisieren andere, weil wir in dem Glauben leben, daß es ihnen hilft, besser zu werden, und beachten nicht, wie wir sie entmutigen. Es ist ein Mißverständnis zu glauben, daß Kritisieren der beste Weg ist, jemandem zum Fortschritt zu verhelfen. Sicher, wir können denen, die uns anvertraut wurden oder mit denen wir zusammenarbeiten, zeigen, wo Entwicklungsmöglichkeiten sind, wo Fortschritte gemacht werden können, aber wir können uns auch bemühen, daß der andere sich dabei trotzdem wohlfühlt. Jeder korrigiert seine Fehler gerne, wenn er sich zugehörig fühlt, aber nicht, wenn er sich kritisiert oder bestraft fühlt und Schuldgefühle hat.

Dies erklärt auch, warum Eltern ihren Kindern, wie sie sagen, hundertmal etwas sagen müssen. Sie verstehen offensichtlich nicht, daß dieses Kritisieren, Belehren oder Meckern nicht zum Erfolg führt. Im Gegenteil, je wichtiger die Eltern das störende Verhalten eines Kindes nehmen, um so sicherer ist es, daß das Kind es nicht aufgeben wird. Kinder, die Nägel kauen, sind Kinder von Eltern, die nicht wollen, daß ihre Kinder Nägel kauen. Aber auch im Erwachsenenleben erkennen wir, daß z.B. in den Ehen viel gekämpft wird wegen Verhaltensweisen und Gewohnheiten, die der Partner nicht akzeptiert. Der andere wird sie jedoch nicht aufgeben, solange er sich nicht als gut genug angenommen fühlt, so wie er ist. Wer spürt, daß er geliebt wird und so sein darf, wie er ist, der ist auch aus Liebe zum anderen bereit, Verhaltensweisen zu ändern.

In Wirklichkeit kritisieren wir ja auch nicht, um dem anderen zu helfen, sondern um uns selbst, wie Miweko (siehe Seite 251f.), ein wenig besser, ein wenig überlegen zu fühlen. Kritik, so wie wir sie verstehen, ist absolut überflüssig. Sie hat auch keine nützliche Funktion in dem Konzept der Gleichwertigkeit, da sie aus einer Position der Überlegenheit erfolgt. »Ich kann es besser, ich weiß es besser, ich bin besser und ich werde Dir sagen, was Du tun oder denken sollst«, ist diese Position. Wenn wir durch Selbstermutigung bereiter werden, auf den Vorteil der Überlegenheit zu verzichten, dann finden wir auch konstruktive Mittel, andere zu unterstützen und mit ihnen zusammenzuarbeiten. Wir können lernen, an das Gute in jedem Menschen zu glauben, so wie er jetzt ist, und an seine Fähigkeit und Bereitwilligkeit, sich zu entwickeln, und daran, daß er die meisten seiner Fehler selbst entdecken kann.

»Jeder Tadel ist Zeitverschwendung. Ganz gleich, was Du einem anderen alles ankreiden kannst, und ganz gleich, wie heftig Du ihn tadelst - an Dir selbst änderst Du damit nichts. Tadel bewirkt einzig und allein, daß Du von Dir selbst ablenkst, indem Du äußere Gründe suchst, um Dein Unbehagen oder Deine Unzufriedenheit auszudrücken. Vielleicht gelingt es Dir, in einem anderen Schuldgefühle zu wecken, wenn Du ihn tadelst, aber das zu ändern, was Dich selbst unzufrieden macht, wird Dir nicht gelingen.«
(Wayne W. Dyrer)

Die *Sinnlosigkeit des Kritisierens* wurde in beeindruckender Weise in einem Experiment in einer Klasse mit Schulanfängern klar. Lehrer und Psychologen arbeiteten zusammen. Während dieser ersten 6 Tage entfernten sich etwa alle 10 Sekunden 3 Kinder von ihren Plätzen. Die Lehrer sagten in 20 Minuten etwa 7 mal »setzt Euch«.

Dann trat etwas Merkwürdiges ein. Die Lehrer wurden gebeten, öfters zu den Kindern »setzt Euch« zu sagen. Während der nächsten 12 Tage sagten die Lehrer in je 20 Minuten 27 mal »setzt Euch«. *Die Kinder standen öfters auf* - alle 10 Sekunden standen nicht 3, sondern 4 bis 5 Kinder auf. Sie machten noch einen Versuch. In den nächsten 8 Tagen sagten die Lehrer in 20 Minuten wieder nur 7 mal »setzt Euch«. Die Zahl der Kinder, die den Platz verließen, ging auf einen Durchschnitt von 3 Kindern je 10 Sekunden zurück. Dann bat man die Lehrer *noch einmal*, öfters zu den Kindern »Setzt Euch« zu sagen (28 mal in 20 Minuten). *Die Kinder standen wieder öfters auf.* 4mal alle 10 Sekunden. Zum Schluß bat man die Lehrer, es überhaupt zu unterlassen, »setzt Euch« zu sagen, und statt dessen das Arbeiten und das Sitzenbleiben zu loben. Sie machten es gut, und weniger als 2 Kinder standen innerhalb von 10 Sekunden auf - die niedrigste Zahl, die je beobachtet worden war.

Was in diesem Experiment statistisch nachgewiesen wurde, ist die sogenannte »Kritikfalle«, also die Tatsache, daß verstärkte Kritik erst recht jenes Verhalten erzeugt, das kritisiert wird. Weil dann aber das kritisierte Störverhalten verstärkt auftritt, wird zunehmend mehr kritisiert, und diese Kritik verstärkt das Verhalten wiederum, woraus logischerweise kein Entkommen ist, es sei denn, man reduziert die Kritik *trotz* häufigem Störverhalten und lenkt die Aufmerksamkeit auf das Positive. Erschwerend kommt dazu, daß Kritik oftmals einen kurzfristigen Erfolg zeitigt, der über den Fallenmechanismus hinwegtäuscht. So bewirkt das »Setzt Euch« der Lehrer im genannten Experiment tatsächlich ein momentanes Hinsetzen der Kinder, wenn es sie auch motiviert, später um so häufiger aufzustehen. Dieses momentane Hinsetzen kann die Täuschung hervorrufen, daß die Kritik durchaus sinnvoll und notwendig sei. Im Endeffekt aber bewirkt sie das Gegenteil, weil sie die Lehrer zwingt, das Negative zu beachten und nicht das Positive, und weil *stets das, was wir geistig beachten, Verstärkung erfährt.*

Überprüfen wir statistisch, um wieviel sich das Negative verstärken kann, nur weil man es beachtet:

In einem Versuch wurde eine »gute« Klasse für ein paar Wochen in eine »schlechte« verwandelt. Man veranlaßte den Lehrer, die Kinder nicht mehr zu loben. Als der Lehrer die Kinder nicht mehr lobte, nahm das unerwünschte »Störverhalten« von 8,7 % bis zu 25,5 % zu. Der Lehrer rügte das »Störverhalten« und unterließ es, das Verhalten der Kinder zu loben, die sich mit ihrer Arbeit beschäftigten.

Als man den Lehrer bat, die Kinder anstatt 5mal in 20 Minuten 16 mal in derselben Zeit zu rügen, war das Störverhalten sogar noch stärker. Es nahm bis zu einem Durchschnitt von 31,2 % zu und lag an manchen Tagen bei über 50 %. *Das »Störverhalten« nahm durch die Aufmerksamkeit, die man diesem Verhalten schenkte, noch zu.* Als die Kinder wieder gelobt wurden, kehrte auch die Arbeitswilligkeit doppelt zurück.

Der Versuch zeigt, daß man unerwünschtes Störverhalten bei Kindern innerhalb weniger Wochen von 8,7 % bis auf die beängstigende Höhe von über 50 % hinaufschrauben kann, und zwar lediglich durch die Aufmerksamkeit, die man diesem Verhalten schenkt! Was hier über die verheerende Wirkung von Kritisieren gesagt wurde, gilt auch für die Selbstkritik.

Hilfreich ist es auf jeden Fall, wenn wir den anderen seine Fehler selbst entdecken lassen; wenn wir ihn auf seine Fehler aufmerksam machen wollen, können wir klarstellen, daß wir nicht ihn als Person kritisieren, sondern das, was er tut. Hilfreich ist auch, wenn wir eigene Schwächen, Schwierigkeiten oder Fehler, die wir gemacht haben, erwähnen, bevor wir den anderen auf seine Fehler ansprechen. So kann er unsere Hinweise leichter annehmen. Auch Humor und Lächeln und der vermittelte Eindruck, daß der gemachte Fehler nicht so schlimm ist, sind hilfreiche Wege, die Selbstachtung des anderen nicht zu verletzen und seine innere Bereitschaft, sich zu entwickeln, zu mobilisieren.

Die andere Haltung, aus der aufrichtige Ermutigungsversuche entstehen können, bedarf eines anderen Standpunktes, eines anderen Menschenbildes. Wer davon ausgeht, daß der Mensch von Natur aus böse, aggressiv und schlecht ist und daß alle störenden, unmoralischen und sozial schädlichen Verhaltensweisen auf diese Natur zurückzuführen sind, der ist vielleicht der Meinung, daß man störendes Verhalten rechtzeitig wahrnehmen und unterdrücken muß, damit es nicht allzu schlimm zum Ausbruch kommt. Das Unterdrücken geschieht dann durch Verbieten, Strafen, das Wecken von Schuldgefühlen, Abwerten und Erniedrigen; alles Methoden der Entmutigung, die den Menschen seines Wertes und seines Mutes berauben.

Die Natur des Menschen ist aber nicht böse, sondern gut und im Prinzip göttlich. Alles, was wir mit irgendeinem Wort als »nicht gut« belegen, ist das Ergebnis von mangelnder Ermutigung oder von Entmutigung. Unsere Fehler sind eben das, was fehlt. Die Fehler, das negative oder störende Verhalten sind wie ein Loch, wie etwas Abwesendes. Löcher kann man nicht stopfen, indem man nur das Loch sieht. Man muß sich am Positiven, am Vorhandenen orientieren. Man kann herausfinden, mit welchem Material das Loch kleiner zu machen ist, indem man sich am Stoff und nicht am Loch orientiert. So ist das Loch im Strumpf nichts anderes als das Fehlen eines Teils des Strumpfes, so wie auch Angst das Fehlen von Selbstvertrauen, Haß das Fehlen von Liebe, Dunkelheit das Fehlen von Licht, Dummheit das Fehlen von Wissen ist. Wer ausschließlich das Loch - das Negative - im Strumpf sieht, findet keinen Anhaltspunkt, um es zu stopfen. Wenn Haß die Abwesenheit von Liebe ist, dann handeln wir richtig, wenn wir uns an der Liebe orientieren, damit der Haß verschwindet. Wir können Angst zum Verschwinden bringen, wenn wir Selbstvertrauen aufbauen. Wir können Dunkelheit beheben, indem wir die Tür aufmachen und das Licht hereinlassen. Jedes noch so kleine Licht ist stärker als das tiefste Dunkel. Bedingt durch unsere negative Grundeinstellung achten wir viel zu viel auf die Löcher und zu wenig auf den Strumpf; zu viel auf das, was fehlt, und zu wenig auf das, was vorhanden ist. Wenn Du Deinen Mitmenschen als im Wesen gut betrachtest, bist Du eher geneigt, Fehler und Schwächen zu übersehen und Deinen Blick auf das Positive, auf die Fähigkeiten zu lenken, um diese ermutigend zu unterstützen. Du machst dem anderen Mut, weil Du daran glaubst, daß sich so das grundsätzlich Gute in diesem Menschen entfalten kann.

Mit dieser anderen Haltung kommst Du allmählich aus der Fehlerbezogenheit heraus. Du kannst den Druck von anderen wegnehmen und auch Dich selbst entspannen und Vertrauen entwickeln.

Die richtige Ermutigungshaltung wächst also daraus, daß Du Dich nicht ablehnst und kritisierst, sondern als wichtig, wertvoll und liebenswert annimmst, und aus dem Glauben an das Positive in der menschlichen Natur, an die Gleichwertigkeit aller Menschen und an die positive selbstregulierende Kraft insbesondere in diesem einen Menschen.

Diese andere Haltung ist die Grundlage für die Entwicklung zu einer positiven Person. Willst Du damit heute anfangen?

- Denke nach über die Themen, die ich im Kapitel »Die andere Haltung« beschrieben habe.
- Sage Dir heute öfters: »Ich bin ich, und so, wie ich bin, bin ich gut genug« und richte dann Deinen Blick auf andere und denke: »...und Du auch«.
- Sag' Dir heute öfters, wenn Du Dich unsicher fühlst: »Ich schaffe das schon.«
- Sag' Dir heute, wenn Du jemanden belehren willst: »Der/Die schafft das schon« und kritisiere nicht. Heute nicht. Schau lieber auf die Stärken des anderen, die ganz sicher da sind.
- Sprich stattdessen heute einmal von eigenen Fehlern oder von eigenen Schwächen, was absolut nichts an Deinem Wert mindert. Den geeigneten Zeitpunkt dazu wirst Du schon weise wählen.

3.5. Die positive Erwartung

Robert Rosenthal, Professor der Sozialpsychologie an der Harvard University in den USA, hat folgendes Experiment geleitet:

In einer Grundschule wurde am Anfang eines Schuljahres ein nichtverbaler Intelligenztest durchgeführt. Rosenthal erzählte den Lehrern, daß man mit diesem Test die intellektuellen Fähigkeiten eines Menschen vorhersagen könne. Rosenthal ließ aber die Testergebnisse unbeachtet. Er wählte aus der Namensliste 20 % der Schüler aus und nannte diese »Schüler mit Zukunft.« Den Lehrern gab er diese Namen bekannt und erzählte, daß aufgrund der Untersuchungsergebnisse bei diesen Schülern im kommenden Schuljahr erhebliche Fortschritte zu erwarten seien. Die Lehrer lebten von nun an in diesem Glauben. Acht Monate später wurde dasselbe Testverfahren noch einmal bei allen Kindern wiederholt. Der Intelligenzquotient (IQ) der Kinder, die als »vielversprechend« etikettiert waren, hatte durchschnittlich um 4 Punkte gegenüber den anderen Kindern zugenommen. Wer als »vielversprechend« charakterisiert worden war, der machte im Vergleich zu seinen Klassenkameraden größere Lernfortschritte.

Robert Rosenthal studierte auch den Einfluß der Erwartung auf das Tierverhalten. Er erzählte einer Gruppe von Studenten, daß es ihm gelungen sei, intelligente Ratten zu züchten. Jeder Student dieser Gruppe bekam fünf Ratten. Diese mußten nun unter der Leitung ihres Studenten lernen, sich in einem dunklen Labyrinth zu bewegen. Allen anderen Studenten wurde erzählt, daß ihre Ratten normale, dumme Probetiere seien. In Wirklichkeit gab es aber keinen Unterschied zwischen den Tieren. Die Ergebnisse der beiden Gruppen unterschieden sich jedoch. Die »intelligenten« Ratten lieferten jeden Tag bessere Leistungen. Sie liefen schneller und sicherer durch das Labyrinth als die »dummen« Tiere. 29 % der »Dummen« verweigerten schon am Anfang, sich zu bewegen. Bei den »Intelligenten« kam das nur in 11 % der Fälle vor.

Die Auswertung dieses Experimentes lieferte folgende interessante Besonderheit: Die Studenten, die glaubten, daß sie mit intelligenten Tieren arbeiteten, zeigten ihren Ratten mehr Zärtlichkeit. Sie waren in Anwesenheit der Tiere ruhiger als die Studenten mit den »dummen« Ratten, und sie hatten auch eine stärkere emotionale Beziehung zum Experiment als die, die dachten, mit dummen Tieren zu arbeiten. Auffällig war, daß die Studenten mit den »intelligenten« Ratten zu den Tieren weniger gesprochen, sie aber mehr berührt hatten. Die anderen Studenten, die ihre »dummen« Ratten kaum berührten, beschimpften diese aber, wenn ihr Auftrag nicht ausgeführt wurde.

Rosenthals Untersuchungen führten ihn zu folgender 4-Faktoren- Theorie. Menschen, die positive Erwartungen an andere haben:

121

1. schaffen ein wärmeres sozial-emotionales Klima,
2. geben dem anderen mehr Rückmeldung,
3. geben dem anderen mehr Informationen,
4. geben dem anderen mehr Gelegenheit, Fragen zu stellen und Antworten zu geben.

Ein anderes Beispiel: An einer Grundschule in einer Großstadt wurde die Wirkung von Ermutigung untersucht. Die Lehrer bekamen genaue Anleitungen über das, was sie sagen sollten, wenn ein Kind eine gute Leistung erbracht oder es sich deutlich erkennbar angestrengt hatte. Man ging davon aus, daß diese ermutigende, bestärkende Haltung der Lehrer zu besseren Leistungen in der Schule führen würde. Als nach einigen Monaten das Ergebnis untersucht wurde, stellte sich heraus, daß die schulischen Leistungen sich nicht oder kaum geändert hatten. Die Lehrer hatten sich zwar an ihre vorgegebenen Äußerungen gehalten, aber die Kinder hatten darauf nicht sonderlich reagiert. Als man weder im Programm noch im Verhalten der Lehrer den Fehler entdecken konnte, hat man die Kinder befragt. Obwohl jedes Kind seine Erfahrungen in eigene Worte kleidete, war die Kernaussage: »Der glaubt doch selbst nicht, was er sagt.«

Wenn jemand in einem Fach gut ist, hängt das oft damit zusammen, daß er einen guten Lehrer hatte. Er würde seine Fortschritte womöglich mit der Aussage verbinden: »Er hat an mich und an meine Fähigkeiten geglaubt.«

3.6. Was wirkt sich als Ermutigung aus?

Bernhard, der schon ein Leben lang in Situationen, in denen er sich etwas unsicher fühlte, stotterte, bekam nach seinem Studium eine Assistentenstelle. Bei der ersten Begegnung mit dem Professor sagte dieser zu ihm: »Was machen Sie denn da, wenn Sie mit mir sprechen?« Er antwortete: »Ich stottere dann und wann.« Der Professor schaute ihn streng an und sagte: »Das werden Sie hier bei mir aber nicht machen.« Merkwürdigerweise hat Bernhard, nach seinen eigenen Mitteilungen, in Anwesenheit des Professors nicht mehr gestottert und dazu auch nicht das Bedürfnis gehabt.

Offensichtlich hat er gespürt, daß der Professor wirklich geglaubt hat, daß er das abstellen kann. Er hat diese Bemerkung als eine echte Ermutigung erlebt. Kann man nun sagen, daß das strenge Verbieten von unerwünschten Verhaltensweisen eine ermutigende Methode ist? Nein, sicher nicht, aber in diesem Falle ist die Methode als echte Ermutigung angekommen.

Ein anderes Beispiel:

Manfred kommt wegen Problemen in seiner Ehe zum zweiten Mal zur psychologischen Beratung. Bei der ersten Sitzung war er sehr niedergedrückt und hat geweint. Jetzt, ein paar Tage später, sind seine Augen klarer, seine Haltung aufrecht, und er erzählt:»Nachdem ich nach der ersten Sitzung hier weggegangen bin, habe ich meinen Freund besucht. Ich habe ihm meine große Not anvertraut und habe dabei wieder geweint. Mein Freund hat mit mir geschimpft, er hat gesagt: »Sei kein Schlappschwanz, reiß' Dich jetzt zusammen, Du bist inzwischen 45 Jahre alt und kein Kind mehr.« Das hat mir wirklich Mut gemacht. Es geht mir seitdem viel besser.

Ist also Schimpfen und jemandem »verordnen«, sich zusammenzureißen, eine Methode zur Ermutigung? Nein, generell sicherlich nicht, aber hier wurde sie als Ermutigung empfunden.

Die Ermutigung hat in der Ehe einen besonders konstruktiven Stellenwert. Suchen wir deshalb auch dort noch etwas weiter, um die Antwort zu finden auf die eingangs gestellte

Frage: »Was wirkt sich als Ermutigung aus?«. Ehepartnern wird empfohlen, sich gegenseitig regelmäßig zu ermutigen. Paare jedoch, die eine spannungsreiche Beziehung haben, finden es schwierig, sich gegenseitig zu ermutigen, weil sie durch Streit, Kritik und Abwertung keinen guten Draht zueinander haben. In der Beratung schlage ich folgende Übung vor: Die Partner stehen sich in einem Abstand von zwei Metern gegenüber und schauen sich an. Einer von beiden fängt an und drückt mit Worten eine Ermutigung aus. Wenn seine Bemerkung als Ermutigung empfangen wird, bewegt der andere sich mit kleineren oder größeren Schritten vorwärts. Erlebt er diese Bemerkung als Entmutigung, so macht er dementsprechende Schritte rückwärts. Die Größe der Schritte drückt aus, wie stark die Bemerkung wirkt. Kommt die Bemerkung nicht an, bleibt der Betreffende stehen.

Ein Beispiel:

> Er sagt: »Ich danke Dir, daß Du die Initiative ergriffen und diese Beratungsstunde organisiert hast. Ich wollte ja erst nicht mitkommen, aber ich bin jetzt froh, daß ich mit Dir hier bin.« Sie lächelt und macht einen Schritt vorwärts (sie fühlt sich erleichtert und anerkannt; es gab einige Spannungen wegen des Beratungstermins). Pause - sie schauen sich an. Sie sagt: »Es hat mir gut gefallen, daß Du gestern Abend mit unserem Sohn Friedrich über sein Zeugnis gesprochen hast.« Er lächelt und macht einen Schritt vorwärts (sie hat ihm schon des öfteren gesagt, daß sie der Meinung sei, daß er sich nur für sich und nicht für die Kinder interessiert). Pause - sie schauen sich freundlich an. Er sagt: »Es war ein großes Geschenk für mich, daß wir gestern Abend wieder miteinander geschlafen haben. Ihre Mimik erstarrt, sie macht einen Schritt rückwärts (sie denkt: »Typisch … immer die Überbewertung des Sex. Ich bin nur für's Bett gut genug«). Sie schaut an ihm vorbei. (Ich erinnere an die Spielregel des Blickkon-

takts.) Sie schaut ihn einige Zeit an, erkennt seine Hilflosigkeit, ihre eigene Mimik entspannt sich wieder, und sie sagt: »Ich bin froh, daß Du mitgekommen bist. Ich glaube, daß wir über diesen Weg wieder zueinanderfinden werden« (er hatte Angst, seine Frau zu verlieren. Sie macht ihm Hoffnung). Er macht mehrere Schritte vorwärts, bis sie sich berühren. Zögernd umarmen sie sich.

Da das, was der andere als Reaktion auf die Ermutigung empfindet, nicht sichtbar ist, ist es im täglichen Leben nicht immer leicht, zu erkennen, ob eine Ermutigung ankommt, und wenn nein, warum nicht. Die Beispiele verdeutlichen: *Es geht weniger darum, was man beabsichtigt, als darum, wie es aufgefaßt wird.* Hierbei spielen der Zustand, in dem der andere sich befindet, die Qualität der Beziehung und der Grad der Echtheit eine entscheidende Rolle. Wenn jemand sehr entmutigt ist und sich zum Beispiel seit der frühen Kindheit als ein ungeliebtes Kind vorkommt, wird er sich grundsätzlich so verhalten, daß es schwierig ist, ihn zu lieben und zu ermutigen.

Sobald Du aber anfängst zu überlegen, was als Ermutigung wirken könnte, wirst Du aus pauschalen und leicht dahingesagten Bemerkungen aussteigen. Es könnte zum Beispiel sein, daß eine Frau lieber hört, daß sie intelligent und geistreich ist als schön und gefühlvoll und andererseits Männer in der heutigen Zeit lieber hören, daß sie freundlich und warmherzig sind als stark und klug. Es ist sicher, daß Kinder lieber hören, daß sie gut sind, so wie sie sind, auch wenn sie nicht immer spuren, anstatt zu hören, daß sie lieb sind. *Aber man weiß es nie genau.* Deshalb werde ich darauf verzichten, ermutigende Formulierungen für die Fremdermutigung vorzugeben.

Da im Grunde alle Menschen nach Ermutigung dürsten und es ein wesentlicher Beitrag zum Frieden zwischen den Menschen ist, lohnt es, sich mehr Gedanken über Ermutigung zu machen, den Willen zu entwickeln, dem anderen zu helfen, sicherer zu werden und zu *beobachten, ob die gutgemeinten*

Ansätze auch ihr Ziel erreichen. Wenn dies nicht der Fall ist, kannst Du sie ja korrigieren. In dem Maße, wie Du selbst glaubst, gut genug zu sein, wirst Du auch flexibel mit den ermutigenden Haltungen und Fähigkeiten wirken.

Es kann z.B. sein, daß Du feststellst, jemanden mit Worten nicht gut ermutigen zu können, aber ihn leichter mit einem Lächeln, einem Augenzwinkern oder einem hochgehaltenen Daumen erreichst. Vielleicht versuchst Du es auch mit Kopfnicken. Diese Signale der Aufmerksamkeit erreichen den Betreffenden also nicht über das Ohr, sondern über das Auge. Manche Menschen sind eher auditiv eingestellt und reagieren eher auf das, was sie hören, andere sind mehr visuell eingestellt und nehmen eher Gesehenes wahr. Wenn Du anfängst, darauf zu achten, wirst Du auch feststellen, daß es Menschen gibt, die sich gern auf irgendeine Autorität berufen oder kritisch nachfragen: »Wer hat denn das gesagt?« Andere beziehen sich eher auf etwas, was sie gesehen bzw. gelesen haben und unterstützen ihre Argumente etwa damit, daß sie sagen: »Ich hab's selbst gesehen« oder: »Ich hab's gelesen«. Wenn sie kritisch nachfragen, stellen sie die Frage: »Wo steht denn das?« Andere Menschen erreichst Du mit einem Schulterklopfen oder dadurch, daß Du eine Hand auf die Schulter, auf den Rücken oder auf den Unterarm legst, besser als mit Worten oder mit Gesten. Diese Menschen reagieren eher auf Übermittlung von Gefühlen. Hinhören, beobachten und flexibel sein, darum geht es. Dann werden viele Deiner Signale ermutigend wirken.

Noch einige Hilfestellungen

a) Direkte und indirekte Ermutigung

Vielleicht hilft es Dir, wenn Du zwischen direkter und indirekter Ermutigung unterscheidest. Eine *direkte* Ermutigung könnte es sein, wenn ich Deine Anfangsversuche als richtig erkenne und sie mit einem begeisterten »Ja« unterstütze. Es könnte für Dich einen direkten Energieschub bedeuten. Ich könnte auch sagen: »Ja, das kommt mir logisch vor, es so zu machen« oder: »Gut, daß Du auf diese Idee gekommen bist.« Ich könnte Dich aber auch lächelnd anschauen, Dir zublinzeln und Dich so in Deinen Versuchen unterstützen. Das wäre auch eine direkte Ermutigung, denn es ist eine direkte, auf Deine Tätigkeit ausgerichtete Handlung meinerseits. Ich könnte auch den Daumen hochheben oder andere Signale der Zustimmung oder der Beipflichung geben.

Die *indirekte* oder atmosphärische Ermutigung schafft das richtige Klima, in der der Mensch am besten gedeihen kann. Du spürst die Atmosphäre insbesondere dort, wo Du Menschen begegnest, die einen inneren Frieden haben, die glauben, daß sie so, wie sie sind, in Ordnung sind, und wo auch Du das Gefühl hast, daß Du so sein darfst, wie Du bist; sie sind geduldig und interessieren sich für Dich. Solche Menschen vermitteln Dir das Gefühl, daß sie Dir vertrauen, daß Du vor Dir liegende Aufgaben erfüllen kannst. Es wird nicht viel darüber geredet. Sie überfordern Dich nicht, sie machen bei Fehlern kein großes Aufheben. Du spürst aber, daß sie glauben, daß Du es das nächste Mal besser machen kannst, weil Du durch den Fehler etwas gelernt hast. Die atmosphärische oder indirekte Ermutigung bezieht sich, so erlebst Du es bald, nicht nur auf Deine Person, sondern auf alle, die im Einflußbereich dieser Menschen leben.

b) Modelle für Ermutigung

Wenn wir davon ausgehen, daß Rudolf Dreikurs recht hat, wenn er sagt, daß alle störenden Verhaltensweisen im Grunde das Ergebnis von Entmutigungen sind, und mit Wexberg annehmen, daß Erziehen nichts anderes als Ermutigen ist, dann kann man mit recht sagen, daß es keine wichtigere Aufgabe gibt, als Modell für Ermutigung zu sein und andere über Methoden zu unterrichten, wie man besser ermutigen kann, wenn wir wirklich erfolgreich mit den Problemen unserer Zeit umgehen wollen. Obwohl Du einwenden magst, daß Erziehen mehr ist als nur Ermutigen, denn schließlich will man in der Erziehung ja auch Bilden, schwächt es die Wichtigkeit der Ermutigung nicht ab.

Hier sind einige Regeln für Ermutigung. Wer einen anderen ermutigen will, der wird sich *eher* beschäftigen:

- mit dem, was der andere tut (»Du verstehst es sehr gut, Dich geschmackvoll zu kleiden«), als mit dem, was er hat (»Du hast wieder ein wunderbares Kleid an«).
- mit dem, was der andere tut (»Ich freue mich, daß Du Spaß am Fotografieren hast«), als mit dem, wie er es macht (»Ich finde es wunderbar, daß Du so gute Fotos machst«).
- mit der Tat (»Ich finde es schön, daß Du Freude am Fotografieren hast«) als mit dem Täter (»Du bist ein begabter Fotograf«).

c) Entmutigung durch Belohnung

Eltern entmutigen oft ihre Kinder, obwohl sie es gut mit ihnen meinen. Wenn wir Kinder belohnen, so ist dies eine Art von Bestechung. Kinder brauchen keine Bestechungen, um gut zu sein. Gutes Verhalten von seiten der Kinder und ihre Bereitschaft, nützliche Beiträge zu liefern und zusammenzuarbeiten, entsteht dadurch, daß sie sich zugehörig fühlen. Wenn wir Kinder für gutes Verhalten belohnen, zeigen wir im Grunde, daß wir ihnen nicht trauen, und dies ist eine Form der Entmutigung.

d) Lob und Ermutigung

Jede Äußerung, mit der man eine Person, ihre Qualitäten, ihre Talente oder Verhaltensweisen anerkennt, kann als Ermutigung aufgefaßt werden. Im normalen täglichen Umgang wird nicht unterschieden zwischen Lob und Ermutigung. Nur die

Fachleute, die es ganz genau nehmen, neigen dazu, zwischen beiden zu trennen, und sie haben auch ihre Gründe.

Lob hebt die Leistung, die Person oder ein besonderes Merkmal hervor und würdigt sie. »Du bist ein phantastischer Torschütze« bezieht sich auf die Person und die Leistung. »Du hast die Arbeit wunderbar geschrieben« bezieht sich nur auf die Leistung. »Kindchen, hast Du aber schöne Haare,« bezieht sich auf ein besonderes Merkmal. Applaus in welcher Form auch immer - Bewunderung ist auch eine Art Applaus - bezieht sich meistens auf den Erfolg.

Ermutigung aber brauchen wir gerade dann, wenn wir nicht erfolgreich waren, wenn unsere Ansätze und Anstrengungen nicht zum Ziel führten.

So gesehen, ist Lob schon etwas anderes als Ermutigung. Wer immer wieder gelobt wird, ist in der Gefahr, davon abhängig zu werden und sich entmutigt zu fühlen, wenn er für eine Leistung oder ein persönliches Merkmal nicht gelobt wird. Wer als Kind immer wieder hört: »Du bist ein schönes Mädchen,« hat die Neigung, den persönlichen Wert mit der Schönheit zu verbinden. Krisen im Leben so einer Frau sind leicht auszudenken. Die Aufmerksamkeit des Kindes wurde gelenkt auf: »Wie gut stehe ich da?« anstatt auf: »Was verlangt diese Situation von mir?«

Die Wirkung von Lob oder Applaus dauert meistens nicht lange an. Vielleicht kennst Du das auch, daß Du abends erfolgreich warst und Anerkennung oder »Applaus« bekamst und schon im Bett oder spätestens beim nächsten Frühstück wieder an Deinem Wert zweifeltest.

Die Bestrebungen, erfolgreich zu sein, der Beste, die Schönste zu sein, perfekte und lobenswerte Leistungen zu bringen, machen sehr kritikanfällig. Die Bestätigung von anderen wird der Maßstab für den eigenen Wert.

Viele Künstler sind so vom Applaus und der Anerkennung ihrer Fans abhängig, daß sie kaum noch lebensfähig sind, wenn am Ende einer kurzen oder längeren Karriere der Applaus verstummt. Ersatzbefriedigungen wie Drogen und Alkohol treten dann oft an dessen Stelle, und wir wundern uns, daß diese schönen oder begabten, erfolgreichen Menschen zum Selbstmord neigen.

Lob kann auch als Druckmittel erlebt werden, das nächste Mal ja keine geringere Leistung zu bringen. Es kann Angst machen oder aggressiv werden lassen. Andere spüren die Unangemessenheit der Überlegenheit, wie dieses Beispiel zeigt:

> Der junge Journalist sagte zu seinem Chefredakteur: »Den Leitartikel in der letzten Ausgabe haben Sie sehr gut geschrieben. Mein Kompliment.« Der Chefredakteur stutzt einen Moment und sagt: »Was erlauben Sie sich junger Mann, daß Sie meinen, das beurteilen zu können.«

Zusammenfassend kann man sagen, daß Kinder, die mit Lob aufgewachsen sind, eher dazu neigen, ihr Selbstwertgefühl von der Wertschätzung anderer abhängig zu machen. Andere rebellieren gegen Lob, weil sie dahinter die Überlegenheit des Lobenden oder den Druck verspüren, nach den Erwartungen anderer leben zu müssen.

e) Theorie und Praxis

Lob bezieht sich eher auf das, was Menschen *haben*, als auf das, was Menschen *tun*, eher auf den *Erfolg*, als auf die *Anstrengungen*. Wer gewohnt ist, Lob und Komplimente zu machen, »Bravo!«, »Gut!«, »Klasse!«, »Prima!«, »Wunderbar!«, »Schön!« zu sagen und damit die Leistung bestätigt, der findet es vielleicht schwierig, dies ab jetzt nicht mehr zu tun. Mein Vorschlag ist: Laß Dich nicht durch theoretische Überlegungen verwirren, und mache so weiter, wenn Du weißt, daß Deine Art wirkt. Es kann auch sehr guttun, in einer lockeren Atmosphäre zu leben, in der man all solche Überlegungen nicht so wichtig nimmt, wo Lob, Ermutigung, Komplimente, durchsichtige Schmeicheleien, Humor, Liebeserklärungen und alles das einen Platz hat, da merkst Du, daß Du wichtig genug bist, um beachtet zu werden und Zuwendung zu bekommen.

130

Martina ist eine junge Frau in einer ernsten Lebenskrise und nimmt an einer Gruppentherapie teil. Die Gruppensitzungen tun ihr sehr gut. Sie schreibt:»Als wir uns nach der Therapie verabschiedeten, sahst Du (die Therapeutin) mich an, ein warmer und verbindender Blick, und sagtest:»Du hast sehr liebe Augen.« Ich hörte, was niemand sonst, nicht einmal ich selbst zu glauben schien, was mir aber doch so wichtig gewesen wäre. Wie gerne wollte ich lieb sein. Dann wäre ich schließlich auch liebenswert. Jeden Abend im Bett dachte ich an den Blick in meinen Augen, und ich hielt mich an der Vorstellung fest, Du hättest in mich hineingesehen und dabei doch etwas Liebenswertes entdeckt. Wenn ich Angst hatte und Selbstzweifel sich breit machen wollten, erinnerte ich mich dieser Situation und sagte mir:»Sie hat gesagt, Du hast liebe Augen.« Diese Aussage war mein Schatz, den ich hütete und von dem ich lange niemandem erzählte. Ich befürchtete:»Wenn ich darüber spreche und ich spüre nur den leisesten Zweifel an der Richtigkeit dieser Aussage, dann ist auch der letzte Funken Hoffnung auf Liebenswürdigkeit erloschen.«

Ein weiteres Beispiel:

Johanna, eine junge Beamtin mit vielen Verpflichtungen, die sich öfters überfordert fühlt, findet ihr Selbstwertgefühl und ihre Dynamik zum Handeln wieder, wenn sie sich an die Stimme des Mannes erinnert, der ihr sagte:»Deine glänzenden Haare zeigen Deine empfindsame Art und Deine Fähigkeit, tiefe Gefühle zu erleben.«
Lob oder Liebeserklärung? Egal, im richtigen Moment von der richtigen Person empfangen zu werden, tut sehr gut!

Angesichts der Widersprüchlichkeiten zur Theorie empfehle ich, so viel wie möglich auf das Gute, das Schöne, das Liebenswerte in anderen zu achten und dies auszusprechen, zu welcher Kategorie es auch gehören mag. *Das Schlimmste an dem Versuch, den Unterschied zwischen Lob und Ermutigung klarzustellen, wäre, wenn diese Haarspalterei Deine Spontaneität, jemandem etwas Gutes zu sagen, bremsen würde. Dann wünsche ich Dir, daß Du nach dem Motto lebst:* »*Lieber falsch ermutigen als nicht ermutigen.*«

f) Das wirkungsvolle soziale Dreieck

Ist es Dir auch schon mal passiert, daß Du Bemerkungen über Dich mitbekommen hast, die Du eigentlich nicht hättest hören sollen? Solche Bemerkungen können uns sehr bewegen, weil wir wenig Grund haben, daran zu zweifeln, daß diese Person meint, was sie sagt. Im negativen Sinne können solche Äußerungen sehr entmutigen, aber im positiven Sinne haben sie oft eine stärkere ermutigende Wirkung, als wenn diese Bemerkungen unmittelbar an uns gerichtet worden wären.

Einige Beispiele:

-   Karin war gerade mit ihrem Mann und den Kindern in die Kleinstadt, in die Provinz, umgezogen. Hier gab es nicht den Luxus, den sie vorher gewohnt gewesen war. Sie war auch hier noch nicht so bekannt wie in dem »Luxusstadtviertel«, wo sie früher wohnte. Weder der Laden an der Ecke, noch die Behandlung durch den Ladenbesitzer, wo sie jetzt für die täglichen Mahlzeiten einkaufte, waren ihr recht. Sie beschwerte sich darüber bei ihrer Nachbarin, die sagte: »Ich werde es ihm schon sagen.« Die Nachbarin kannte die Reaktion des Ladenbesitzers auf etwas hochmütig wirkende Fremde, und sie sagte ihm, als sie ihre Einkäufe einpackte, so nebenbei: »Meine neue Nachbarin war ein paar Mal hier. Sie hat sich mir gegenüber ganz begeistert über die Vielfalt der angebotenen Waren ausgelassen, sie sei auch angenehm berührt gewesen von

132

ihrer netten hilfsbereiten Art im Umgang mit den Kunden und von ihrer freundlichen Stimme.« Der Ladenbesitzer strahlte, und bei der nächsten Begegnung der beiden Nachbarinnen erzählte die Neuzugezogene, sie habe sich inzwischen ganz gut eingelebt und sei bei näherer Betrachtung doch ganz begeistert über das Warenangebot und insbesondere über die nette freundliche Art des Ladenbesitzers im Umgang mit seinen Kunden.

- Erikas Eltern fuhren mit ihr, als sie vier Jahre alt war, einige Wochen nach Frankreich, um dort den Urlaub zu verbringen. Sie hatte das Gefühl, daß sie sich dort mit den anderen Kindern gut unterhalten konnte. (Wie das bekanntlich bei Kindern so ist, die sich über Sprachgrenzen hinweg miteinander unterhalten können.) Es machte ihr auch viel Freude, französische Wörter zu wiederholen und französische Satzteile auswendig zu lernen. Am Tag des Abschieds stand sie etwas abseits, aber sie hörte den Gastgeber zu ihren Eltern sagen: »Elle comprend tout.« Diese Aussage war zwar nicht für ihre Ohren bestimmt, aber jetzt, wo sie Mitte Vierzig ist, klingt diese eine Aussage noch immer in ihren Ohren. Wen wundert es, daß sie eine erfolgreiche Dolmetscherin geworden ist.

- »Ich war ungefähr fünf Jahre alt,« erzählt Kirsten, »und habe des öfteren meine Mutter auf der Reise zu meiner Patentante begleitet. Da sie gerade umgezogen war, erinnerte sich meine Mutter nicht mehr an die genaue Wegbeschreibung. In ihrer Unsicherheit fragte sie mich: »Wo geht es denn jetzt bloß lang.« Ich antwortete: »Mama, ich weiß, wo der Weg ist...« Nach meiner Beschreibung kamen wir dann auch gut an, und meine Mutter sagte zu meiner Tante, beide ahnten nicht, daß ich mithören würde. »Kirsten findet immer einen Weg, sie kann sich sehr gut orientieren...« Heute ist das eine große Kraftquelle für mich, denn ich habe ganz tief drinnen den

133

Glauben: »Ich finde immer einen Weg.« In der Suche danach bin ich auch sehr kreativ.

- Friedhelm ist etwa acht Jahre alt und steht in der Küche bei seiner Tante und seiner Mutter, und er hört, wie sie miteinander reden. Plötzlich sagt die Tante: »Wie Friedhelm vorhin schon sagte...« (und sie wiederholt in dem Moment, was er gesagt haben soll.) Er ist sich kaum bewußt, daß er etwas gesagt hat. Er fällt aus »allen Wolken«, daß erwachsene Menschen auf seine Worte hören. Diese Aussage ist jetzt im Erwachsenenalter als eine innere Stimme immer noch in ihm. Er ist sich nicht nur in seinem Beruf ganz sicher, daß seine Meinungen und Beiträge gehört werden, sondern ist auch ein erfolgreicher Redner geworden.

- Schon als sechsjähriges Kind spielte Katrin in einer Kinderoperette eine Hauptrolle. Als einmal die Zwerge nach einer Szene die Bühne auf einer anderen als der vorgegebenen Seite verlassen wollten, verließ sie schnell ihren Platz auf der Bühne und lenkte das Geschehen so, daß sie die Gruppe der Zwerge an der richtigen Stelle von der Bühne führte. Für die Zuschauer war dieses nicht als ein besonderer Eingriff erkennbar, aber der Regisseur sagte zu ihren Eltern: »Es ist erstaunlich, wie gut sie mit einer Gruppe umgehen kann.« Inzwischen ist Katrin eine erfolgreiche Fremdenführerin geworden.

Magst Du heute nicht jemanden über das wirkungsvolle soziale Dreieck eine Ermutigung zukommen lassen? Sag' etwas Positives über jemanden, wenn Du vermuten kannst, daß er es direkt oder indirekt mitbekommt.

3.7. Wie werde ich mutiger?

Du sagst, es gäbe schon Situationen, in denen Du Dich okay fühlst, aber Du möchtest noch mutiger werden und fragst, ob man das lernen kann. Ja, das kannst Du. Wie? Kurz gesagt so: »Sei aktiv, gehe dahin, wo die Angst ist, tue das, was Du für richtig hältst, erkenne Deine Fortschritte an, sei nett zu Dir und lerne durch Erfahrung.« Das ist praktische Selbstermutigung. So wirst Du mutiger.

Wenn Du Dich ermutigst, dann kannst Du Mut gewinnen, die wesentlichste Kraft des Lebens. Mut allein ermöglicht den vollen Einsatz Deiner inneren Kräfte in irgendeiner gegebenen Situation zu irgendeinem Zweck. Mut ist aber ein Ausdruck des Selbstvertrauens und entsteht demnach aus Deinem Glauben an Deine Fähigkeiten. Ohne Selbstvertrauen kein Mut.

Je mehr Du auf Deine Stärken und Fortschritte achtest, um so mehr wächst Dein Glaube an Deine Fähigkeiten (= Selbstvertrauen). In Dir läuft dann ein gesunder innerer Dialog ab, mit dem Du Dir sagst: »Ich schaffe das schon« oder: »Ich krieg das schon irgendwie hin« oder: »Ich werde damit schon fertig werden« oder: »Ich kann«. Es ist genau das Gegenteil von der schmerzlichsten Entmutigung aus der Kindheit, die Dich glauben ließ: »Ich kann nicht«. Das Wachsen des Selbstvertrauens hast Du also selbst durch Selbstermutigung in der Hand.

Bei *Selbstvertrauen* ist nicht in erster Linie die Rede von anderen Menschen, sondern von Vertrauen in Deine Fähigkeiten und Möglichkeiten. Selbstvertrauen kannst Du haben, wenn Du den Reifen wechseln oder Dein Zimmer tapezieren willst; Selbstvertrauen kannst Du auch haben, wenn Du etwas lernst oder Dir eine Meinung bildest, aber auch in Zeiten der Krankheit oder Genesung.

Mut bezieht sich jedoch auf das Zusammenleben mit anderen. Mutig sein heißt: Deine Meinung vor anderen vertreten und tun, was Du für richtig hältst, auch wenn andere etwas anderes hören oder sehen wollen und Dich kritisieren. Mut ist die

Bereitschaft, Dich aktiv mit dem Leben und den Menschen auseinanderzusetzen, Probleme anzugehen, dabei das Risiko, Fehler zu begehen und Dich unbeliebt zu machen, in Kauf zu nehmen. Mutig ist auch derjenige, der Fehler eingestehen kann, ohne dabei seine Selbstachtung zu verlieren.

Mut besteht aus *Aktivität* in der Beziehung zu anderen Menschen. Der eine Mensch ist zwar von seiner Veranlagung her aktiver als der andere, aber jeder, der mutiger werden will, kann sich selbst zu noch mehr sozialer Aktivität ermutigen. Du kannst Dich entscheiden, auf andere zuzugehen, Kontakte zu schließen, mitzumachen, Interesse zu zeigen und zu ermutigen, anstatt Dich zurückzuziehen, allein zu sein, zu grübeln, Dich zu bemitleiden oder, wie die Mutter von Rapunzel, das Schönste und Beste, was Du hast, nämlich Dich selbst, in einem »Turm« zu verstecken, aus Angst, es zu verlieren. Rückzug und Passivität sind das Ende der Zukunft. Dich aktiv in die Menschengemeinschaft hineinbegeben und mitmachen statt weglaufen, wenn es schwierig wird, das kannst Du lernen.

Es geht bei Mut nicht nur um Aktivität und Menschen. Es geht um konstruktive Beiträge für die Menschenwelt. Es geht um Handlungen, die Du *im Interesse der Gruppe* für richtig hältst. Wer aktiv ist, Gefahren trotzt und dabei zerstört - wie der Terrorist - der ist nicht mutig. Er ist ein entmutigter Mensch, der gelten oder sich rächen will und der nicht verstanden hat, daß die eigentliche Geltung des Menschen aus seinem Beitrag zum Gemeinwohl besteht. Mutiger wirst Du also durch Selbstermutigung, die Dein Selbstvertrauen stärkt. Dieses ist dann die Basis für Deine mutige Beteiligung am Leben, nämlich aktiv und sozial-konstruktiv. Das kannst Du lernen.

Weißt Du, wann das alles etwas leichter wird? Wenn Du Fehler nicht so wichtig nimmst. In diesem Zusammenhang sage ich mir öfters: »Mach's nicht so wichtig«. Wenn Du Fehler nicht so wichtig nimmst, bleibt Dir ein größerer Handlungsspielraum, in dem Du Dich mutig verhalten kannst. In der Individualpsychologie sprechen wir vom Mut zur Unvollkommenheit. Wenn ich eine Tochter hätte, würde ich ihr schreiben:

Ein bißchen Unvollkommenheit ist nicht schlimm, Du brauchst Dich nicht zu schämen. So bleibst Du in Kontakt mit der Wirklichkeit und mit all den Unvollkommenen so wie ich. Ein bißchen Unvollkommenheit ist gut. Du brauchst etwas Unvollkommenheit, um perfekt genug zu sein. So bleibst Du mit den Füßen auf dem Boden, kannst andere lassen, wie sie sind: unvollkommen so wie Du.

Mit etwas Unvollkommenheit läßt's sich leichter leben, und wir alle werden besser vorwärtskommen. Sei nicht traurig, daß Du nicht vollkommen bist, so bleibst Du in Kontakt mit allen unvollkommenen Menschen: mit Dir und mit mir.

Mit etwas Unvollkommenheit kannst Du Dich geben, wie Du bist, spontan und kreativ, brauchst Dich nicht zu verstecken, wirst Fehler machen und zeigen, daß Du menschlich unvollkommen bist, so wie ich.

Ich hoffe, Du kriegst irgendwann einen Mann, der unvollkommen ist wie Du - und daß ihr beide darüber lachen könnt, so daß Du ihn lieben und nicht nur bewundern kannst.

Die Bedeutung des Interesses für das Gemeinwohl oder des *Gemeinschaftsgefühls* für die Entwicklung von Mut ist weitaus größer, als gewöhnlich erkannt wird. Gemeinschaftsgefühl hilft anderen Menschen und der Gesellschaft. Wenn Du überzeugt bist, daß Du dazugehörst und das Ziel hast, zum Wohle dieser Gemeinschaft etwas beizutragen, dann sorgst Du Dich nicht um Dein Ansehen oder Deinen persönlichen Wert. Zusammenarbeiten, Probleme lösen und das Erledigen der vorliegenden Aufgaben ersetzen die Sorge um das eigene Ansehen, denn durch Dein Zugehörigkeitsgefühl hast Du diese Sorge erst gar nicht. Da Du davon ausgehst, daß nicht nur Du dazugehörst, sondern daß die anderen auch zu Dir gehören, kannst Du mit diesem Rückhalt auch in schweren Zeiten standhalten. Unter schwierigen Umständen richtest Du Dich eher darauf ein,

Lösungen zu finden, als daß Du Dich fragst, wer an möglichen Fehlern Schuld hat. Du wirst Fehler als normal und unvermeidlich betrachten und sie nicht als Zeichen Deiner persönlichen Wertlosigkeit erleben.

Wer so aktiv zum Wohlbefinden der Mitmenschen beiträgt, stärkt durch seine Erfahrung auch sein Selbstvertrauen (»Ich kann«) und die aktive Beteiligung am Leben wird zur Quelle des Mutes. Optimismus und das Gefühl, Mitspieler zu sein, nehmen zu. Damit ist der Kreis der sich gegenseitig verstärkenden Faktoren geschlossen... Aber der Anfang war die Selbstermutigung.

> *Geistige Glückseligkeit ist die wahre Grundlage des menschlichen Lebens, denn das Leben ist um des Glückes, nicht um der Sorge willen, zur Freude, nicht zum Leid erschaffen.*
> Abdu'l-Bahá

Das positive Konzept vom Leben und vom Menschen

Du sagst, daß Dir das zwar einleuchtet, aber daß Du in Zeiten, in denen es Dir schlecht geht, einfach nicht glauben kannst, daß das Leben einen Sinn hat, und daß es Dir in solchen Zeiten klar ist, daß alle Menschen schlecht sind, Du selbst wertlos bist und sowieso keinen Platz hast. Du sagst, daß Du dann auch keinen Antrieb hast, Deine Stärken zu erkennen und Fortschritte zu sehen, weil es sie sowieso nicht gibt, und daß Du Dich dann sehr minderwertig fühlst.

Du wirst aufgrund Deiner Erziehung und Lebenserfahrung wohl Gründe haben, die Dich zu diesem Glauben führten, und wenn ich Deine Lebensgeschichte kennen würde, so könnte ich Dich und Deine Zweifel gewiß auch verstehen. Ich sage Dir aber: »Das Leben hat Sinn, und Du bist wertvoll, nur weil Du als Mensch geboren wurdest, und das brauchst Du nicht zu beweisen.« Nimm Dir Zeit, über die Hintergründe dieser Behauptung in Ruhe zu meditieren und Dich öfters mit Fragen nach dem Sinn des Lebens zu beschäftigen. Denke auch über die möglichen Anlässe Deines Zweifels in Deiner Kindheit nach und suche dann Menschen, mit denen Du vertrauensvoll reden kannst. Wenn es Dir schwer fällt, ruhig zu werden, dann lerne Autogenes Training. Kurse gibt es an jeder Volkshochschule.

Es ist verständlich: In einer Gesellschaft, wo die Vorbilder für ein emotional stabiles Familienleben und eine gelungene Ehe eher die Ausnahme als die Regel sind, wo die Einsamkeit des einzelnen in einer immer enger zusammenrückenden Bevölkerung eher zu- als abnimmt, wo der ungerechte Unterschied zwischen reich und arm nur größer wird, wo Kindesmißhandlung, jugendlicher Selbstmord (-versuche) und Sucht zunehmen, wo ein gelungener Wechsel zwischen Arbeit und Muße selten sind, wo das Minderwertigkeitsgefühl und das daraus entstehende Macht- und Überlegenheitsstreben nur Platz haben für den Besten, den Schnellsten, den Klügsten, den Stärksten, den Reichsten, den Mächtigsten und für den, der an seine Ziele der Überlegenheit glaubt, stellt sich für viele, auch für den Gewinner von heute, die Frage nach dem Sinn des Lebens.

Der Sinn wird vielleicht eher durch einen Vergleich mit dem menschlichen Körper erkennbar. Jeder Mensch in der Gesellschaft ist wie eine Zelle in einem Körper, der nur gesund ist, wenn alle Zellen zum Wohle des ganzen Körpers zusammenarbeiten. Zur Gesundung des Körpers der Menschheit ist es eine wichtige Aufgabe, uns selbst und andere nicht zu schädigen, sondern uns zielstrebig auf das auszurichten, was Wohlfahrt und Glück herstellt. In dieser Aufgabe liegt der Sinn des Lebens. Darin kannst auch Du Deinen Teil übernehmen. Die Grundlage dafür ist die Gleichwertigkeit aller Menschen, denn Wohlfahrt und Glück können nur dort blühen, wo Gerechtigkeit herrscht. Alles, was gegen die Gleichwertigkeit ist, steht auch gegen die Gerechtigkeit. Diese Grundlage kann jeder von uns in seinem privaten Leben und weitestgehend auch am Arbeitsplatz schaffen oder mit beeinflussen, und allmählich wird der Blick nicht mehr nur auf uns selbst gerichtet sein, sondern immer größere Einheiten umfassen. Dann verschwinden auch Vorurteile, die Menschen ohne vernünftigen Grund voneinander getrennt fühlen zu lassen. Wir brauchen uns nicht mehr besser oder schlechter zu fühlen, weil wir anders sind, denn gerade weil wir anders sind, ist das Leben in seiner Vielfalt - wie das Leben der verschiedenartigen Zellen im Körper - erst möglich.

Es ist dann nicht mehr die Frage, ob die Zellen des Herzens wichtiger sind als die Zellen der Haut oder ob der Kapitän wichtiger ist als der Matrose. Wir werden verstehen, daß wir sie alle brauchen und daß jeder in seiner Art wichtig ist.

Nicht Gleichheit und Gleichmacherei sind das Ziel, sondern Achtung vor sich selbst und vor jedem Menschen, ungeachtet des Platzes, den er in der gesellschaftlichen Struktur einnimmt. Das ist es, was wir mit Gleichwertigkeit meinen. In diesem Sinne sind Frauen und Männer, Kinder und Erwachsene, Boten und Direktoren gleichwertig. Da bist auch Du eingeschlossen. So können wir alle Menschen als Bürger des einen Landes Erde betrachten, mit denen wir uns in Freude, mit Hilfe der ermutigenden Haltungen und Fähigkeiten (siehe Kapitel 5) in Einheit und Eintracht verbinden. Die Freude und das Glück sind dabei nicht nur Nebenprodukte des Zugehörigkeitsgefühls und der Befriedigung durch eine sinnvolle soziale Eingliederung, sondern auch Ziele, die die Quelle für das Glück anderer sind. Auch die Überwindung von Unannehmlichkeiten ist eine Quelle des Glücks, sogar das Annehmen der Unveränderlichkeiten, weil dadurch Kräfte für die Orientierung auf wichtigere Aufgaben frei werden.

Die im Leben notwendige Weisheit findet vielleicht am klarsten Ausdruck in dem Gebet, das so bekannt wurde, weil es der Leitspruch der Anonymen Alkoholiker geworden ist:

Gott gebe mir die Gelassenheit,
Dinge hinzunehmen,
die ich nicht ändern kann,
den Mut, Dinge zu ändern,
die ich ändern kann,
und die Weisheit,
das eine vom anderen zu unterscheiden.
(C.F. Oetinger)

Wenn wir unsere Energie nicht verschwenden, indem wir zu tun versuchen, was unmöglich ist, wenn wir nicht gegen unwandelbare Lebensumstände kämpfen, wenn wir das Unvermeidliche hinnehmen, erlangen wir die Fähigkeit, unsere Energie dem zuzuwenden, was getan werden kann, und das ist meist mehr als wir glauben.

Deine Lebensaufgaben (siehe Kapitel 2.1.) bieten Dir vielfältige Trainingsmöglichkeiten, denn darin werden Deine Bereitschaft und Deine Fähigkeit, Dich als gleichwertig unter allen anderen zu verhalten und Beiträge zu leisten, in gemeinsamen Aufgaben getestet und gefördert. Glück und Freude zu erleben, wie es uns das eingangs erwähnte Zitat sagt, ist der Normalzustand des Menschen. Der meistversprechende Weg zu diesem Normalzustand führt immer auf den anderen Menschen zu, insbesondere durch die Ermutigung. Dieser Weg ist auch für Dich offen. Gibt es nicht auch in Deinem Leben schon einige Lebensbereiche, wo Du Dich schon zugehörig und gleichwertig fühlst?

Das positive Selbstkonzept (Frieden mit sich selbst)

Wenn alle Menschen gleichwertig sind, so bist auch Du genauso viel wert, wie alle anderen, und Du gehörst dazu, ob Du das glaubst oder nicht. Deswegen kannst Du, wenn Du gesund und glücklich sein und ein sinnvolles Leben führen willst, aus der organischen Zugehörigkeit aller Menschen nicht aussteigen.

Vielleicht hattest Du in Deinem Leben auch schon mal Zeiten, in denen Du Dich trotzdem gegen das Interesse für andere, gegen die Zusammenarbeit, gegen die Gleichwertigkeit, gegen die Gerechtigkeit, gegen das Gemeinschaftsgefühl, das das Wohl aller sucht, gestellt hast und mußtest dann die schmerzliche Erfahrung machen, daß Du Dich in Konfliktsituationen und schließlich an den Rand, in die Einsamkeit gedrängt hast. Dort verstärkst Du dann Deine Minderwertigkeitsgefühle, spürst Deine Kritikempfindlichkeit und Verwundbarkeit, woraus Du dann das Bedürfnis ableitest, auch andere wieder abzuwerten und zu kritisieren. Ermutigung, Lob und Bewunderung von anderen wirken dann nur kurz oder erreichen Dich wegen Deines Mißtrauens nicht. *Du fühlst Dich nicht wertvoll, obwohl Du es bist.*

Es geht in diesem Prozeß zu einem positiven Selbstkonzept auch um persönliche innere Werte, die Du vielleicht aus Deiner Erziehung mitbekommen, vielleicht auch später ganz bewußt entwickelt und die Du als richtig anerkannt hast. Wenn Du Dich gegen die Gesetzmäßigkeit des Zusammenlebens stellst und Dich dadurch ja am meisten selbst schädigst, dann hast Du möglicherweise Deine inneren Werte schon verletzt oder bist eher geneigt, dieses durch Dein Gefühl der Nichtzugehörigkeit zu tun. Dann kannst Du Dich nicht wertvoll oder würdig fühlen und Dich selbst nicht achten. Denn in der Selbstachtung stehen wir bekanntlich uns selbst als unser eigener Beurteiler gegenüber. Selbstachtung ist die Achtung vor der eigenen inneren Ordnung, dem inneren Gesetz. Die Meinungen anderer können uns da nicht viel helfen. Sich wertvoll fühlen und mutiger werden hängen also eng mit der Entwicklung von inneren Werten zusammen und ist von der Bereitschaft abhängig, diese so gut wie es geht - ohne Perfektionismus - zu leben. In der Rückbesinnung auf die gelebten Werte erlebst Du Deine Selbstachtung.

Das soziale Verknüpftsein mit anderen erlebst Du dadurch, daß z.B. die Ermutigung, die Du anderen zuteil werden läßt, als Zufriedenheit, Sicherheit, Beflügelung, Glück oder Antrieb auf Dich zurückwirken. Auf längere Sicht stellst Du fest, daß

Du das Fundament für Deinen eigenen Erfolg legst, wenn Du einem anderen zum Erfolg verhilfst.

Dein grundsätzliches Streben, Deine Werte und die gegenseitige Ermutigung, praktisch zu leben, führt auch durch die Teilnahme an Encouraginggruppen von selbst zur Entwicklung einzelner positiver Verhaltensweisen. Du wirst zum Beispiel daran arbeiten, das Gute in Dir und den anderen zu sehen und Dich und andere aufzubauen. Du wirst Fehler übersehen und verzeihen. Du wirst Unerfreuliches aus der Vergangenheit vergessen und Dich mit aufbauender Arbeit befassen. Du wirst für andere wünschen, was Du für Dich selbst wünschst. Und Du wirst gut von anderen sprechen und Dich nicht zu innerem Hader oder zu übler Nachrede verführen lassen. Du wirst in Deinem Denken und Handeln den anderen mitberücksichtigen und so auch Deine Selbstermutigung als Mittel betrachten, Deine Ängste, Widerstände und Barrieren zu überwinden, die die Bewegung auf den anderen zu behindern. Diesen Zielen wirst Du allmählich näherkommen, weil Du geduldiger mit Dir und anderen bist, auch in der Überwindung von Unzulänglichkeiten, denn die Beseitigung von Mängeln ist immer ein allmählicher Vorgang.

Dies ist im Grunde eine zutiefst religiöse Haltung, die ja auf Werten, die von den großen Offenbarungsreligionen stammen, aufbaut. Das Ziel der Religionen war und ist es unter anderem, uns unser soziales Eingebettetsein verständlich zu machen und uns anzuhalten, mutig und selbstbewußt unseren Beitrag zum Wohle des Ganzen zu leisten. So wird dann der Einzelmensch in der Erfüllung seiner sozialen Aufgaben qualitativ besser, und alle Menschen zusammen bringen, in der Erfüllung des »Liebe Deinen Nächsten, so wie Du Dich selbst liebst«, die menschliche Gesellschaft qualitativ auf eine höhere Ebene, mit dem heute endlich möglichen höchsten Ziel, den Weltfrieden in einer Weltgemeinschaft von gleichwertigen und mutigen Menschen zu errichten. Dazu gehörst auch Du.

Wenn Du an Gott glaubst, dann kannst Du den Menschen in seiner Beziehung zu Gott betrachten und bedenken, daß wir alle seine Geschöpfe sind, von ihm erschaffen wurden, von ihm geliebt werden, und daß alle im Wesen gut und göttlich gewollt sind. In der täglichen Besinnung auf Dich steht dann das Bewußtsein, von Gott geliebt zu werden, im Vordergrund. Diese Grundhaltung wird es Dir erleichtern, anderen Vertrauen entgegenzubringen, Dich und andere zu ermutigen und freundlicher zu Dir und anderen zu sein. Aber gottgläubig oder nicht, es gibt doch jedem zu denken, daß alle großen Religionen den Wert des Menschen hoch ansetzen, so zum Beispiel:

Im Jainismus:

>Der Mensch ist Gottes Schöpfung, nach Seinem Ebenbild geformt. Er steht nur ein wenig unter dem Göttlichen.«

Im Hinduismus:

>Der Mensch ist das höchststehende der Tiere, ein Tier mit einer unsterblichen Seele, das der Welt nicht schaden kann. Nichts ist edler als die Menschheit.«

Im Christentum:

>Du hast ihn (den Menschen) nur wenig geringer gemacht als Gott.«

Im Islam:

>Gott schuf den Menschen, auf daß dieser ihn auf Erden vertrete. Der Mensch ist Gottes Stellvertreter auf Erden.«

Im Taoismus:

>Der Mensch ist sowohl menschlich als auch göttlich. Das Göttliche in ihm ist ewigwährend und von unendlichem Wert. Das Menschliche ist vergänglich, das Göttliche unvergänglich.«

In der zoroastrischen Religion:

>Der Weise erschuf den Menschen nach seinem Ebenbild. Der Geist des Menschen, gehüllt in einen Körper, entspringt dem Göttlichen.«

Im Konfuzianismus:

>Der Himmel hat den Menschen gut erschaffen.«

In der Bahá'í-Religion:

>Der Mensch ist der höchste Talisman.«

(aus: Einheit in der Vielfalt, S. 116 ff.)

Ist das keine Hilfe für eine positive Selbsteinschätzung und einen positiven, inneren Dialog (siehe Kapitel 5)? Kann Dir das nicht eine Hilfe sein, wie ein guter Freund mit Dir selbst umzugehen?

Nun fragst Du vielleicht, warum das alles so wichtig ist. Weil wir im praktischen Leben, in den Beziehungen zu unseren Kindern, unseren Eltern, zu unseren Kollegen, zu unseren Vorgesetzten, zu unserem Partner und anderen Menschen unserer Umgebung nicht vernünftig handeln können, wenn wir keine gesunde Grundlage in uns selbst geschaffen haben. Die Art, wie wir mit uns selbst umgehen, wirkt sich immer auf den Umgang mit anderen Menschen aus. Unsere Selbsteinschätzung bestimmt mehr als alles andere unsere Zukunft, unsere Möglichkeiten und unsere Begrenzungen. Wenn wir unseren Wert erkennen und Selbstvertrauen haben, erwarten wir Erfolg und werden ihn auch erlangen. Wenn wir an uns zweifeln, fürchten wir uns vor Mißerfolgen und geraten erst recht in sie hinein. Wir brauchen die Fähigkeit und den Willen, an unseren Wert als Mensch und an unsere guten Eigenschaften zu glauben; wir sollten es vermeiden, uns immer unsere Unzulänglichkeiten zu vergegenwärtigen. Jeder Mensch hat schwache Seiten. Aber diese werden nur verstärkt, wenn man ihnen zu viel Beachtung schenkt. Du bist so, wie Du bist, gut genug.

Die Selbstermutigung

Es ist möglich, daß Du Selbstkritik für nötig hälst, um Dich zu vervollkommnen und nicht in alte Fehler zu verfallen; aber Selbstkritik vermindert Deine Selbstachtung und Selbstsicherheit und erhöht die Wahrscheinlichkeit, daß Du Deine Fehler wiederholst. Wenn Du diese lieblose, häufig sogar feindselige Haltung Dir selbst gegenüber aufgibst, kannst Du vielleicht im nächsten Fall anders handeln; wenn Du diese negative Haltung Dir selbst gegenüber aufrechterhältst, bist Du nicht in der Lage, viel aus Deinen schlechten Erfahrungen zu lernen und

Dich zu bessern. Du brauchst eine positiv-realistische Selbsteinschätzung. Fang an und *schaue auf Deine Stärken*, indem Du Fragen beantwortest wie:

- Welche meiner Fähigkeiten und Verhaltensweisen kann ich als gut oder genügend anerkennen?
- Was kann ich heute schon besser als früher?
- Welche richtigen Entscheidungen habe ich in meinem Leben schon getroffen?
- Welche Anstrengungen habe ich gemacht, auch wenn das Ergebnis nicht hundertprozentig war?
- Was habe ich heute richtig oder zufriedenstellend gemacht?
- Welche Pläne, Vorsätze, Ziele kann ich jetzt entwerfen?
- Für wen und für was ist es gut, daß es mich gibt?

Suche bei diesen Fragen nicht nach Vollkommenheiten, sondern baue eine Grundhaltung der Freundschaft Dir selbst gegenüber auf. Oder sei Dir selbst ein liebevoller, verständnisvoller Erzieher, und mache Dir klar, daß positive Kleinigkeiten wichtig sind und daß es in Ordnung ist, Dich zu lieben, zu schätzen und zu achten. Dann fällt es Dir auch leichter, eine entspannte und liebevolle Beziehung anderen gegenüber zu entwickeln.

Schaue auch auf Deine Schwächen und beantworte Fragen wie:

- Welche Verhaltensweisen oder Neigungen finde ich nicht gut an mir, bzw. welche betrachte ich als meine Schwächen?
- Welche kann ich ändern, welche nicht?

Eine realistische Sichtweise ist nötig. Wenn Du nur Deine Stärken siehst, wirst Du kritikempfindlich und naiv. Wenn jemand zu viel ißt und dadurch zu schwer wird, dies aber selbst nicht wahrhaben will, fühlt er sich sehr verletzt, wenn jemand darüber eine kritische oder scherzende Bemerkung macht. Er kann sich aber diese Schwäche - wie bei einem guten Freund auch - anschauen, sie nicht so wichtig nehmen, sie akzeptieren, oder er kann in freundlicher Gelassenheit in kleinen vernünftigen Schritten daran arbeiten, diese Schwäche zu überwinden. In beiden Fällen hat er es leichter, wenn andere darüber keine taktisch unkluge Bemerkung machen würden. Auch sonst ist die Anerkennung Deiner Unvollkommenheiten, auch dessen, was Du vielleicht Sünde nennst, und die Erneuerung der Bereitschaft, Dich auf neue Ziele auszurichten, eine Voraussetzung für Deinen inneren Frieden und Deine Selbstachtung.

Nicht Einsehenwollen, daß Du unrealistische Ziele anstrebst, nicht Wahrhabenwollen, daß Du älter wirst, Verneinen, daß Du selbst einen typischen, einen immer wiederkehrenden Anteil an gescheiterten Beziehungen hast, Verleugnen, daß Du Deinen Ohrfeigen hinterherläufst usw., das sind die falschen Methoden, Dich zu ermutigen. So kannst Du Deine wirklichen Möglichkeiten und Fähigkeiten nicht nutzen. Gestehe Dir Deine Schwächen und Deine Fehler ein, dann bist Du stärker. Unser Gedächtnis kann zwar leicht eine Wahrheit, die wir nicht wahrhaben wollen, »vergessen«, aber unsere Erfahrungswelt, die die Wahrheit kennt, bewahrt sie auf, und die verdrängte Wahrheit übt so ihren Einfluß auf unser Leben aus. Nietzsche sprach über die Verdrängung so: »Das habe ich getan, sagt mein Gedächtnis. Das kann ich nicht getan haben, sagt mein Stolz und bleibt unerbittlich. Endlich gibt das Gedächtnis nach.«

Es ist wichtig, Deine Schwächen zu kennen und anzuerkennen, aber Du kannst darauf nicht aufbauen. Deswegen ist der Kern der positiv-realistischen Selbsteinschätzung: Erkenne beide, aber betone Deine Stärken.

Es ist wie bei einer guten Freundschaft. Ich würde auch Deine negativen Seiten kennenlernen, und ich täte nicht so, als ob es sie nicht gäbe, sondern ich spräche mit Dir darüber. Ich würde sie aber nicht so wichtig machen. Ich richtete meine Augen auf Deine positiven Seiten, so daß Du diese mehr entwickeln könntest und einige der Schwachstellen sich dadurch

147

von selbst auflösten. Die, die sich nicht auflösten, würde ich einfach nicht betonen, da Du so viele liebenswerte Eigenschaften hast, daß die paar Schwachstellen einfach darin untergingen. Würde ich aber Deine negativen Seiten nicht kennen und nicht verstehen, dann wäre es auch schwierig, sie zu akzeptieren. Deswegen möchte ich Dich besser kennenlernen, denn was ich kenne und verstehe, kann ich eher akzeptieren und verzeihen. Wenn ich Dich sähe oder an Dich dächte, wüßte ich: »Du bist Du, und so, wie Du bist, bist Du gut genug.«

So ist es auch im Umgang mit Dir selbst. Erkenne Deine Schwächen, aber betone Deine Stärken, und wisse, daß Du so, wie Du bist, gut genug bist. Dann hast Du eine gesunde Grundlage für Deine weitere Entwicklung. Seneca sagte: »Ich habe begonnen, mir selbst ein Freund zu sein. Damit ist schon viel gewonnen, denn man kann dann nie mehr einsam sein.«

Beantworte obige Fragen nicht nur heute, sondern immer mal wieder. Vielleicht gibt es noch mehr, was Du sonst noch an Dir magst. So wirst Du ein aktiver Teilnehmer am Leben und der Kapitän Deines eigenen Schiffes.

Fremdermutigung und Dienstbarkeit

Die Entwicklung von Selbstachtung und Selbstvertrauen und ein freundlicher Umgang mit uns selbst führen von selbst zu der Entwicklung des Bedürfnisses, am Leben teilnehmen zu wollen und Zugehörigkeit zu erfahren ist eine natürliche menschliche Neigung. So wie es im Wesen der Wasserpflanze liegt, im Wasser zu wachsen und zu blühen, so liegt es im Wesen des Menschen, sich sozial zu betätigen und zur weiteren Entwicklung der Menschheit beizutragen. Darin liegt der Sinn unseres Lebens. Das Teilhaben am Leben mit anderen drückt sich dann im Idealfall in Zusammenarbeit und in einer sorgenden, helfenden, dienstbereiten Haltung aus, wie sie nur unter Gleichwertigen möglich ist. Die fürsorgliche Haltung bezieht sich übrigens nicht nur auf Menschen, sondern auch auf den Umgang mit der Natur und mit Tieren.

Den Beitrag zum Wohle anderer, der die Bedingung dafür ist, daß auch sie ihr Bestes geben können, lieferst Du durch Ermutigung. Wir sprechen dann von Fremdermutigung. Dieser Beitrag kommt erfahrungsgemäß unbeabsichtigt stärkend auf Dich zurück. Die ermutigenden Haltungen und Fähigkeiten bieten Dir viele Möglichkeiten, beglückende Erfahrungen zu machen. Du wirst anderen helfen,

- ihre Schwächen zu akzeptieren und ihr Bestes zu geben,
- den Mut zur Unvollkommenheit zu entwickeln und Fehler zu machen, ohne sich als Versager zu fühlen,
- dazu beizutragen, daß sie mutiger werden und sicherer in der Überzeugung, daß sie selbst Lösungen finden können und stark genug sind, in irgendeiner Weise mit dem fertig zu werden, was auch immer kommen mag.
- Auf diese Weise wirst Du ihnen vermitteln, daß sie so, wie sie sind, gut genug sind, und sie dadurch zu der wichtigsten Erkenntnis führen, die es für unsere Zeit gibt, nämlich, daß alle Menschen gleichwertig sind.

Nun... manchmal wirst Du überhaupt keine Lust haben, jemanden zu ermutigen; Du bist dann froh, daß Du selbst einigermaßen zurechtkommst. Auch dann bist Du so, wie Du bist, gut genug. Tue Dir selbst etwas Gutes ... es kommen bestimmt wieder bessere Zeiten.

3.8. Ermutigung und Gesundheit

Wenn wir davon ausgehen, daß der Mensch ein soziales Wesen ist, so wird es auch verständlich, daß er erst in Zusammenarbeit und im Austausch mit anderen gesund leben kann. Wenn wir uns selbst als isoliert und von anderen getrennt wahrnehmen, erleben wir einen Zustand von chronischem

Streß, weil wir auf Dauer das Gefühl bekommen, daß wir so, wie wir sind, nicht gut genug sind und daß mit uns etwas nicht in Ordnung ist. Im Tiefsten seines Wesens möchte auch niemand wirklich allein sein. Jeder möchte gerne zu anderen oder zu einem bestimmten anderen Menschen gehören und dort seine Sicherheit erleben. Selbstermutigung, d.h. die Besinnung auf die eigenen Stärken und Möglichkeiten, kann der Türöffner sein. Wer aber - aus welchen Gründen auch immer - den Anschluß an andere nicht findet, der hat eher die Neigung, nach künstlichen Befriedigungsmitteln zu suchen, weil er im Leben den Sinn nicht mehr sieht.

Es gibt viele gesicherte Studien, die belegen, daß die soziale Isolation das Krankheits- und Sterberisiko um ein Vielfaches erhöht. Untersuchungen aus San Francisco und Finnland zeigen übereinstimmend, daß diejenigen, die sich als sozial isoliert erleben, ein zwei- bis dreifach höheres Sterberisiko sowohl an Herzkrankheiten als auch durch andere Ursachen haben als solche, die sich stark mit anderen Menschen verbunden fühlen. Diese Ergebnisse sind interessanterweise unabhängig von Herzrisikofaktoren wie Cholesterinspiegel, Blutdruck, genetischen Faktoren usw. Daß ältere Menschen, die keine sozialen Kontakte mehr haben, eher sterben als andere, das ist schon lange bekannt und auch verständlich.

Obige Studien zeigen auch, daß schon wenige soziale Kontakte, z.B. Mitgliedschaft in einem Club oder einer Kirchengemeinde das Risiko eines frühzeitigen Todes schon deutlich verringern und den Menschen vor Herzkrankheiten schützen. Andere Studien sagen, daß soziale Isolation gefährlicher ist als Rauchen. Menschen, die glauben, »ich schaffe es schon«, und die sich nicht äußeren Kräften oder anderen Menschen ausgeliefert fühlen, sind seltener krank und erholen sich schneller von Krankheiten. Auch das Vertrauen, sich auf seine Mitmenschen verlassen zu können, bietet offensichtlich einen Schutz vor Krankheiten. (Psychologie heute, Mai 1990)

Der Mensch ist ein soziales Wesen, und wenn er Selbstvertrauen hat, aktiv ist und sich für seine Mitmenschen interessiert, vergrößert er seine Chancen, in den Lebensaufgaben gesund zu leben und Befriedigung zu erfahren. Die Grundlage für die Entwicklung seiner Möglichkeiten liegt in gelungenen Prozessen der Ermutigung. Wer an sich und anderen nichts Gutes mehr sieht, der hat nichts zu lachen, und wer nicht mehr lacht, wird oder ist krank.

Ist in unserer Gesellschaft die Entwicklung nicht dahin gegangen, daß körperlich oder seelisch Kranke durch die Behandlung in Abhängigkeit von Therapeuten oder Medikamenten gelangt sind? So haben wir gelernt, auf andere oder anderes zu vertrauen, als auf unsere eigenen Möglichkeiten. Wir haben unseren Schwerpunkt nach außen verlagert und brauchen jetzt Krücken, um gehen zu können.

Das ENCOURAGING-Training hilft den Menschen, den Schwerpunkt wieder in sich selbst zurückzuverlagern und die Krücken der Abhängigkeit wegzuwerfen. So kann er dann loslossen, gehen und eine vollständige Person werden. Das ENCOURAGING-Training überträgt dem Einzelnen wieder die Verantwortung für das eigene Leben, d.h. weitgehend auch für seine Gesundheit, denn jeder Heilungsprozeß wird und wurde immer getragen von Ermutigung, im Sinne von Glaube, Hoffnung, Dankbarkeit und Sicherheit. Diese Kräfte sind es, die die Selbstheilung mobilisieren und stärken. Angst, Verzweiflung und der Glaube, nicht dazuzugehören und nichts tun zu können, schwächen unsere natürlichen Abwehrkräfte.

So liefert das ENCOURAGING-Training wichtige Beiträge zur Unterstützung medizinischer und psychologischer Therapien, aber ihre bedeutendste Botschaft liegt in der Prävention durch breitmöglichste Streuung der ENCOURAGING-Idee in der Erziehung von Kindern, Jugendlichen und Erwachsenen als Beitrag zur Volksgesundheit.

Welche Verantwortung und Chancen im Sinne der Ermutigung den behandelnden Ärzten und dem Pflegepersonal gegeben sind, kann kaum überschätzt werden. Die Kräfte der Medizin und der Selbstheilung brauchen einander. Der Arzt fördert die Karft der Selbstheilung, wenn er den Patienten ermutigt, sich dieser Fähigkeit bewußt zu werden und ihm Anleitung gibt, sie zu nutzen. In dieser Zusammenarbeit tragen beide zur Anregung und Beschleunigung des Heilungsprozesses bei.

Das ENCOURAGING-Training für Pflegepersonal wirkt sich heilend au das Arbeitsklima in Kliniken, Sanatorien und Krankenhäusern aus und begünstigt die Gesundung der Patienten dadurch, daß sie aus der »Ich-bin-nicht-okay«-Rolle herauskommen.

3.9. Schwierigkeiten mit der Ermutigung

Alle Menschen brauchen Ermutigung. Trotzdem wirst Du immer wieder Menschen begegnen, die andere nicht ermutigen oder die Deine Ermutigung nicht annehmen. Wie kann man das verstehen? Bei welchen Lebensstilaspekten und Einstellungen hat man Schwierigkeiten zu ermutigen?

- Wer Angst hat, daß andere durch seine Ermutigung stärker werden können und er unterliegen würde.
- Wer meint, der andere braucht keine Ermutigung, weil er ja sowieso stärker, der Vorgesetzte oder eine Respektperson ist.
- Wer sich selbst so gering schätzt, daß er meint, unfähig zu sein, andere zu ermutigen: »Wer bin ich, daß ich mir erlauben könnte, ihm etwas Gutes zu sagen.«
- Wer sich zum Beispiel in der Partnerschaft so schlecht behandelt fühlt, daß er keinen Schritt auf den anderen zugehen will und auch nicht haben kann, daß der andere sich durch die Ermutigung gut fühlen würde.
- Wer Abstand halten will, weil er mit der Nähe nicht so gut umgehen kann. Ermutigung schafft Nähe und womöglich sogar Verbindlichkeit.
- Wer meint, Ermutigung sei überflüssig: »Wenn ich Dich nicht kritisiere, dann ist das ein Zeichen dafür, daß ich gut finde, was Du machst, das soll Dir genug sein.«

Wer hat Schwierigkeiten, Ermutigungen anzunehmen?

- Wer glaubt, Eigenlob stinkt. Seine Reaktion auf Ermutigung: »Ich schäme mich, es macht mich verlegen, ich muß aufpassen, daß ich nicht überheblich werde.«
- Wer nach Überlegenheit strebt, will zwar von einem Höhergestellten, aber vielleicht nicht von Dir ermutigt werden. Er hat Bedenken, daß Du Dich über ihn stellen willst. Reaktion: »Was erlaubst Du Dir, daß Du meinst, das beurteilen zu können?«
- Wer nichts von sich bzw. von anderen hält. »Ich bin nichts wert, an mir ist nichts gut, ich kann nicht glauben, was Du sagst, denn die Menschen lügen und betrügen nur.«
- Wer die Nähe fürchtet und ahnt, daß sein Eingehen auf Ermutigung zu Verbindlichkeiten führen kann.

Du siehst, in beiden Fällen sind diese Einstellungen Auswirkungen von Entmutigungen. Gib aber nicht zu schnell auf, sondern suche nach anderen Ermutigungsformen.

3.10. Ermutigendes Zusammensein (Das Züntersbacher Modell)

Ich wünsche Dir, daß Du in Zukunft öfters mit Menschen zusammen sein kannst, unter denen Du Dich zugehörig, gleichwertig und gut genug fühlst. Ich wünsche Dir, daß Du öfters eine Art von Zusammensein erlebst, wo es nicht mehr darum geht, wer klüger ist, wer die besten Argumente hat, wer das letzte Wort hat, sondern, wo Du so sein kannst, wie Du bist; Dich äußern kannst, so wie Du es verstehst, wo Du gehört wirst und wo Du keine Angst vor Kritik oder Abwertung zu haben brauchst.

Im Züntersbacher Modell, das Antonia, meine Frau, und ich seit fast 20 Jahren praktizieren, ist dies möglich. Wir wenden dieses Modell gemeinsam an, wenn wir über längere Zeit nicht die Ruhe gefunden haben, miteinander zu sprechen und uns mitzuteilen. In den Encouraginggruppen ist das Züntersbacher Modell ein fester Bestandteil.

Hier sind die Spielregeln:

1. Jeder hat das Recht zu sprechen und zuzuhören (Niemand muß sprechen).
2. Jeder spricht von sich, macht keine Du-Aussagen, stellt keine Fragen, steigt nicht in Dialoge ein.
3. Pausen, bis der nächste anfängt zu sprechen, gehören dazu.
4. Die Zeitdauer der Sitzung soll - abhängig von der Gruppengröße - 90 Minuten nicht überschreiten und nicht kürzer sein als 10 Minuten.

Da jeder Teilnehmer weiß, daß er nicht sprechen muß, gibt es auch keine Erwartung der anderen an den einzelnen. Jeder weiß, daß er sowieso gut genug ist und nicht dadurch besser wird, daß er eine Aussage macht.

Da keine Du-Aussagen, keine Dialoge geführt werden und keine Fragen gestellt werden, entfällt die Möglichkeit zu kritisieren, zu belehren, besserzuwissen oder zu diskutieren, wobei immer nur die Erfahrenen das Wort führen und andere gewöhnlich veranlassen Partei zu ergreifen.

Wenn möglich, wird die Zeitdauer der Sitzung so gewählt, daß jeder Teilnehmer vier- bis fünfmal zu Worte kommt. Das Sprechen fällt nämlich zunehmend leichter, man braucht etwa zwei Wortmeldungen, um sich an den Stil zu gewöhnen.

Eine Gruppe von Menschen ist zusammen, jeder kennt die Spielregeln. Es herrscht eine ruhige, entspannte, besonnene Atmosphäre. Jeder sagt zu einem vorgegebenen Thema oder auch ohne Thema, was ihm so einfällt, und jeder läßt das Gesagte im Raum stehen, läßt es wirken, nimmt es ernst, läßt es gelten mit der Bereitschaft, von dem, was andere sagen, zu lernen und durch die Aussagen anderer sich zu eigenen Ideen anregen zu lassen. Es geht dabei nicht um intellektuelle Inhalte oder lange Vorträge, sondern jeder spricht über das, was in ihm vorgeht, was ihn bewegt oder was er zu dem eventuell vorgegeben Thema aus eigener Erfahrung weiß.

Weil die Teilnehmer nicht das Ziel verfolgen, mit ihren Beiträgen gut dazustehen oder zu beeindrucken, werden die Beiträge im Laufe der Zeit immer echter. Dadurch fühlt sich auch jeder, der sich zur Teilnahme entschieden hat und deshalb in der ganzen Atmosphäre mitschwingt, von den oft zutiefst menschlichen Aussagen bewegt. So fällt auch das Zuhören nicht schwer; im Gegenteil, man fühlt sich über lange Strecken wach, aufnahmefähig und aufnahmebereit. Das ist es, was beglückt und bereichert.

Obwohl die allgemeine Stimmung besonnen ist, hat das Ganze trotzdem auch einen Spielcharakter. Die Aussagen sind nicht zweckgebunden, sondern der einzelne horcht in sich hinein, findet auf einer tieferen Ebene zu sich selbst als er es im Ablauf des Tages finden könnte und enthüllt, was ihn bewegt. Zweckgebunden wäre, wenn sich jemand daran orientiert »Was wollen die anderen hören, wie kann ich sie überzeugen, wie kann ich sie zu gewissen Einsichten bzw. Aktivitäten bewegen?«; das ist hier nicht der Fall. Die Aussagen sind zweckfrei. Ich drücke meine momentanen Gefühle, meine Erfahrungen, das mich Bewegende aus, einfach, unfrisiert und ohne dabei an äußere Belange zu denken.

Alle Beiträge zusammen bilden einen Reichtum an Ideen, von dem jeder für sich was ihm paßt herausnehmen kann, um seinen Wissenshorizont zu erweitern. Zu gleicher Zeit fühlt sich jeder in diesem Prozeß wertvoll, weil er zunehmend weniger das Bedürfnis hat, sich mit anderen zu vergleichen, aber insbesondere weil er sich ungefährdet fühlt. Dadurch wird die Fähigkeit zur Kreativität auf eine höhere Ebene gebracht. Denn gerade die Selbstkontrolle, die aus der Angst vor Ungenügen, vor Kritik, vor Abwertung geboren wird, bremst die Kreativität und die Spontaneität.

Wenn wir Kinder beim Spielen beobachten, sehen wir, daß sie handeln, ohne zu überlegen, ob ihnen das was bringt. Völlig zweckfrei vertiefen sie sich in ihr Spiel und sind kreativ tätig. Diese Fähigkeit zur konzentrierten Kreativität müssen sie erst verlernen, um sich mit den oben erwähnten Kontrollinstanzen selber zu blockieren. Beim Spiel des Kindes gibt es eine innere Bereitschaft, sich wirklich den Dingen, den Menschen oder Begebenheiten zuzuwenden und sich ernsthaft damit zu befassen und so zu begreifen, worum es eigentlich geht.

Die Freiheit von Kontrolle, die Freiheit vom Vergleichen mit anderen und die Möglichkeit der freien Entfaltung der eigenen Kreativität sind im Grunde die ermutigenden Faktoren im Züntersbacher Modell. Am Ende steht für jeden das Bewußtsein »Ich habe etwas zu sagen«, »Ich werde gehört«, »Ich kann einen Beitrag leisten«, »Ich bin wer und Du bist auch wer, denn auch Du bist eine Bereicherung für mich«, »Ich lerne von Dir«, »Ich gehöre dazu, fühle mich gleichwertig«.

Da jeder aufgrund seiner Persönlichkeit und seiner persönlichen Lebenserfahrungen eine eigene Sicht auf bestimmte Aspekte eines Themas hat, ist die Gesamtheit der Beiträge so vielschichtig, und dadurch lernt man so unendlich viel voneinander. Einerseits gibt es also die Bereicherung auf der Wissensebene durch die verschiedenen Standpunkte und Sichtweisen, aber andererseits gibt es auch die Bereicherung im psychologischen Bereich durch die Ermutigung, weil man sich so, wie man ist, gut genug und angenommen fühlt. Es ist das größte Geschenk, das man einem Menschen machen kann, ihm zu vermitteln, daß er so sein darf, wie er ist, und daß seine Art des Denkens und seine Art sich auszudrücken zwar anders sind als die der anderen, aber daß er auf jeden Fall einen Beitrag für das Ganze darstellt.

Wir haben des öfteren Erfahrungen mit Großgruppen zwischen 80 und 100 Teilnehmern gemacht, zusammengesetzt aus verschiedenen Rassen, Sprachen, Religionen und Altersstufen. Die Teilnehmer machen auf Dauer ohne Ausnahme die Erfahrung, daß die Mannigfaltigkeit im Denken, Sprache, Rasse, Kultur, Alter, Geschlecht, Bildung oder Ansichten nichts Trennendes, sondern etwas Besonderes ist, das mit Respekt angenommen, bedacht und gewürdigt wird.

Wir haben in den vergangenen Jahren in unserer Ehe verschiedene »heiße Eisen« erfolgreich bearbeiten können, aber auch in vielen Stunden des Zusammenseins ohne vorgegebene Thematik einander wesentlich besser kennengelernt, als es durch Diskussionen, bei denen man ja bekanntlich nur halb zuhört, möglich gewesen wäre und bei denen wir die Pausen, als wir gemeinsam geschwiegen haben, als große Bereicherung empfanden.

Zusammenfassend ist zu sagen, daß die Teilnehmer erfahren, daß jeder etwas Sinnvolles zu sagen hat, sich zugehörig, gleichwertig, wertvoll und ungefährdet fühlt, sich mit den anderen eng verbunden weiß, zunehmend kreativer denken und offener sprechen kann. Man erfährt, daß man Pausen aushalten kann und daß es gut ist beizutragen, ohne dies von der Rückmeldung anderer abhängig zu machen, sondern zu sagen, was man aus der gegebenen Situation heraus für richtig hält.

Ich wünsche Dir, daß Du so eine Art von ermutigendem Zusammensein irgendwann in einer Gruppe erleben kannst. Vielleicht machst Du nach oben gegebener Anleitung mit Deinem Partner oder mit Freunden selbst Deine ermutigenden Erfahrungen. Ein offenes Zusammensein mit anderen, ein Loslassen Deiner Ängste, ein freies Sein, wie Du bist - daß Du diese Erfahrung für Dein Leben machen kannst, das gönne ich Dir von Herzen.

4. Erstrebenswerte Qualitäten

Es gibt bestimmte Verhaltensweisen, die es wahrscheinlicher machen als andere, daß Deine Ermutigungen ankommen. Diese Verhaltensweisen kannst Du *lernen*. Das Erlernen von neuen Verhaltensweisen geschieht durch *Übung*. Üben erfolgt durch *Tun*. Wenn Du lächelst, übst Du das Lächeln. Wenn Du grübelst, übst Du das Grübeln. Wenn Du Deine Meinung sagst, übst Du, Deine Meinung zu sagen. Wenn Du Dich bemitleidest, übst Du, Dich zu bemitleiden. Und da Du durch Übung lernst, wirst Du in solchen Verhaltensweisen immer fähiger.

Es gibt Qualitäten, die für das Zusammenleben mehr aber auch solche, die weniger nützlich sind. Hier sind die neun wichtigsten erstrebenswerten Qualitäten für eine ermutigende und ermutigte Person:

Interesse für andere
aufmerksames Zuhören
Begeisterung
Geduld
der freundliche Blick
die freundliche Stimme
das Gute erkennen
Versuche und Fortschritte anerkennen
selbstverantwortliches Handeln

Du kannst sie Dir der Reihe nach zu eigen machen, indem Du immer mal wieder 14 Tage lang an einer erstrebenswerten Qualität arbeitest und Deine Erfahrungen in Dein Wachstumsbuch einträgst. In dieses Wachstumsbuch wirst Du sicher auch andere Eintragungen über Erfahrungen mit anderen Übungen (siehe Kapitel 5.2.) machen. Im Rückblick wirst Du Deine Entwicklung, Dein Wachstum erkennen.

Die neun erstrebenswerten Qualitäten sind ermutigende Haltungen und Fähigkeiten. Eine Haltung ist die Grundeinstellung, aus der die Fähigkeiten erwachsen. Eine freundliche Haltung erleichtert es Dir, die Fähigkeiten »freundlicher Blick« oder »freundliche Stimme« zu praktizieren. Umgekehrt verstärkt sich Deine freundliche Grundhaltung, wenn Du Dich übst, mit freundlichem Blick zu schauen oder mit freundlicher Stimme zu sprechen. Eine optimistische Grundhaltung ermöglicht es Dir, das Gute zu erkennen, und wenn Du bestrebt bist, das Gute zu erkennen, verstärkt sich Dein Optimismus. Diese Wirkung von Verhalten auf die Grundhaltung zeigt sich in folgenden Beispielen:

Ein Lehrer kommt in das Klassenzimmer, und die Kinder wollen nicht so, wie er will. Er spielt 10 Minuten lang den »bösen« Lehrer und stellt nach einiger Zeit fest, daß er jetzt wirklich böse ist. Manchmal entscheiden wir uns, uns freundlich zu verhalten, z.B. bei einem nicht willkommenen, unerwarteten Besuch. Wir spielen eine Zeitlang diese Rolle, und bald sind wir tatsächlich heiter und freundlich. Dies sind Erfahrungstatsachen, die Du wohl auch selbst kennst, sonst ... probier's aus.

Die erstrebenswerten Qualitäten können ermutigend wirken. Da man im Prinzip aber auch alles Gute übertreiben oder mit falschen Beweggründen einsetzen kann, und da nicht jede Beziehungsqualität für das Empfangen von Ermutigungen geeignet ist, sind die obigen Haltungen und Fähigkeiten an sich keine Garantie für eine ermutigende Wirkung. Wenn Du aber aufrichtig bestrebt bist, das Zusammenleben mit den Mitmenschen in Deinem eigenen Einflußbereich friedlicher, freundlicher, harmonischer und konstruktiver zu gestalten, dann werden sie Dir eine große Hilfe sein, und sie werden auch die Qualität Deines eigenen Lebens bereichern. Warum? Weil Du bewußter lebst; weil Du nicht zufällig, sondern voller Bewußtsein einen positiven Beitrag in der Gestaltung der Beziehung lieferst; weil Du anfängst, Dir selbst Fragen zu stellen, wie z.B.:

- »Welche erstrebenswerte Qualität kann ich in dieser Situation einsetzen?«
- »Wie weiß ich, daß sie wirkt?«

Diese Fragen helfen Dir, bewußt zu leben, mehr Interesse für Deine Mitmenschen und die Prozesse, die zwischen Dir und anderen ablaufen, zu entwickeln. Du machst Erfahrungen mit dem bewußten Einsatz von Verhaltensweisen, und dadurch bekommst Du mehr Wahlmöglichkeiten und wirst flexibler. Du erlebst, daß Du der Regisseur auf der Bühne Deines eigenen Lebens bist. Lerne, Dich mit diesen ermutigenden Haltungen und Fähigkeiten zu beschäftigen. Du wirst bald erkennen, daß Du nicht in dem entmutigenden »Ich-kann-nicht« gefangen bist, sondern daß Du ein großes Entscheidungsspektrum hast und daß Deine innere Freiheit zunimmt. Mache Deine Erfahrungen! Es wird Dir und allen Menschen in Deiner Umgebung dabei besser gehen.

...daß Du Landschaften malst, den letzten Pfennig für einen Freund hergibst, für eine geeinte Welt in Frieden arbeitest, daß Deine Söhne gute Menschen geworden sind, das alles wußte ich nicht. Ich wußte nur, daß Du Ausländer bist und nicht gut Deutsch sprichst. Deswegen habe ich Dich gemieden.

4.1. Interesse für andere

Es wird Dich wohl nicht wundern, daß Interesse für andere hier als erste erstrebenswerte Qualität aufgeführt wird. Die Haltung »Interesse für andere« ist nicht nur Ausdruck, sie ist auch Ansatz für die Entwicklung von Gemeinschaftsgefühl. Interesse *an* etwas strebt nach Besitz, nach Habenwollen. Interesse *für*, in diesem Falle für andere, strebt nach Verstehen, Einsichtgewinnen und Teilhaben. In diesem Sinne halte ich das »Interesse für andere« für die grundlegendste der erstrebenswerten Qualitäten, weil eine zukünftige Weltgemeinschaft mit verschiedenen Kulturen, ethnischen und religiösen Hintergründen ohne diese Art von Interesse nicht vorstellbar ist. Hierbei geht es entschieden nicht um Bestätigung der eigenen Vorstellungen, sondern um echte Teilhabe am Leben des anderen. Deshalb ist echtes Interesse immer durch inhaltliche Toleranz gefärbt, und zwar als Gegensatz zum überlegenen Dulden, das eher ein Ausdruck von Desinteresse ist. Echtes Interesse wird dadurch genährt, daß die seelische Lage des anderen uns nicht gleichgültig läßt. Aus diesem »Interesse für...« wachsen eine fürsorgliche Haltung und sinnvolles Helfen durch die richtige Erkenntnis, wo Hilfe gebraucht wird. Helfenwollen im Sinne von Ermutigung ist bestrebt, den anderen zu fördern und zu erfreuen. Bei Helfenwollen soll man den anderen nicht aus dem Auge verlieren, sonst geht es einem so wie den 12 Pfadfindern, die bei der nächsten Zusammenkunft ihrem Leiter erzählten, daß sie einer alten Frau über die Straße geholfen hätten. Auf die Frage, warum die Frau denn sooft über die Straße mußte, da 12 Pfadfinder derselben Frau geholfen hatten, war die Antwort: »Die Frau wollte gar nicht über die Straße.«

Das unechte Interesse kann von Neugierde, die immer einen Sensationswert hat, oder von dem Bedürfnis nach Selbstbestätigung getragen werden. Auch Interesse mit dem Ziel, gefallen zu wollen, Macht oder Kontrolle auszuüben oder Überlegenheit zu zeigen, ist unechtes Interesse.[7]

Das unechte Interesse, das die Selbstbestätigung sucht, erlischt, sobald es sich selbst, seine Ansichten, Überzeugungen, seine Werte nicht im Spiegel des anderen erkennt. An seine Stelle tritt dann das Rechthabenwollen, die Abwertung oder das

---

7 Hier wird der eingangs erwähnte sprachliche Unterschied klar, z.B.: »Ich interessiere mich *für* Dich, weil ich Interesse *an* Deinem Geld habe.«

Desinteresse. Die Chance, den eigenen Wissenshorizont über die andere Person zu erweitern, wurde vertan.

- »Uneigennütziges Interesse wird nicht immer ohne Bedenken, ohne Mißtrauen entgegengenommen. Nach einer kurzen Krankheit war mir klargeworden, wie wichtig es in Tagen der Krankheit ist, Besuch zu bekommen und Interesse zu erfahren. Als ich anschließend einen Erholungsurlaub machte, besuchte ich ein Krankenhaus und wollte Patienten besuchen, die nie oder selten Besuch bekommen. Der Pförtner war mit der Frage überfordert, aber er empfahl mir die 2. Etage. Die zuständige Krankenschwester und der hinzueilende Pfleger bemühten sich mehr, ihre in fragekommenden Patienten gegen solche doppelbödigen Dienste der Nächstenliebe zu schützen, als mir die erwünschte Auskunft zu erteilen. Sie verwiesen mich auf die 7. Etage, wo mir viele Fragen über meine Herkunft und Absicht gestellt wurden. Meine Begründung, nur jemandem eine Freude machen zu wollen, wurde als mangelhaft empfunden. Schließlich verließ ich die Abteilung fast mit dem schlechten Gewissen, etwas Unanständiges zu wollen. Auf meinem Fußweg nach unten suchte ich Gespräche mit Patienten, die ohne Besucher in den Tagesräumen einsam eine Zigarette rauchten. Ich erfuhr viel über Krankheit, Schmerz, Geduld und Ungeduld und darüber, welchen Sinn diese Kranken ihrer Krankheit verleihen. Es war im doppelten Sinne eine besondere Erfahrung unter der Überschrift »Ermutigende Haltung: Interesse für andere«.

Interesse empfangen ist deswegen so ermutigend, weil man sich beachtet, ernstgenommen, wichtig, nicht allein fühlt und die Verbundenheit, die Nähe mit der anderen Person erlebt. Interesse wird in der zwischenmenschlichen Beziehung oft verbunden mit dem aufmerksamen Zuhören, in vielen Fällen auch mit dem Geduldigsein, aber dies ist nicht das Entscheidende.

162

Man kann sich auch durch einen kurzen Augenblick, in dem man die volle Zuwendung des anderen erlebt - ja sogar im Vorbeigehen -, ermutigt fühlen.

Wenn Du Dich aufrichtig für das interessiert, was im anderen vor sich geht, dann hast Du eine Eintrittskarte in eine Beziehung. Interessant werden Dir die Menschen - und auch die Dinge - durch das Interesse, mit dem Du Dich ihnen widmest. Du schaust den Betreffenden an, nimmst wahr, nimmst ihn ernst, bist wach und nicht in Dir gefangen, sondern auf den anderen ausgerichtet und stellst Fragen, mit denen Du nicht wertest, wie z.B.: »Wie geht es Dir dabei?« oder: »Magst Du darüber mehr erzählen?«. In diesem Prozeß kannst auch Du von Dir erzählen. Vielleicht geht es Dir dann so wie dem eingangs erwähnten Mann, der feststellen mußte, daß er das Wichtigste von seinem ausländischen Kollegen nicht gewußt hat. Auf diese Weise überwindest Du Vorurteile.

-       »Ich frage den Gemüsehändler, dem ich des öfteren in Gedanken schon kräftig die Meinung gesagt habe - er hatte mir ab und zu faules Obst angedreht -, wo er seine Ware kaufe, wann er aufstehen müsse, um täglich frische Ware zu bekommen, und ob das nicht sehr anstrengend sei. So, als hätte er lange nicht darüber reden können, erzählte er mir, daß er um 3.00 Uhr nachts aufstehe und dann bei Wind, Regen und Schnee zum Großmarkt fahre. Wie schwierig es sei, im voraus den Bedarf auszurechnen und wie schlimm es sei, wenn Ware verdirbt. Wie müde er oft sei und welche Auswirkungen dies auf sein Familienleben habe. Ich ließ ihn reden, hörte freundlich zu und sagte ihm, daß es für mich schön sei, frisches Obst kaufen zu können. Zu Hause angekommen, stellte ich fest, daß ich keine einzige überreife Tomate in der Tüte hatte; ich habe mich gefreut und er, wie ich an seinen strahlenden Augen sehen konnte, auch.«

Wenn Du Dich für die positiven Gefühle des anderen interessierst, spürst Du die positive Rückwirkung in Dir selbst, denn
sie erinnert Dich an Deine eigene positive Situation, und Du
erkennst aufs neue die ermutigende Kraft. So kannst Du die positiven Gefühle des anderen mit der eigenen Erfahrung unterstützen und mit Begeisterung verstärken. Wenn Du Dich auch
für die negativen Gefühle des anderen interessierst - hier kann
das Spiegeln, wie im Kapitel »Zuhören« beschrieben, hilfreich
sein -, dann vermittelst Du das Gefühl des Angenommenseins,
das als Dankbarkeit zurückkommt.

-   Neulich kam ich auf die Idee, mich zu fragen: »Wie fühlt
    sich eigentlich mein Enkelsohn bei mir oder, wie fühlt
    sich so ein junger Mensch bei seiner Großmutter.« Ich
    machte eine gedankliche Akrobatik, mich in meinen Enkel
    hineinzuversetzen, indem ich alles, was ich so an einem
    Tag mit ihm gesprochen, d.h. zu ihm gesagt hatte, zu mir
    sagte, so, als wenn ich er wäre. Ich rang um Wahrhaftig-
    keit und ignorierte meine inneren Widerstände. Alles, was
    ich da zu hören bekam, nahm ich in mir als meine Reak-
    tionen wahr. (Eine harte, unerbittliche Arbeit an mir
    selbst. Unerwartet erschöpft war ich am Ende.)
    Es war aber äußerst lehrreich und aufschlußreich. So, wie
    ich an diesem Tage mit meinem Enkel gesprochen hatte,
    (und ich konnte davon ausgehen, schon oft so mit ihm ge-
    sprochen zu haben), wollte ich nie von Menschen ange-
    sprochen werden, schon gar nicht als kleines Kind. Soviel
    Ungeduld in der Stimme, Besserwisserei, Bevormundung
    und mangelndes Einfühlungsvermögen, das war ja nicht
    zum Aushalten! Ich dachte: »Da kann man ja nur seine
    Ohren dicht machen.« (Daher wohl auch meine Erschöp-
    fung am Ende dieser Übung.) Bei unserem täglichen Gute-
    Nacht-Plausch am Bett meines Enkels, erzählte ich ihm,
    welche Übung ich heute gemacht hatte. Er hörte gut zu
    und verstand alles, und sein Gesichtsausdruck zeigte, wie
    gut er meine Offenheit fand. Plötzlich, mit einer

schwungvollen Bewegung (ich fiel dabei fast aus dem Bett), umarmte er mich und sagte: »Ach, Omi, Du bist lieb! Meine Omi!«

Interesse für sich selbst

Auch Interesse für sich selbst ist berechtigt. Eigene innere Gemütsbewegungen zu erkennen und zu verstehen, nach Möglichkeit Bedürfnisse zu befriedigen, sich in die bestmögliche Form für die Lebensaufgaben zu bringen, Neigungen und Probleme in der Beziehung zu frühkindlichen Erziehungssituationen zu erkennen, d.h. Interesse für die Wirkung des eigenen Lebensstils zu haben, Schwächen und Stärken zu beobachten und anzuerkennen, den inneren Dialog bewußt zu steuern, sich selbst Ziele zu stecken und zu verstehen, was zum Wohlstand, zur Gesundheit und Krankheit, zur Selbstachtung und Verachtung führt, das alles ist sinnvoll und unterstützt den Rat Sokrates': »Erkenne Dich selbst«. Man kann jedoch alles übertreiben. Du kannst nicht konzentriert, kongruent oder sinnvoll handeln und gleichzeitig Dich selbst beobachten. Handeln verlangt eine Art von Selbstvergessenheit. Da die Aufgabe, die uns allen auferlegt ist, lautet, als Handelnder den Strom des Lebens mitzugestalten, wirkt ein Zuviel an Selbstbeobachtung eher hemmend auf die eigene Entwicklung. Wenn Du zu sehr daran interessiert bist, Dich zu beobachten und zu erkennen, dann übersiehst Du leicht, daß leben, sich entfalten heißt. Die Raupe, die sich selbst gut kennenlernen will, kann sich nie in einen Schmetterling verwandeln und die Knospe würde nie zur Blume werden.

4.2. Aufmerksam zuhören

»Aber ich wollte ja nur...«

»Still jetzt«, sagte die Mutter. »Es ist wirklich zum Verzweifeln mit Dir.«

»Aber ich...«

»Hör endlich auf damit«, sagte die Mutter. »Du weißt ganz genau, daß mich das alles nicht interessiert.«

»Aber...«

»Du sollst endlich aufhören damit, habe ich gesagt«, sagte die Mutter. »Ich habe jetzt wirklich genug. Endgültig genug. Verstehst Du?«

»...«

»Ich habe Dich etwas gefragt«, sagte die Mutter. »Kannst Du nicht zuhören, wenn man mit Dir spricht? Bekommt man jetzt nicht einmal mehr eine anständige Antwort von Dir, wenn man Dich etwas fragt?«

»Aber ich...«

»Schweig endlich«, sagte die Mutter. »Und geh auf Dein Zimmer. Ich will Dich heute nachmittag nicht mehr sehen. Für heute habe ich genug von Dir. Endgültig genug. Hast Du mich verstanden?«

(Jürg Moser, Quelle unbekannt)

Das Ziel des Zuhörens soll es sein, verstehen zu wollen. Dies wirkt auf den anderen deswegen ermutigend, weil er sich ernstgenommen fühlt. Zuhören fördert das Verstehen, und bekanntlich ist das Verstehen auch die Grundlage für das Verzeihen. Verstehen führt dazu, daß wir die private Logik, die Motivations- oder Sinnzusammenhänge des anderen erkennen. Es gibt also in intimen Beziehungen kein besseres Bindemittel als das Gespräch, das vom aufmerksamen Zuhören getragen wird. Eine Form des aktiven Zuhörens ist das »Spiegeln«. Beim »Spiegeln« gibt der Zuhörer den Inhalt des Gesprochenen mit eigenen Worten noch einmal wieder und fragt: »Habe ich das richtig verstanden?«

- »Ich bin im allgemeinen keine gute Zuhörerin. Ich rede lieber und bin oft verärgert, daß mein Mann so wenig erzählt. Heute hatte ich mir vorgenommen, die erstrebenswerte Fähigkeit »Zuhören« zu üben. Und ich habe mich, nachdem mein Mann von der Arbeit nach Hause kam, ganz bewußt darauf eingestellt, wahrzunehmen, ob er vielleicht etwas erzählen würde. So sitzen wir also beim Abendbrot, die Kinder sind noch im Sportverein, das Zurückhalten und das Schweigen fällt mir nun schwer. In der durchgehaltenen Stille sagt er plötzlich: »Wir haben heute einen neuen Computer bekommen.« Normalerweise hätte ich schon von dem neuen Computer des Mannes meiner Freundin erzählt, was der damit alles machen kann und daß meine Freundin ein eigenes Programm hat, worin sie auch die Haushaltskasse abspeichert. Aber jetzt warte ich einen Moment und sage: »So, ihr habt einen neuen Computer bekommen.« Er schaut mich etwas erstaunt an, als ob er eine neue Ehefrau neben sich habe und sagt: »Das wird noch eine Umstellung werden.« Ich sage: »Mhm…, das wird noch eine Umstellung werden, das kann ich gut verstehen.« Er spricht weiter: »Da gibt es eine Menge neuer Möglichkeiten. Ich bin auch unter den ersten, die den neuen Kurs mitmachen dürfen.« Ich sage: »Du bist unter den ersten ausgewählt? Dann lernst Du die Möglichkeiten von Anfang an kennen. Das ist ja eine richtige Anerkennung, oder?« Dann fängt er an, von seiner Beziehung zu seinem Chef und zu seinen Kollegen und Kolleginnen zu erzählen. Es ist mir an dem Abend, als wenn ich es zum ersten Mal gehört hätte, wo mein Mann eigentlich arbeitet, was er alles macht, was er alles kann und wie beliebt er ist. Wir sind im zwölften Ehejahr und ich glaube, daß ich ihn seit unserer Verlobung nicht mehr so viel, so ausführlich und interessant habe erzählen hören. Was ist in all den Jahren eigentlich passiert? Ich habe mich im Grunde nur für mich interessiert. Habe erzählt und erzählt, habe gemeckert, daß er so wenig von sich erzählt, habe mich daran gewöhnt, daß er im Grunde ein verschlossener Typ ist, und jetzt so etwas. Es ist wie ein kleines Wunder, wie mein Zuhören seine Zunge gelöst und uns einander soviel näher gebracht hat.«

Erst wenn Du richtig verstanden hast, kannst Du auch in der richtigen Weise reagieren. Du kannst sozusagen in den Schuhen des anderen stehen, weil Du durch das Zuhören mehr Verständnis für den Standpunkt des Sprechers bekommen hast. Es kann sein, daß Du die Sache ganz anders siehst, aber es ist für den anderen ganz wunderbar zu erkennen, daß Du verstehst, daß er sich so fühlt, weil er so denkt. Es geht beim Zuhören also nicht um das passive Aufnehmen, sondern darum, durch die aktive Verarbeitung des Gesagten und die interessierte Haltung dem Gespräch Qualität zu verleihen. Im allgemeinen führt dieses Zuhören dazu, daß der andere sich verstanden fühlt und erlebt, daß er so sein darf, wie er ist. Du kannst die Fähigkeit Zuhören auch auf Dich selbst anwenden. Du wirst dadurch die Reaktion anderer auf Deine eigenen Äußerungen besser verstehen. In Punkt 4.6. »Die freundliche Stimme« komme ich noch einmal darauf zurück.

Begeisterung ohne Verstand
ist unnütz und gefährlich
Novalis

4.3. Begeisterung

Begeisterung ist eine besondere Form der Freude. Das Leben bekommt durch Begeisterung einen besonderen Aufschwung. Begeisterung wirkt ansteckend, weckt sozusagen den Geist (= das Leben) und fördert die Gesundheit. Eine Ermutigung, mit Begeisterung ausgedrückt, verfehlt selten ihr Ziel. Es ist gut, die sinnvollen Ansätze, die Fortschritte, die jemand macht, die richtigen Schlußfolgerungen, die jemand zieht, zu erwähnen, aber besser noch ist es, sie begeistert zu unterstützen. Wir sollen nicht nur ermutigen, sondern auch das Herz erfreuen. Der andere erlebt in dem Moment eine Verdoppelung seiner Kraft und einen Auftrieb für weitere Aktivitäten.

Selbst über eigene Ideen und eigene Vorsätze begeistert sein, kann eine starke Selbstermutigung bedeuten, kann andere mitreißen und dazu motivieren mitzumachen. Begeisterung über eigene Ideen mischt man am besten mit Humor, dann ist die Gefahr geringer, daß die Begeisterung zu Fanatismus ausartet. Humor ist immer gekoppelt mit dem Lebensgefühl der Heiterkeit. Begeisterung und Heiterkeit sind auch miteinander verwandt. Sie erzeugen ein Erlebnis der inneren Helligkeit, das auch die Umwelt färbt. Es ist, als würde die Sonne scheinen. Man sagt, daß jemand strahlt. Leichtigkeit, Freiheit vom Druck und Selbstvergessenheit gehören zu dem Begriff der Begeisterung. (Wer mit sich und auch unausgesprochen mit seiner Umwelt kämpft, kann diese Art der Begeisterung nicht erleben, denn die Umwelt ist die Widerspiegelung dessen, was in uns vorgeht. Wenn Du Dich ängstlich fühlst, ist die Umwelt eine Bedrohung. Fühlst Du Dich mutig, verstehst Du die Umwelt als die Fülle der Möglichkeiten, die Dir zur Verfügung steht.)

Begeisterung ist eine starke dynamische Kraft, die uns ganz erfüllt; sie entsteht durch das bedingungslose Ja-sagen zum Leben, zur Aufgabe, zur Idee. Die gebündelte Konzentration kann aber leicht, wie oben erwähnt, zum Fanatismus werden, wenn man »das Ganze« aus dem Auge verliert. Wenn die Ich- oder Gruppenbezogenheit unter Ausschluß anderer im Vordergrund steht, unter Ausschluß anderer, ist Begeisterung auf Dauer selten heilsam. Hierin liegt auch die destruktive Kraft von Sekten, Terrorgruppen bis hin zum Massenwahnsinn, wie wir ihn z.B. in »Heiligen Kriegen« wahrnehmen können. Gemeinschaftsgefühl, Mitmenschlichkeit, Mitverantwortlichkeit für die Belange aller und selbständiges Suchen nach Wahrheit schützen die Gesellschaft vor der zerstörerischen Kraft der Begeisterung.

Im Leben des einzelnen wird die Begeisterung durch Arbeit, die Natur, eine Idee, oft auch durch die Persönlichkeit eines Menschen geweckt.

- »Ich habe eine neue Freundin. Sie ist für mich etwas ganz besonderes. Wenn wir miteinander reden und sie kommt so richtig in Fluß, ... ob sie dabei nun von sich, von ihren Eltern, oder von ihrer Arbeit erzählt, ... ich bin jedesmal ganz hingerissen. Ich könnte stundenlang zuhören. Oft ertappte ich mich dabei, daß ich nicht so genau aufnehme, was sie sagt, aber über ihre Art zu sprechen kommt ihre ganze Persönlichkeit zum Ausdruck und beeindruckt mich ungemein. Das ist mir viel wichtiger als der bloße Inhalt ihrer Worte. Ich kenne das gleiche bei Rednern. Der eine hat einen trockenen, absolut logisch aufgebauten Vortrag... Ich höre zu. ...verstehe ... und vergesse. Der andere ist so von seinem Thema erfüllt und spricht so überzeugend und glaubwürdig, daß ich am Ende begeistert bin und im Rückblick nur noch seine Art zu sprechen und gestikulieren erinnere, aber ich weiß auch, daß das Thema sehr wichtig ist und ich es weiter verfolgen will. So erkenne ich den Einfluß und die Auswirkung von Begeisterung.«

Ein anderes Beispiel:

- »Ich telefoniere mit einer Freundin über mein Anliegen, ein neues Auswahlverfahren für die potentiellen Schüler unserer Fachschule aufzubauen. Sie hat gute Ideen. Ich spüre eine freudige Aufregung, die mit jeder neuen Idee zunimmt. Ich sage innerlich: »Ja, richtig, ja, gut, ja, prima, das ist ja 'ne Idee, toll!« Mein inneres Ja ist jedes-

170

mal eine Treppenstufe der steigenden Begeisterung. Es ist, als gleite ein Sonnenstrahl über meinen Schreibtisch. Es tauchen Vorstellungen auf, was sein könnte. Mein Herz schlägt schneller, meine Augenlider bewegen sich schneller, meine Atemfrequenz hat sich erhöht, und ich spüre eine Art Spannung, als müßte ich jetzt in Bewegung kommen und etwas tun. Ich bringe meine Begeisterung in Worten zum Ausdruck und bin mir dessen bewußt, daß ich dadurch meine Freundin dafür gewinnen will, mit mir das Vorgehen aufs Papier zu bringen. Sie kann gar nicht Nein sagen. Als ich aufgelegt habe, fange ich sofort mit großer Konzentration und Engagement an, meinen Teil schriftlich auszuarbeiten. Hier erlebe ich, wie Begeisterung ins volle Engagement für eine Sache mündet.«

Volles Engagement

Das *volle Engagement* ist eine ermutigende Fähigkeit, die von der Begeisterung lebt. Im vollen Engagement erkennen wir ein starkes persönliches Interesse. Irgendetwas ist Dir so wichtig geworden, daß Du voll dazu stehst und Dich so damit identifizierst, daß Du kaum noch Abstand spürst zwischen Dir und der Aufgabe, für die Du Dich engagierst. Mit vollem persönlichen Einsatz und innerer Verbindlichkeit engagierst (verbindest) Du Dich. Volles Engagement ist mehr als Pflichtbewußtsein; in ihm erkennst Du die Freiwilligkeit sogar dann, wenn es sich um auferlegte Pflichten handelt.

Wer mit der ermutigenden Fähigkeit »Volles Engagement« lebt, der lebt wirklich und behält die Initiative. Wer lebt, der steigt voll in eine Sache ein, ist kreativ, aktiv, begeistert und trägt Verantwortung. Für die gegenteilige Einstellung möchte ich den Ausdruck »Überleben« vorschlagen. Wer überlebt, der läßt die Zeit seine Probleme lösen, er wartet, er zögert, er möchte, und er will dennoch nicht, er weiß besser, wogegen als wofür er ist, er macht halbe Sachen. So gesehen ist Überleben ein Ausdruck der Entmutigung; es zeigt alle Anzeichen der Vermeidung. Leben gibt Kraft, Überleben frißt Energie. Wer Nein sagt zu seiner Lebenssituation, wer Nein sagt zu seinen Aufgaben, wer Nein sagt zu seiner Rolle im Leben, der kann nicht mit vollem Engagement, mit voller Konzentration leben. Für halbe Sachen bekommt man keine Energie. Wer mit vollem Engagement arbeitet, der ist mit sich zufrieden, strahlt dies aus und wirkt ermutigend auf andere. Wer das volle Engagement als Ausdruck der Begeisterung mit Freundlichkeit (siehe: »die freundliche Stimme«, »der freundliche Blick«) und Optimismus (siehe »das Gute erkennen«, »Versuche und Fortschritte anerkennen«) koppelt, der kann jedes Unternehmen zum Erfolg führen.

Das Verbindlichkeitsbewußtsein, das einen wesentlichen Aspekt des vollen Engagements darstellt, ist das Bewußtsein, für die Erhaltung und Förderung einer Sache mitverantwortlich zu sein. Wer sich für die Sache der Ermutigung voll engagiert, wird nicht beiseite stehen und zuschauen. Und er wird nicht zulassen, daß der Sache Schaden zugefügt wird. In dieser Mitverantwortung für »das Ganze« erkennen wir wieder das Gemeinschaftsgefühl, das keine rein egoistischen, mit Verbissenheit verfolgten Ziele zuläßt.

Wenn Du mit Begeisterung leben willst, wirst Du Deine körperliche Kondition pflegen, für maßvolle Ernährung, genügend Schlaf, genügend Bewegung, eine rhythmische Abwechslung von Arbeit und Entspannung sorgen, denn all dies fördert die Möglichkeit, mit Begeisterung und vollem Engagement zu leben.

- »Ein Kritiker sagte über Leonard Bernstein: »Seine musikalischen Interpretationen waren umstritten, aber er konnte Orchester und Zuhörer so begeistern, weil er jedes Stück so dirigierte, als wäre es seine eigene Komposition.«
- Er war das beglückende Vorbild für Begeisterung und volles Engagement.

»Darf es nicht auch ein Schwe-
sterchen sein?« fragt die Mutter den Sohn, der einen Bruder
bestellt hat. »Was geht denn
schneller?«

4.4. Geduld

Die ermutigende Haltung »geduldig sein« kannst Du auf andere und auf Dich selbst anwenden. Im Umgang mit Dir selbst
bedeutet es, Zeit für Dich zu haben, Dir Zeit zu lassen für
Deine eigene Entwicklung oder Genesung, d.h. auch die ganz
kleinen Fortschritte anzuerkennen und damit zufrieden zu sein,
Unveränderbares hinzunehmen und auszuhalten, Dir Zeit zu
nehmen, um nachzudenken und ruhig zu sprechen, anstatt hek-
tisch und unsicher zu werden, und hartnäckig Deine Ziele zu
verfolgen. Das heißt auch, daß Du Dich selbst annimmst, so
wie Du bist. Mit mehr Selbstvertrauen und Optimismus ist es
leichter, geduldig zu sein, denn in Dir lebt die Idee, daß »es«
wohl in Ordnung gehen wird, oder daß Du »es« schon erreichen
wirst.

- »Ich wollte schon immer ein guter Pianist sein, aber regelmäßig üben, das war nie meine Stärke. Vor einigen Wochen habe ich mir zum Ziel gesetzt, wenigstens ein Stück
  richtig spielen zu können. Und ich habe mir die 13. zwei-
  stimmige Invention von Johann-Sebastian Bach vorgenommen. Das richtige Tempo, in dem das Stück gespielt
  wird, steht ja in einer Metronomzahl, in diesem Falle 112,
  im Musikstück vermerkt. Bald habe ich gemerkt, daß ich
  in diesem Tempo das Stück nur sehr schlampig und unvollkommen spielen kann, obwohl ein guter Pianist das ja
  eigentlich können müßte. Ich habe dann das Metronom
  auf 80 zurückgeschaltet und habe angefangen, erst die
  rechte und dann die linke Hand abwechselnd zu üben. Jedesmal mußte ich mich wieder zurückhalten. Jedesmal
  spürte ich, daß ich schneller spielen wollte. Jedesmal kam

mir das irgendwie kindisch vor, so langsam zu spielen, obwohl ich in meinem Kopf die richtige Geschwindigkeit hatte. Aber mit der Zeit habe ich gemerkt, wie der Anschlag der Töne regelmäßiger wurde, wie das Stück anfing zu leben. Ich kann Dir jetzt sagen, drei Wochen lang habe ich in ganz kleinen Schritten das Tempo steigern können, so daß ich jetzt schon bei 100 bin. Noch nie habe ich ein Musikstück mit so viel Liebe täglich mehrmals geübt. Ich merke, meine Geduld, nicht im Sinne von Warten, sondern im Sinne von beherrschter Aktivität, zahlt sich aus, erhöht meine Fähigkeit zum Spielen und bringt mir große Befriedigung.«

Da es bei den ermutigenden Haltungen und Fähigkeiten um positive Qualitäten in der Begegnung mit anderen geht, ist auch die Frage entscheidend, was für den anderen dabei heraus kommt. Mit anderen Geduld zu haben bedeutet auch, daß Du andere nicht unter Druck setzt, daß Du wachsen läßt, Verständnis zeigst, Fortschritte anerkennst. Geduldigsein verändert die Beziehung positiv. Wenn Du geduldig mit anderen umgehst, drückst Du damit aus, daß Du Interesse für den anderen hast. Der andere spürt, daß Du Zeit hast, kann sich entspannen, zu sich finden und seine persönlichen Gefühle und Bedürfnisse äußern. Insbesondere in intimen Beziehungen vermittelt Ungeduld und keine Zeit haben das Gefühl, nicht ernstgenommen zu werden. Wenn Du geduldig bist, drückst Du damit auch aus: »Du mußt nicht unbedingt meinen Kriterien entsprechen, ich lasse Dich, wie Du bist.« Wenn Du geduldig bist, zuhörst, Interesse zeigst und mögliche Vorurteile nicht gelten läßt, schaffst Du die beste Atmosphäre für einen ganz persönlichen Austausch. Geduldigsein ist auch ein Beitrag zum Frieden und zur körperlichen Gesundheit, und es wird somit zu einem wichtigen Erziehungsziel.

- »Das 13. Schuljahr liegt schon 15 Jahre hinter mir. Neulich war ich krank und hatte Zeit, über vieles nachzuden-

174

ken, auch darüber, wie mein Leben so gelaufen ist. Ich habe viele Begegnungen, Situationen und »Zufälligkeiten« erkannt, die meinem Leben Richtung und Inhalt verliehen haben. Für vieles bin ich rückblickend dankbar. Plötzlich kam mir die Idee, meinen Französischlehrer anzurufen. Es dauerte etwas, bis er mich erkannte. 15 Jahre sind eine lange Zeit für einen Lehrer, der jedes Jahr neue Schüler sieht. Unser Gespräch lief ungefähr so: »Wo hast Du denn in der Klasse gesessen?« Ich antwortete: »Normalerweise vorne rechts in der dritten Reihe. Neben mir saß meistens der Wilhelm Massel. Ich hatte blonde Haare, saß meistens kerzengerade.« »Ja, ich weiß wieder, wer Du bist«, sagte mein ehemaliger Lehrer, »was kann ich für Dich tun?« »Sie können nichts für mich tun«, entgegnete ich, »ich wollte Ihnen nur sagen, wie wichtig Sie in meinem Leben gewesen sind. Französisch war nicht meine Stärke. Sie haben mir, aber auch allen anderen, die korrigierten Hausaufgaben mit einem freundlichen Blick in den Augen und einem Lächeln wieder zurückgegeben. Auch wenn die Note nicht so gut war, die Sie dazu geschrieben hatten, so hatte ich durch Ihre geduldige Art, mit mir und mit uns umzugehen, nie das Gefühl, daß Sie unzufrieden mit mir waren. Es war, als ob Sie mir sagten: »Du schaffst das schon, laß mal wachsen.« Ich glaube, daß ich für Sie nichts Besonderes war, aber Sie waren für mich etwas Besonderes. Dadurch, daß Sie mich nie unter Druck gesetzt haben und immer geduldig signalisierten, es wird schon werden, habe ich mich immer angestrengt und nie eine Stunde geschwänzt. Französisch wurde später meine Lieblingsfremdsprache. Jetzt wohne ich 60 km nördlich von Paris und leite dort ein Weinexportgeschäft. Heute war ich krank und hatte Zeit, über meine Lebensgeschichte nachzudenken. Ich habe erkannt, welch eine ermutigende Kraftquelle Ihre Geduld mit mir, mit uns gewesen ist.« Er hat erzählt, wie sehr ihn diese Rückmeldung freut und wie selten es ihm passiere, daß jemand

175

noch einmal Kontakt mit ihm aufnimmt. Er stehe jetzt kurz vor der Pensionierung und freue sich riesig, in dieser Art auf den Nutzen seiner Arbeit hingewiesen zu werden. Ich war angetan von seiner Reaktion und habe mir vorgenommen, mit meinem Personal, meinen Kindern und meiner Frau geduldiger zu sein.«

Geduldigsein wird in unserer westlichen, leistungsbezogenen und geschäftlichen Welt selten als nützlich betrachtet. Schließlich haben Geduld und Ungeduld etwas mit Zeit zu tun, und Zeit ist Geld und Ware zugleich. Zeit kann man gewinnen, verlieren, vergeuden. Man kann einem anderen seine Zeit stehlen oder sie ihm schenken. Wer wenig Zeit hat, ist wichtig, und wichtig zu sein, ist wichtig, oder?

Phillip Lersch gibt folgende Anmerkung zum Thema:

> Geduld und Ungeduld sind Einstellungen zum Verlauf der Zeit im Hinblick auf die Erwartungen, die wir an den Gang der Geschehnisse stellen. Dem Ungeduldigen vergeht die Zeit zu langsam, er möchte ihr Joch abschütteln und den Zeiger vorrücken. Der Geduldige dagegen besitzt die Fähigkeit, seine Erwartungen mit dem Gesetz des zeitlichen Verlaufs in Einklang zu bringen. Die Geduld erweist sich einerseits im bloßen Wartenkönnen auf etwas, wobei wir untätig bleiben und lediglich die Zeit heranreifen lassen. Diese passive Form der Geduld bewährt sich im Ertragen von Unzulänglichkeiten des Daseins, von Entbehrungen, Krankheiten usw. Es gibt aber auch eine aktive Variante der Geduld, eine Geduld im Handeln. Sie bewährt sich in der Unermüdlichkeit tätiger Bemühungen, wobei die Erwartung des Erfolges sich durch auftauchende Schwierigkeiten oder Mißerfolge ... nicht beirren läßt.

176

Hinweis in einer Behörde: »Sie
müssen 13 Muskeln bewegen,
um die Stirn zu runzeln, und
nur zwei, um zu lächeln.
Warum also sich anstrengen?«

4.5. Der freundliche Blick

Unsere Augen nehmen nicht nur auf - Licht, Farben, Nähe,
Ferne und Bewegung -, sondern wir deuten und verinnerlichen
die Bedeutung dessen, was wir wahrnehmen, treten aktiv mit
den Mitmenschen in Kontakt und vermitteln ihnen mit einem
Höchstmaß an Nuancen die Bedeutung, die sie für uns haben.
Wir können mit Hilfe der Augen fast alle Gemütsverfassungen
vermitteln. (»Augen« bedeutet hier: der mimische Ausdruck
speziell dieser Region.) Der Blick - das Wort bedeutete ursprünglich: aufleuchten, heller Lichtstrahl - lebt in der Sprache
ein eigenständiges Leben: Er ist ruhig, gütig, liebevoll, streng,
strafend, herablassend; er verhärtet sich, läßt nicht los, dringt
ein, bohrt, funkelt, blitzt, zerschmettert, liebkost und tastet,
durchdringt, nimmt gefangen, sendet Einladungen aus und
nimmt die Antworten auf. Das Auge ist wohl das wichtigste
Kontaktorgan zur Außenwelt.

Michael Argyle hat festgestellt, daß zwei Personen, die miteinander sprechen, sich während 30 bis 60 % der Zeit in die
Augen schauen; sind sie durch besonders intensive Gefühle
miteinander verbunden - Liebe oder Haß -, so überschreitet die
Dauer des Blickkontaktes diesen Zeitraum. Man läßt sich sozusagen nicht aus den Augen.

Normalerweise ist die Kontaktaufnahme mit den Augen nur
ganz kurz. Je länger und intensiver der Blick ist, desto mehr
drückt er ein echtes Interesse aus. Beim Zuhören schaut man
dem Partner öfters in die Augen als beim Sprechen. Ein freundlicher Blick, den wir bei mutigen positiven Personen finden,
wird von dem aufrichtigen Wunsch getragen, anderen für ihre
Anstrengungen, ihre Erfolge Anerkennung, Einverständnis und
Bestätigung zu vermitteln und ihnen den Glauben an sie oder

die Freude über ihr Dasein mitzuteilen. Der freundliche Blick ist nicht starr, nicht unbeweglich, sondern wandert von einem Auge zum anderen und geht mit einem Lächeln einher. Er signalisiert die Offenheit für das Anliegen des anderen. Der freundliche Blick kann in einer schwierigen oder peinlichen Situation entwaffnend, entspannend oder entschuldigend wirken. Die Tür zur Begegnung öffnet sich. Obwohl der freundliche Blick eine selbständige, ermutigende Funktion haben kann, sind die meisten anderen ermutigenden Haltungen und Fähigkeiten ohne ihn kaum denkbar.

Der freundliche Blick zeigt Interesse und wirkt einladend. Verbunden mit einem Nicken ermutigt er zum Sprechen oder zum Weitersprechen.

- »Er kam zum ersten Mal in den Hörsaal. Die Studentinnen und Studenten waren unruhig. Es war seine erste Vorlesung. Unsicher blätterte er in seinen Unterlagen und fing stotternd an, seine Vorlesung zu halten. Seine Zuhörer waren wenig interessiert. Dies machte ihn noch unsicherer. In der fünften Reihe entdeckte er ein junges Mädchen in einem Sommerkleid. Mit ihren klaren Augen schaute sie ihn freundlich an und nickte zu dem, was er sagte. Sie hörte zu und zeigte Interesse. Sein Selbstvertrauen kehrte zurück. Er fühlte sich ernstgenommen. Mit mehr Freude und Überzeugung setzte er seine Vorlesung fort und stellte fest, daß auch die anderen Anwesenden jetzt mehr Interesse zeigten. Das Mädchen in der fünften Reihe hatte ihn ermutigt und seine Situation gerettet; er war ihr unendlich dankbar.

  Als sie für längere Zeit nicht in seinen Vorlesungen erschien, erkundigte er sich nach ihr und erfuhr, daß sie sich das Leben genommen hatte. Er war bestürzt, denn er hätte ihr schon so lange sagen wollen, was sie in der ersten Vorlesung für ihn bedeutet hatte. Er wollte sie ermutigen, diese ihre Fähigkeit Zuzuhören, Interesse zu zeigen, Bestätigung zu vermitteln und gutgemeinte Versuche anderer anzuerkennen im Dienste ihrer Mitmenschen weiterzuentwickeln. Er suchte Kontakt mit den Eltern. Während des Gesprächs kam er zu dem Schluß, daß das Mädchen von den Eltern wirklich geliebt wurde. Er begriff jedoch auch, daß sie sich nicht geliebt fühlte. Sie hatte ihrer von Gott gegebenen Einmaligkeit hier auf Erden ein Ende gemacht.

Je mehr er über dieses Ergebnis nachdachte, um so schreiender wurde die Frage in ihm: »Was machen wir eigentlich mit den uns anvertrauten Schülern und Studenten? Wir bringen ihnen bei, wie sie lesen, schreiben, rechnen sollen. Aber von wem sollen sie dann lernen, wie sie mit ihren einmaligen, wunderbaren Fähigkeiten im Dienste einer sich ständig entwickelnden Gesellschaft glücklich leben sollen?«

Er fing an, Vorlesungen über Liebe zu halten. Vorlesungen ohne Erscheinungspflicht und ohne Noten. Nie war der Hörsaal so voll gewesen wie während dieser Vorträge. Es kamen Eltern, Verwandte, Freunde und manchmal sogar Großeltern mit. Er mußte sie zusammenrücken lassen. Liebe, so lehrte er, muß praktiziert werden. Sie muß sich ausdrücken auch in Körperkontakt, in Freundlichkeit, in Geduld, in Blickkontakt, in Interesse für andere, in Fragenstellen und in Dienstbarkeit, ohne dafür etwas zurückzuverlangen. Nie wurde eine Vorlesung abgeschlossen, ohne daß die Anwesenden Vorsätze gemacht hatten über die Art, wie sie in der kommenden Woche Liebe ausdrücken wollten. Am meisten lag ihm daran, jedem einzelnen zu vermitteln, daß er einzigartig ist, und seine Überzeugung und Begeisterung führten dazu, daß jeder einzelne wußte: »Ich bin wichtig, wertvoll und liebenswert. Ich mag mich selbst so, wie ich jetzt bin und werden kann. So wie ich bin, bin ich wunderbar.«

Durch seine Vorlesungen über Liebe hat sich sein Leben geändert. Aber wie wäre es verlaufen, wenn er den freundlichen Blick des Mädchens in der fünften Reihe nicht empfangen hätte?«

- »Ein junger Mann fährt im Linienbus von seiner Arbeit nach Hause. Er ist sehr bedrückt, sehr enttäuscht, hat keine Ziele und sieht keinen Sinn in seinem Leben. Er hat klare Vorstellungen, wie er anschließend, wenn er nach Hause kommt, seinem Leben ein Ende setzen wird. Seine Welt ist klein und düster, aber nicht so klein, daß er bei der Bushaltestelle nicht die junge Frau wahrnimmt, die auf den nächsten Bus wartet. Sie ist glücklich, mit sich und der Welt zufrieden und schaut ihn durch das Fenster nur ganz kurz an. Drei Tage später, als der Bus wieder an dieser Haltestelle hält, steigt der junge Mann aus, weil er die Frau erkannt hat, die ihm sein Leben gerettet hat. Er geht auf sie zu, stellt sich vor, erzählt seine kleine Geschichte, die so lautet: »Als Sie mich angeschaut haben mit ihrem freundlichen Blick, in dem so viel Vertrauen lag, wußte ich plötzlich, daß das Leben einen Sinn hat. Ich danke ihnen dafür.«

Noch ein Zitat zu diesem Thema:

Ich sehe dich an   ich zögere
und weiß   und bei dir
du brauchst   fällt leise
nur einen Blick   die kaum
der dich ermuntert   geöffnete
dich zu öffnen   Tür
dich anzuvertrauen   ins Schloß«
herauszutreten

aus: »Geh'deinen Weg«
M. Bickel/H. Steigert

4.6. Die freundliche Stimme

Wenn Du Deine freundliche Stimme bewußt einsetzt mit dem
aufrichtigen Wunsch, die Lebensatmosphäre positiv zu gestalten, dann verwendest Du auch eher freundliche Worte und hast
einen freundlichen Gesichtsausdruck. Diese Verhaltensweisen
sind Ausdruck einer freundlichen Haltung. Umgekehrt wird die
freundliche Haltung durch die Entscheidung, eine freundliche
Stimme und einen freundlichen Blick zu praktizieren, gefördert.

Diese freundliche Art zu sprechen ist der Magnet der Menschenherzen. Mit Deiner freundlichen Stimme drückst Du aus,
daß der andere willkommen ist und daß Du gerne mit ihm zusammen bist. Die freundliche Stimme drückt Wohlwollen aus
und kann Angst zum Verschwinden bringen. Sie hebt die
Stimmung. Eine unfreundliche Stimme drückt strenge Beleh-
rung, aber auch Unpersönliches, Gefühllosigkeit aus. Sie
schüchtert ein, weckt Schuldgefühle, macht unsicher und sagt:
»Du bist nicht gut genug« oder: »Ich bin mit Dir unzufrieden«
oder: »Du bist mir lästig, geh weg.«

Das bewußte Arbeiten mit der freundlichen Stimme führt
Dich zu der Erkenntnis, daß Du Einfluß auf die eigene Stimme
und damit auf Deine Stimmungslage hast. Es macht Freude,
damit zu experimentieren und zu erkennen, wie kreativ man in
diesem Bereich sein kann. Dies stärkt das Selbstvertrauen.
Jeder, der mit dem richtigen Beweggrund seine freundliche
Stimme einsetzt, erlebt, daß sich seine Gesichtszüge bereits vor
dem Sprechen einladend verändern und daß sich eine bejahende
innere Haltung entwickelt. Die freundliche Stimme sagt mehr
über die Qualität der Beziehung, als der Inhalt der Worte je
sagen kann. Wenn Du jemandem einen Wunsch abschlagen

mußt und Deine Stimme dabei echtes Bedauern ausdrückt, dann ist Deine Botschaft im wesentlichen positiv. Die bewußte Arbeit mit dieser ermutigenden Fähigkeit führt dazu, daß auch Du für die Funktion Deiner eigenen Stimme sensibler wirst. Du erkennst, wie die Stimme die verschiedensten Stimmungslagen wie Intimität, Herzlichkeit, Fröhlichkeit, aber auch Strenge, Forderung, Wut und Kälte vermittelt. Diese Erfahrungen führen automatisch dazu, daß Du auch in Selbstgesprächen freundlicher zu Dir selbst wirst. So wird nicht nur die Qualität des Zusammenseins mit anderen sondern auch mit Dir selbst durch die Freundlichkeit der Stimme und die positive Wahl der Worte günstig beeinflußt.

- »Ich habe geübt, mit freundlicher Stimme zu reden und habe gemeint, es wäre eine leichte Aufgabe. Ich war nämlich davon überzeugt, vom timbre her eine dunkle und freundliche Stimme zu haben. Man hatte mir zwar schon mal gesagt, ich hätte eine harte, scharfe oder bestimmende Stimme, aber ich empfand das selbst natürlich nie so, vor allem, da ich ja beruflich als Krankenschwester eher ruhig und freundlich sprechen soll(te). Ich habe mich sehr gewundert, als ich anfing, mir selbst zuzuhören und dabei durchaus unerfreuliche Töne entdeckte, und zwar immer dann, wenn ich in Hektik geriet oder etwas durchsetzen wollte. So nahm ich erst einmal meine Stimme gegenüber den Patienten unter die Lupe. Hier lag das Problem schnell offen: Keine Mühe, freundlich guten Morgen zu wünschen und nach dem Befinden zu fragen. Aber kaum setzen Widerstände ein, etwa wenn sich meine alten Patienten »sperren«, wenn sie aufstehen oder den Löffel in die Hand nehmen sollen, und bei mir dazu noch die Zeit drängt, da wird die Stimme schon unmelodisch, auch wenn meine Wortwahl noch freundlich und höflich bleibt. Ich habe manchen Satz zweimal gesagt: einmal wie gehabt, dann noch einmal freundlich. Das war tatsächlich ein Stück Arbeit, weil sich dahinter ja eine Einstellungsveränderung verbirgt. Nicht: »Du mußt tun, was ich Dir sage, weil ich weiß, daß das so richtig ist und weil ich wenig Zeit habe. Tu es also sofort«, sondern: »Ich verstehe, daß Sie nicht gerne aus dem Bett mögen, weil jedes Gelenk weh tut und die Nacht schlecht war, doch es ist wichtig, daß Sie sich bewegen, dann tun auch die Gelenke nicht mehr so weh. Ich habe auch beobachten können, daß Patienten es annehmen, wenn ich mit freundlicher Stimme sage: »Heute kann ich nicht soviel Ruhe bringen. Ich habe gerade Zeit, nach dem Rechten zu sehen. Die nötigen Handreichungen wird in aller Ruhe die Schülerin machen. Ich habe nämlich zur Zeit große Probleme mit Schwerkranken, zu denen ich andauernd hin muß, und diese brauchen meine ganze Kraft.« Meist bekomme ich dann sogar ein freundliches Wort, mit freundlicher Stimme gesprochen, das mir guttut und zeigt, daß die Patienten sogar Verständnis für meine Lage haben.«

Noch ein Beispiel:

- »Wenn ich im Büro arbeite, bin ich sehr konzentriert. Telefonate stören mich. Ich habe jetzt angefangen, die Unabwendbarkeit der hereinkommenden Telefonate zu akzeptieren und mit freundlicher Stimme zu sprechen. Es ist fast unglaublich, wie sich die Qualität der Gespräche dadurch geändert hat. Wo früher das Telefonieren gleichbedeutend war mit Streß und das Klingeln des Telefongerätes mir sofort einen Druck auf den Magen vermittelte, ist jetzt das Klingeln des Telefons mit dem inneren Signal »Freundliche Stimme, Hurra« gekoppelt. Der Preis, den ich dafür bezahle, ist, daß meine Klienten länger als sonst mit mir reden wollen und mir auch Persönliches erzählen, was eigentlich nicht zu unserem Gesprächsthema gehört. Die feundliche Stimme wirkt wie weit ausgebreitete Arme.«

4.7. Das Gute erkennen

Das Gute erkennen ist die Fähigkeit, die den Menschen zum
Optimisten macht. Nach dem »Duden« ist die Bedeutung von
»optimistisch« nichts anderes als »das Gute sehend«. Optimismus ist eine »Lebensauffassung, die alles von der besten Seite
betrachtet.« Es ist eine positive Urteilsaussage über das, was
von der Zukunft zu erwarten ist. Da die Zukunft zu viele unbe-
rechenbare Möglichkeiten enthält, um sie mit objektiver Sicherheit voraussehen zu können, beruht die optimistische Beurteilung immer auf einer subjektiven Gewißheit. In der optimistischen Haltung wird dem, was unbestimmt ist, mit Hoffnung
und Zuversicht entgegengesehen. Dies kann von Situation zu
Situation verschieden sein. Das eine Mal sind unsere Fähigkeiten, das Gute zu sehen, dankbar zu sein oder die Fortschritte,
die die Zukunft positiv mitgestalten, anzuerkennen, größer als
in einer anderen Situation. Die optimistische Haltung kann jedoch auch in der grundsätzlich günstigen Beurteilung dessen,
was zu erwarten ist, zum Ausdruck kommen nämlich dann,
wenn Optimismus zur Dauerhaltung geworden ist.

Wer das Gute erkennt, blickt mit Vertrauen auf die Dinge,
die kommen mögen. Was nun genau in den Wechselfällen des
Lebens jeweils das Gute ist, ist schwer zu sagen, aber je mehr
Du versuchst, es zu erkennen, desto deutlicher und selbstverständlicher wird es werden, auch wenn die Beurteilung noch so
subjektiv und für andere nicht immer nachvollziehbar ist, wie
im Leben des Veilchens. Es hatte sich auf den ersten Blick in

die junge Schäferin verliebt und hoffte, von ihr gepflückt und an ihr Herz gedrückt zu werden. Aber ach, das Mädchen beachtete das Veilchen nicht und zertrat es. Da freute sich das Veilchen noch im Sterben: »...und sterbe ich denn, so sterbe ich doch durch sie, zu ihren Füßen.«

Wo der eine noch etwas Gutes erkennt, sieht der andere nur noch das Drama.

Wenn Du das Gute im Leben erkennen willst, mußt Du Dich entscheiden, es erkennen zu wollen. Du gehst dann davon aus, daß es das Gute gibt, und Deine Sinne sind für die Wahrnehmung des Guten bereit. Durch diese Entscheidung wird die Welt in Dir sonniger, ob die Aufgaben schwer oder leicht sind. Wenn Du Dich für das Gute öffnest, fühlst Du, daß das Leben in Ordnung ist, daß Du trotz allem vom Guten umgeben bist. So wirst Du Dir immer wieder die Frage stellen: »Was ist gut an dieser Situation, an dieser Person?« Du wirst jeder Sache und jeder Person etwas Gutes abgewinnen und sogar in dem, was andere negativ nennen würden, einen Sinn erkennen.

So gibt es auch vieles, um dankbar zu sein. Wenn Du umgekehrt die Bereitschaft zur Dankbarkeit entwickelst, dann gibt es überall etwas Gutes zu erkennen. *Dankbarkeit ist wie »das Gute erkennen« der Ausdruck einer optimistischen Grundhaltung.* Es gibt ganz grundlegende Gründe für Dankbarkeit. Es gibt Grund für die Dankbarkeit, überhaupt geboren zu sein. Das heutige Wissen, daß Empfängnis ein von Zufällen abhängiges Wunder ist, rechtfertigt diese Einstellung noch mehr. Auch die Dankbarkeit dafür, daß Du noch lebst in einer Welt, in der Du durch Autofahren, Straßenüberqueren und Flugzeugreisen von so vielen Gefahren umgeben bist, kann Dir die Einsicht vermitteln, daß das Leben ein dauerndes Geschenk ist. Wo die Unzufriedenheit mit dem Gedanken zusammenhängt, daß wir es besser hätten haben können, dort ist auch das Gegenteil gerechtfertigt, nämlich der Glaube daran, daß alles auch schlimmer sein könnte. Es kann eine gute Hilfe sein, sich in einer schlimmen Lage zu fragen: »Wofür bin ich jetzt dankbar, wenn ich davon ausgehe, daß alles auch schlimmer hätte sein können?« Durch die Dankbarkeit verschwinden viele Ängste und Spannungen, und wir entdecken, daß wir Zeit haben, Zeit für vernünftige Überlegungen, Zeit zu verstehen, zu spielen, Krankheiten zu verhüten oder zu heilen, Zeit zu lachen und Zeit zu leben. Indem Dankbarkeit uns Zeit schenkt, öffnet sie uns auch ein Leben voller Schönheit.

Wenn Du das Gute in anderen siehst und erwähnst, machst Du Türen auf, wo bisher Mauern waren. Wenn Du überdies an das Gute glaubst, das im anderen vorhanden, aber noch nicht erkennbar ist, dann förderst Du das Wachstum. So fängst Du an, in Zuneigung zu denken: »Du darfst sein, so wie Du bist, weil Du so, wie Du bist, gut genug bist. Du bist wichtig, wertvoll und liebenswert.« Aus dieser Grundhaltung heraus hat fast jedes Signal einen Ermutigungswert. Wenn Du damit lebst, an das Gute zu glauben, das Gute zu erkennen, das Gute zu erwähnen, dann kommt Dir am Ende des Tages ganz von selbst die Frage: »Was war gut am heutigen Tag, und was kann ich morgen besser machen?«

Wenn Du das Gute erkennen willst, wirst Du notfalls Deinen inneren Dialog bewußt positiv steuern und Dich von innerem Hader und von Verleumdungen fernhalten.

- »Seit einigen Jahren habe ich ein Problem mit einer alten Freundin. Sie ist über achtzig, quicklebendig, geistig rege und an allem interessiert. Unterhaltungen mit ihr sind immer sehr anregend. Ich habe sie wirklich sehr gern. Sie spricht aber sehr, sehr laut, und ich habe ein sehr gutes Hörvermögen. Aus diesem Grunde habe ich sie auch nicht zu mir eingeladen; es blieb bis jetzt bei Telefonaten, da kann ich den Hörer in Abstand halten. Nun bin ich zur Zeit bei meiner Tochter in Bonn, wo auch sie wohnt, und ich ertappte mich bei folgendem Selbstgespräch: »Soll ich sie besuchen? Nein, das geht nicht. In ihrer kleinen Wohnung halte ich die laute Stimme nicht aus. Ich werde sie anrufen. Tja, aber dann sehe ich sie nicht und wer weiß, sie ist ja schon alt. Dann kann ich sie auch nicht in den Arm nehmen. - Hhm - Andererseits bin ich ja auch dankbar, daß ich sie kenne, daß sie noch gesund ist, ich habe durch sie so viel gelernt. Ich nehme eigentlich eine laute Stimme wichtiger, als die Freude, einem lieben Menschen zu begegnen. Ist sie für mich denn nur eine laute Stimme? Nein, eigentlich ist das doch gar nicht wichtig. Sie ist wichtig für mich. Sie zu sehen, zu spüren, teilzuhaben an ihrer Welt, sich im Gespräch anzuschauen, das zählt!« Schließlich ging ich zu ihr und weiß wirklich nicht, ob sie leiser sprach oder ich andere Ohren hatte. Den ganzen Nachmittag war mir das Problem überhaupt nicht bewußt; es war verflogen und wie niemals dagewesen. Ich weiß aber, was geschah: Ich hatte meine Einstellung geändert.«

Folgendes Beispiel gibt für die ermutigende Fähigkeit, das Gute zu erkennen, die Richtung an.

- »Es geschah eines Tages zur Zeit Christi ..., daß Er an einem toten Hund vorbeikam, einem übelriechenden Kadaver, widerlich anzusehen, mit faulen Gliedern. Einer seiner Begleiter sagte: »Wie faul ist sein Gestank!« Ein anderer meinte: »Wie ekelerregend, wie abscheulich!« Kurzum, jeder hatte etwas hinzuzufügen.
Aber dann sprach Christus selbst zu ihnen: »Sehet die Zähne des Hundes an! Wie strahlend weiß sie sind!« Der sündenbedeckende Blick des Messias verweilte keinen Augenblick lang auf dem Widerwärtigen des Aases. Der einzige Teil des Kadavers, der keinen Abscheu erregte, waren seine Zähne, und Jesus schaute auf ihren Glanz. So sollten wir, wenn wir unseren Blick auf andere Menschen richten, das sehen, worin sie sich auszeichnen, und nicht das, worin sie versagen.«

Jeder, der sich vornimmt, mehr das Gute zu erkennen, wird feststellen, daß er das gar nicht kann, ohne auch das Negative wahrzunehmen (Kadaver und Zähne), denn um das Gute zu erkennen, mußt Du zuerst auswählen. Du nimmst also immer das Ganze wahr und betonst das Gute. Dies ist eine wichtige psychohygienische Maßnahme, denn die Aufforderung, das Positive im Leben und insbesondere an Deinem Mitmenschen zu erkennen, ist keine Aufforderung, ohne Unterscheidungsvermögen und mit Naivität durch das Leben zu gehen. Dann wären wir ja wieder in dem vorbewußten Zustand, in dem Adam und Eva sich befanden, bevor sie von dem Baum der Erkenntnis von Gut und Böse gegessen hatten. Gerade diese Fähigkeit, zu unterscheiden zwischen dem, was gut und böse, was uns zugute kommt oder was uns schadet, ist eine der zentralen Fähigkeiten, die uns zum Menschen macht.

Wir haben auch die Fähigkeit zu verdrängen, d.h. die Realität nicht wahrhaben zu wollen. Wenn wir aus mehreren Erfahrungen wissen, daß jemand uns Böses will, so können wir trotzdem das Gute in ihm sehen, aber wir sollen nicht naiv (gutgläubig, kindlich unbefangen) jedesmal wieder in das offene Messer laufen.

Es gibt Betrüger, Diebe, Mörder usw.; es gibt Gefahren der Umwelt, und es wäre naiv, sie auszublenden. Es gibt Verfehlungen, die wir selbst geneigt sind zu wiederholen oder auch Unfähigkeiten, die uns und anderen schaden, wenn wir sie nicht wahrhaben wollen, und es gibt das Leid, die Prüfungen, an denen wir wachsen können. Es ist besser, für all dies ein offenes, verständnisvolles Herz und einen klaren Kopf zu haben, als uns mit der Konzentration auf das Positive selbst zu betrügen und zu schädigen.

Wie soll man nun das Positive, das Gute erkennen, wo es eindeutig nicht vorhanden ist? Das Positive liegt dann wohl in den Lernprozessen, in dem Sinn, welchen das Leid oder die erkannte Chance für unsere Entwicklung bietet.

4.8. Versuche und Fortschritte anerkennen

Die erstrebenswerte Fähigkeit »Versuche und Fortschritte anzuerkennen« ist wie das Erkennen des Guten und die Dankbarkeit ein Ausdruck des Optimismus und führt dazu, daß Menschen sich gerne in Deiner Nähe aufhalten.

- »In einem chinesischen Zirkus der Spitzenklasse, den ich besuchte, waren die Leistungsziele so hoch gesteckt, daß ein fehlerfreier Ablauf fast unmöglich war. Wenn ein Fehler gemacht wurde, erkannte ich in der Haltung des betreffenden Artisten einen positiven, ermutigenden, inneren Dialog, mit dem er sich erneut an seine Aufgaben machte. Das wohlwollende Publikum applaudierte zu Anfang des zweiten Versuchs begeisterter als bei einem Ersterfolg einer anderen Übung. Es drückte sein Verständnis dafür aus, daß Ergebnisse die Folge sind von Anstrengung, von Arbeit und von immer erneuten Versuchen.«

Wer Versuche und Bemühungen anerkennt, der ermutigt, weil er die im anderen schon vorhandene Kraft belebt und das Weitermachen fördert. Er zeigt damit Interesse an seinem Leben. Er spürt dieses Interesse. Fortschritte zu sehen führt weg vom Perfektionsanspruch. Es geht dann nicht mehr darum: »Wo warst Du erfolgreich?«, sondern: »Wo geht es schon besser?« Lob vermittelt das Gefühl: »Ich bin nur gut, wenn ich erfolgreich am Ziel angekommen bin« und macht eher Angst als Mut. Wer Versuche und Fortschritte anerkennt, kommt weg von der Fehlerbezogenheit. So funktioniert eine gute Beziehung. Wenn Kinder anfangen zu laufen, finden Eltern es selbstverständlich, die Versuche anzuerkennen. Manchmal lachen Eltern und Kinder zusammen, wenn ein Kind fällt. Man betrachtet das Hinfallen als etwas Selbstverständliches, als normal im Rahmen des Lernprozesses. So können auch wir selbst Fehler als eine Stufe auf dem Wege der Entwicklung betrachten.

Die Selbstermutigung durch die Anerkennung der Versuche und Fortschritte macht den Menschen unabhängiger vom Urteil anderer. Im Anerkennen von Versuchen und Fortschritten liegt trotz der gemachten Fehler, trotz des verpaßten Erfolges eine Grundhaltung der Nachsicht und der Geduld. Dieses Geltenlassen ist trotz aller Unzulänglichkeiten vom Verständnis und der Bejahung all dessen getragen, was menschlich ist.

- »Mein Sohn Martin geht äußerst ungern zum Schulschwimmen. Er hat ständig einen »Frosch im Hals« und bekommt im Notfall sogar Fieber, wenn ich mich nicht erweichen lasse, eine Entschuldigung zu schreiben. (Auch vielen anderen unangenehmen Situationen weicht er, wenn irgend möglich, aus.) Da es öfters heiße Diskussionen über dieses Thema gibt, versuchte er nach Teilnahme an meinem Ermutigungsprogramm das Problem mit dem Zielsatz: »Ich gehe gerne zum Schulschwimmen« anzugehen. - Nun war es soweit, der Schwimmunterricht stand bevor. Wie üblich fing er wieder an zu lamentieren. Ich erinnerte ihn an seinen Zielsatz und daran, daß ich nicht für ihn lügen will, aber bereit bin, seine *eigene und ehrliche* Entscheidung zu akzeptieren. Wenn er glaubt, aus gesundheitlichen Gründen nicht gehen zu können, so schreibe ich auch die nötige Entschuldigung - die Verantwortung dafür hat er aber selbst zu tragen. Es gab noch einiges hin und her - x-mal hörte ich ihn laut sagen: »Ich gehe gerne zum Schulschwimmen!« Am nächsten Tag hatte er sich zum Gehen durchgerungen. Natürlich freute ich mich über seinen Mut und seine Charakterstärke und sagte ihm das auch: »Weißt Du, eigentlich habe ich Dir bisher viel zu wenig zugetraut. In meinen Gedanken warst Du immer noch der kleine Junge - aber nun hast Du mir gezeigt, daß Du durchaus in der Lage bist, selbst für Dich zu entscheiden und selbstverantwortlich zu handeln, das finde ich ganz prima! Ich bin stolz auf Dich!« Er selbst fühlte sich, seiner Aussage nach, ganz gut - und so

190

schlimm war das Schwimmen eigentlich gar nicht. Inzwischen hat er auch in anderen Lebensbereichen »gezielte« Fortschritte gemacht.«

Den Wind kann man nicht verbieten, aber man kann Mühlen bauen.
Aus Holland

4.9. Selbstverantwortliches Handeln

Ein Beispiel:

- »Als ich mir vorgenommen hatte, mit der erstrebenswerten Fähigkeit »selbstverantwortliches Handeln« zu arbeiten, wurde mir eine Testsituation geboten. Ich bekam einen Anruf mit der Bitte, bei der Schulabschlußfeier den Jugendlichen ein »paar Worte« mit auf den Weg zu geben (ich bin 2. Elternbeiratsvorsitzende in der Realschule meines Sohnes). Ich war sehr erschrocken, und es gingen mir eine Menge Ausreden und Alibis durch den Kopf - doch dann erinnerte ich mich an meinen Vorsatz und sagte zu. Ich habe noch nie vor einem Rednerpult gestanden und vor etwa 300 Leuten gesprochen. Ich empfand es als eine ungeheure Aufgabe. Ich bereitete mich darauf gründlich vor, konnte aber in den noch verbleibenden 14 Tagen an fast nichts anderes mehr denken als an meine Rede. Inzwischen bekam ich auch noch die ehrenvolle Aufgabe, ein Gedicht aufzusagen, und da ich zu seinem Inhalt nicht ganz stehen konnte, habe ich wohl oder übel ein paar Sätze hinzugefügt.
Ich habe mich mit meinen Erkenntnissen aus dem Encouragingtraining ganz gezielt aufgebaut, und alles ging, zwar mit Herzklopfen und Kniezittern, sehr gut. In meiner Rede habe ich den Kindern Mut gemacht für ihre Zukunft,

191

ich habe über Ziele gesprochen, über die Kraft der Erwartung, über die Wichtigkeit einer positiven Selbsteinschätzung und wie man das Gute in sich und anderen erkennen kann. Zum Abschluß las ich dann noch ein Gedicht vor: »Was bin ich ohne die anderen?« Die Resonanz
war allgemein sehr positiv. Das hat mich ermutigt, und
obwohl ich eine Wiederholung nicht anstrebe, weil es
mich zu viele Nerven kostet, weiß ich jetzt: Auch das
kann ich.«

Wenn Du selbstverantwortlich handeln willst, mußt Du
Deine Vollkommenheitsansprüche aufgeben und wissen: »Ich
kann immer etwas tun, auch wenn ich nicht sofort die richtige
Lösung weiß«. Je mehr Du nach Vollkommenheit strebst, desto
größer ist auch die Angst vor Fehlern und desto kleiner ist der
kreative Handlungsspielraum. Kopfschmerzen, Müdigkeit, verschiedenste Stimmungen und keine Zeit haben sind die am meisten vorkommenden Alibis, um der Verantwortung für das
Handeln zu entfliehen. Alibis versperren Dir die Sicht. Wenn
Du selbstverantwortlich handeln willst, wirst Du Deine Verantwortung erkennen, und diese wird Dich zum Handeln führen. Selbstverantwortlich handeln ist manchmal unbequem. Du
mußt zu dem stehen, was Du tust. Wenn Du selbstverantwortlich handelst, kehrst Du vor der eigenen Tür und beantwortest
immer wieder die Frage: »Was kann ich jetzt tun, anstatt mich
zu ärgern, mich ungerecht behandelt zu fühlen, wie gelähmt
dazustehen, auf Lösungen von außen zu warten?« In diesem
Zusammenhang hat mich schon als Kind folgende Fabel sehr
beeindruckt.

- »In einem reifen Kornfeld wohnen Mutter Maus und
  Tochter Piepmaus. Eines Tages ging Mutter in die Stadt,
  um Einkäufe zu tätigen und sagte zu Piepsi: »Achte gut
  auf alles, was passiert, verlasse das Haus nicht, und erzähle mir genau, was passiert ist, wenn ich zurückkomme.
  Als die Mutter zurückkam, war Piepsi in Panik. Sie er-

zählte: "Der Bauer war hier am Kornfeld, hat sich an seinem Bart gekratzt und gesagt: »Das Korn ist reif, ich muß meinen Nachbarn bitten, mir zu helfen, damit wir morgen anfangen können zu mähen.« Die Mutter atmete einmal tief durch und sagte: »Entspanne Dich Piepsi, es ist alles in Ordnung.« Als Mutter am nächsten Tag wieder vom Einkaufen aus der Stadt zurückkam, fand sie Piepsi wieder in höchster Aufregung vor. »Mutti, Mutti, der Bauer war wieder hier, er hat sich am Kopf gekratzt und gesagt: "Es ist wirklich höchste Zeit, das Korn muß gemäht werden, ich werde meinen Sohn anrufen, damit er mir morgen hilft, das Korn zu mähen.« Mutter atmete einmal tief durch und sagte: »Entspanne Dich Piepsi, es ist alles in Ordnung.« Am dritten Tag, als Mutter aus der Stadt zurückkam, war Piepsi nicht mehr aufgeregt, und Mutter mußte fragen, ob etwas Besonderes passiert wäre. »Nein, eigentlich nicht«, sagte Piepsi, »nur der Bauer war wieder da, hat seine Hände ineinander geschlagen und gesagt: "Es ist höchste Zeit, ich werde morgen anfangen, das Korn zu mähen.« Mutter atmete tief ein, schaute Piepsi streng an und sagte: »Packe Deine Sachen, wir müssen weg.«

Die Frage: »Was kann ich jetzt tun?« macht den Menschen zum Schöpfer und führt ihn weg von der Opferrolle. Er erlebt sich selbst als Handelnder und ist keiner Situation ausgeliefert. Die Erfahrungen, die er dabei macht, die Fähigkeiten, die er dadurch entwickelt, stärken das Selbstvertrauen.

Die Fähigkeit, selbstverantwortlich zu handeln, ist ein Ausdruck einer autonomen Haltung. Autonome Menschen erkennt man daran, daß sie sich selbständig Ziele setzen. Sie warten nicht auf Anstöße von außen oder darauf, daß andere die Ziele vorgeben. Sie sind in hohem Maße unabhängig.

Wenn Du Dir die Frage nach Deiner Unabhängigkeit stellst, dann kommt Dir wohl auch der Wunsch, von Deinen Stimmungen und denen anderer um Dich herum unabhängiger zu sein, unabhängiger von dem, was andere von Dir erwarten, unabhängiger von Deiner Kindheitsgeschichte bzw. von Deinem Lebensstil, unabhängiger von der Meinung anderer und generell unabhängiger von Bindungen, die Deine Entwicklung zum selbständigen und eigenverantwortlichen Menschen blockieren. Auch Lob und Anerkennung können dazu gehören. Wenn Du unabhängiger wirst, sagst Du Dir selbst: »Es ist schön, wenn man mich anerkennt und mag, aber ich bin davon nicht abhängig, ich komme auch so ganz gut zurecht.«

Bei der Frage nach Deiner Unabhängigkeit sollst Du aber auch folgendes bedenken: Du wirst immer in einer gewissen Abhängigkeit von vielen Dingen leben, wie z.B. von Deinem Lebensstil, von biologischen, sozialen oder Naturgesetzen, von Folgen von Krankheiten, von An- oder Abwesenheit anderer Menschen usw. Du wirst immer pendeln zwischen Beziehung und Autonomie, zwischen Abhängigkeit und Selbständigkeit, aber Du kannst Dich bemühen und immer etwas unabhängiger werden und neue Gebiete erschließen, wo Du selbstverantwortlich handelst. Autonomie kannst Du nicht erreichen, indem Du Dich durch Streit, Abwertung oder Haß aus einer Beziehung befreist. Nicht die radikale Lösung ist der Weg, sondern das »sowohl … als auch«. Du wirst sowohl eine Beziehung zu Deinen Eltern haben, als auch von ihnen unabhängiger werden. Du wirst z.B. in der Ehe sowohl eine Identität als Paar, als auch Deine eigene Identität weiterentwickeln. Probleme entstehen, wenn die Partner so voneinander abhängig sind und sich demzufolge so behindern, daß die persönliche Entwicklung des einzelnen zu kurz kommt. Umgekehrt ist die gezielte Selbstverwirklichung ohne gleichzeitige Entwicklung der Identität als Paar genauso ungesund und schädlich für die Ehe.

In der Beziehung zu den Eltern ist es nicht anders. Wer in diesem Beziehungsfeld das Glück hat, daß die andere Partei zum Helfer im Loslösungsprozeß wird, kann beglückende Entwicklungen durchmachen, wie folgendes Beispiel andeutungsweise zeigt:

»Ich hatte eine Tochter. Ich sage »hatte«, denn inzwischen weiß ich, daß es da nichts zu haben, zu besitzen gibt. Wir hatten immer eine positive Mutter-Tochter-Beziehung. Wir waren gern zusammen und stellten uns aufeinander ein. Wir hatten dieselben Hobbies, dieselben Interessen, dieselbe Art, uns zu kleiden. Jeder fand wichtig, was der andere wichtig fand, und wir bewunderten uns gegenseitig, und taten auch viel dafür, füreinander gut dazustehen. Wir wußten gar nicht um unsere Abhängigkeit, bis wir anfingen, uns zu lösen. Ja, sie ist 32 und ich bin 60 Jahre alt. Wir sind jetzt weniger zusammen, jeder sucht eigene Kontakte, wir wollen beide, daß der andere auch allein bzw. mit anderen glücklich ist und erleben Verlustängste, Unsicherheiten, Eifersucht und manchmal Bedürfnisse, den anderen zu verletzen. Wir verstehen diese inneren Prozesse und sprechen darüber. Ich sage Dir:»Es ist sehr schwer loszulassen, aber wir werden uns ja nicht verlieren«. Schließlich - und das spüren wir auch - gewinnt jeder etwas durch die Zunahme seiner Selbständigkeit und Unabhängigkeit. Jeder erlebt auch seine Stärken und erfährt, daß er eine eigene Persönlichkeit ist, die selbst entscheiden kann, was zu tun und zu lassen ist, um sich und den anderen in diesem Lösungsprozeß zu helfen. Wir sind uns sicher, daß wir diesen Weg der friedlichen Loslösung und Entwicklung der persönlichen Autonomie, der mit selbstverantwortlichem Handeln gepflastert ist, nur gehen können, weil wir wissen, daß wir zueinander halten. Nach dem ersten Halbjahr geht es schon leichter.«

So eine gemeinsame Arbeit ist eher die Ausnahme. Meistens stehst Du ziemlich unverstanden und allein da. Du kannst nicht verhindern, daß andere sich wundern, sich überflüssig, vernachlässigt oder gekränkt fühlen, wenn Du Dich vertrauensvoll auf den Weg machst und Verantwortung für Dein eigenes Leben übernimmst. Das heißt ja, daß Du andere aus ihrer alten

Helferrolle entläßt und die »Spiele«, mit denen ihr bis jetzt aneinander gebunden ward, nicht mehr mitspielst. Du kannst auch nicht ganz verhindern, daß Du selbst trotz aller Entschlossenheit, selbständiger und unabhängiger zu werden, Verlustängste erlebst, denn die Abhängigkeit war für Dich ja auch eine Hilfe. Auch die Personen, von denen Du Dich löst, können solche Ängste haben und unbewußt versuchen, Dich zurückzuholen oder sich zu rächen. Es lohnt sich aber, diesen Weg unter Zuhilfenahme der anderen erstrebenswerten Qualitäten zu gehen und wie der Pflüger auf einem Acker, der seine Furche zieht, Dein eigenes Ziel im Auge zu behalten. Wenn Du Dich bemühst zu sehen, wie andere ihre Furche ziehen, wird Deine eigene Furche ganz sicher krumm werden. Für das selbstverantwortliche Handeln gilt mehr als für alle anderen erstrebenswerten Qualitäten: Du hast nur ein Leben zu verantworten und das ist Dein eigenes.

Die Macht des Einzelnen

Wer mit der ermutigenden Fähigkeit »Selbstverantwortliches Handeln«, die ein Ausdruck der Autonomie ist, lebt, der erkennt auch die Macht des Einzelnen. Er weiß nicht nur, daß er etwas tun kann, sondern er weiß, daß das, was er tut, wichtig ist. Er ist sich dessen bewußt, daß alle großen Bewegungen und Entwicklungen bei der Initiative des Einzelnen beginnen. Organisationen, Vereine, bis hin zum großen Imperium sind tote Organe, die ohne die Initiative des Einzelnen kein Leben bekommen. Je mehr Selbstvertrauen und Mut Du entwickelt hast, desto sicherer kannst Du auch erkennen, wo Verbesserung möglich ist und wo Du sinnvoll beitragen kannst, indem Du selbstverantwortlich handelst.

Wer selbstverantwortlich handelt, (er)findet auch immer einen Weg.

- »Eines Tages kommt ein kleiner Junge zu spät in die Schule. Der Lehrer fragt ihn, warum er so spät kommt, und der Junge antwortet: »Es war so glatt auf der Straße, daß ich für jeden Schritt, den ich vorwärts machte, zwei zurückgerutscht bin«. Der Lehrer fragt ihn: »Wie bist Du dann eigentlich überhaupt hierher gekommen?«. Er antwortet: »Ich habe mich umgedreht und bin nach Hause gegangen.«

Diese erstrebenswerten Qualitäten einer mutigen, positiven Person wendest auch Du in Deinem Leben ohne Zweifel immer mal wieder an. Im normalen Ablauf des Tages bist Du geduldig im Umgang mit anderen, weil es Dir gut geht. Du sprichst mit einer freundlichen Stimme, weil Du eine gute Beziehung zu der betreffenden Person hast und erkennst auch das Gute in ihr, weil Du Dich selbst gut genug findest. Sobald Du aber bewußt eine freundliche Stimme einsetzt, bewußt den anderen auf das Gute aufmerksam machst, bewußt eine optimistische Haltung pflegst, bewußt selbstverantwortlich handelst, bewußt den Versuch oder den kleinen Fortschritt des anderen hervorhebst und die Reaktionen beobachtest, auch die Rückwirkung dieser Reaktionen auf Dich selbst, merkst Du, daß Du selbst der Regisseur in der atmosphärischen Gestaltung Deines Lebens bist. Du fühlst Dich gut in Deiner Haut, bist selbstbewußt und erlebst, daß Du mit dem Leben und den Menschen umgehen kannst. Du weißt, Du bist okay!

5. Wege zur Selbst-
und Fremdermutigung

Manchmal hilft es, etwas über Möglichkeiten zur Selbsthilfe zu lesen. Sie zeigen neue Wege auf, machen Hoffnung und Mut. Aber die Umsetzung der vorgegebenen Übungen fällt den meisten Menschen schwer, wenn sie auf sich allein gestellt sind. Die folgenden Übungen sind durch die Gruppenarbeit entstanden. Du kannst zwar auch allein damit arbeiten, aber sie machen mehr Spaß, sind leichter zugänglich und wirkungsvoller, wenn Du sie in einer Encouraginggruppe oder auch gemeinsam mit guten Bekannten durchführst.

> *»Guten Morgen, liebe Sorgen*
> *seid Ihr auch schon alle da,*
> *habt ihr auch so gut geschla-*
> *fen? Na, dann ist ja alles klar*
> *(...).«*
> Jürgen von der Lippe

5.1. Der innere Dialog

Wer nach dem Aufstehen den Tag, seine Aufgaben und seine Sorgen freundlich begrüßt und sich selbst ermutigt, das, was zu tun ist, anzupacken, der wird seine Möglichkeiten erkennen und sie nutzen. Gewöhnlich gestalten wir unseren inneren Dialog nicht so bewußt. Unbewußt gehen wir so mit uns um, wie die Erzieher mit uns umgegangen sind, und reden so mit uns, wie die Eltern zu uns sprachen. Die Erfahrungen, die wir in den frühen Kinderjahren machten, haben uns gelehrt, in einer bestimmten Weise zu denken, und dies ist die Grundlage für die Art der Gespräche, die wir in der wirklichen oder ima-

199

ginären Begegnung mit uns selbst, mit anderen und mit dem Leben führen.

In moderner Sprache ausgedrückt fußt das Selbstgespräch auf der ganz persönlichen Art, wie wir programmiert sind. Diese Programmierung kam hauptsächlich aus der Außenwelt von seiten der Erzieher zu uns. Sie sagten uns:

»Das darfst Du nicht.«

»Das kannst Du nicht.«

»Kannst Du denn nie etwas richtig machen?«

»Du bist in der Beziehung genau wie Dein Vater.«

»Du probierst es gar nicht erst.«

»Du lernst ja auch nichts.«

»Du sprichst zu viel.«

»Du hängst da immer mit den falschen Freunden herum.«

»Du bist halt faul.«

»Du bist dumm.«

Als Kind hatten wir keine große Wahl und haben vieles wahllos übernommen.

Wie wäre es gewesen, wenn wir als Kinder jeden Tag gehört hätten: »Das kannst Du schon«, »Probier' doch mal«, »Mach' das mal«, »Das darfst Du.«; wenn wir mehr »ja« und weniger »nein« gehört hätten? Wie wäre es, wenn wir mehr ermutigt und weniger entmutigt worden wären? Wir hätten ein ganz anderes Programm. Wir würden anders über uns selbst denken, anders über unsere Mitmenschen und anders über unsere Chancen im Leben. Dies will nicht besagen, daß alles, was wir aufgenommen haben, schlecht für uns ist. Die meisten von uns haben Liebe und Fürsorge, Berührung und Ermutigung bekommen. Manche haben Lehrer und Freunde gehabt, die das Beste in uns geweckt haben, und jeder von uns hatte auch seine Erfolge. Aber die Art, wie wir erzogen wurden, hat uns eher für den Mißerfolg programmiert als für Glück, Freude, Beitragen und den Glauben an unseren Erfolg. Vielleicht ist der Unterschied zwischen Menschen, die mehr Glück im Leben haben, nur der, daß sie über ein anderes »Programm« verfügen.

200

Wenn wir verstehen, daß die private Logik und die Selbstgespräche das Verhalten bestimmen, wird Unverständliches im Verhalten eines Menschen oft verständlich:

- »Ein Mann steht an der Bushaltestelle, er wird dreimal von einem Nachbarn nach der Uhrzeit gefragt und gibt dreimal keine Antwort. Der Ignorierte geht davon; ein Zeuge des Vorfalls - neugierig nach dem inneren Dialog - wendet sich an den Unfreundlichen und fragt, warum er nicht geantwortet habe. »Das will ich Ihnen sagen! Ich stehe hier und denke an nichts Böses; da kommt dieser Kerl und will wissen, wie spät es ist. Angenommen ich sage es ihm: Was geschieht? Wir kommen ins Gespräch, und schließlich sagt der Kerl: 'Wollen wir nicht einen heben?' Also: Wir heben einen. Wir heben noch ein paar. Endlich sage ich dann: 'Wollen doch raufgehen zu mir und einen Happen essen.' Wir gehen also rauf zu mir und essen Schinken- und Käsebrote. Dann kommt meine Tochter, und meine Tochter ist sehr hübsch. Sie verliebt sich in den Kerl, und der Kerl verliebt sich in sie. Und dann heiraten sie. Einen Kerl aber, der sich nicht einmal eine Uhr leisten kann, will ich in meiner Familie nicht haben.«

Wenn wir den inneren Dialog eines Menschen kennen, wird sein Verhalten verständlich!

Ein anderes Beispiel:

- »Ein Mann kommt mit seiner Frau zum Arzt. Er sagt: »Meine Frau ist oft müde und abgespannt, aber auch so zappelig. Ich habe gedacht, vielleicht hat sie Eisenmangel oder so. Können Sie das mal untersuchen?« Der Arzt erkennt die Müdigkeit der Frau und stellt die berechtigte Frage: »Warum legen Sie sich nicht hin, wenn sie müde sind?« Sie sagt: »Ich habe Angst, den Anschluß zu verlieren und dann ausgeschaltet zu sein«. »Das sagt sie jedesmal, wenn ich sie auffordere, sich doch hinzulegen oder hinzusetzen«, fügt der Mann erklärend hinzu. »Ja«, sagt die Frau, »ich weiß auch nicht, aber ich habe das Gefühl, daß ich den Kontakt zu den Menschen verliere und vollkommen einsam werde, wenn ich mich ins Bett lege. Überdies habe ich dann erst richtig das Gefühl, krank zu sein.« Obwohl sowohl Arzt, als auch der Ehemann versuchen, ihr klarzumachen, daß diese Gedanken Unsinn sind und obwohl sie verspricht, sich mal öfters hinzusetzen und sich auszuruhen, wird aus diesem Vorsatz nichts. Wie kann man das verstehen? Als Kind hatte diese Frau eine Gelbsucht, mußte acht Wochen im Bett bzw. in ihrem Zimmer bleiben. Das Zimmer hatte Fenster zur Straße hin, wo sie ihre Freundinnen spielen sehen konnte. Das Schlimmste an dieser Krankheit war für sie, von dem Kontakt mit den Freundinnen ausgeschlossen zu sein und nach acht Wochen in der Schule festzustellen, daß sie den Anschluß an den Lehrplan verloren, z.B. in Rechnen einen großen Rückstand hatte. Diese Kindheitserinnerung wirkt wie eine Warnung. Es ist, als ob das Kind von damals in ihr spricht: »Sorge dafür, daß Du nie krank wirst, denn dann bist Du von anderen ausgeschlossen und Du verlierst den Anschluß.«

Die Erfahrungen aus der Kindheit, die uns als Leitlinie dienen, uns anspornen oder uns warnen, sind Selbstgespräche, die immer dem Lebensstil entsprechen. Da der Lebensstil (siehe Kap. 2.6.) relativ konstant ist und wir unbewußt unsere Erinnerungen aufgrund des Lebensstils wählen, erzählen wir uns im Sinne von Selbstgesprächen auch immer wieder dieselben Geschichten. Dadurch leben wir in einer ganz eigenen Grundstimmung, die die Wiederholung der Erfahrung aus der Kindheit begünstigt.

Im Rahmen dieses Buches ist das Thema von hervorragender Bedeutung, weil die Selbstermutigung vom konstruktiven

Selbstgespräch lebt. Auch die Fremdermutigung ist ein Ausdruck des konstruktiven Selbstgesprächs über die andere Person.

Das Ergebnis des Programmierens, der Glaube, ist unsere Einstellung zu uns und zum Leben. Diese Einstellung ist die Basis für die Entwicklung unserer Gefühle. Wer - um es einfach auszudrücken - eine gute Einstellung sich selbst gegenüber hat (wer an sich selbst glaubt), der lebt auch mit guten Gefühlen sich selbst gegenüber. Wer eine negative Einstellung zum Leben hat, lebt auch mit negativen Gefühlen dem Leben gegenüber. Wer eine gute, gesunde Beziehung zu seiner Mutter hatte und gelernt hat zu glauben, daß Frauen gut sind, der hat auch im Erwachsenenleben eine positive Grundeinstellung Frauen gegenüber und kann so auch verbindende Gefühle entwickeln.

Unsere Gefühle sind die Antriebskräfte für unser Handeln. Die Art unseres Handelns bewirkt die Ergebnisse, mit denen wir zufrieden sind oder unter denen wir leiden. Es gibt also die Kette: Programmierung - Einstellung (Glauben) - Gefühle - Verhalten (Handlungen) - Ergebnisse. Wenn wir die Ergebnisse in unserem Leben ändern möchten, dann können wir am besten am Anfang dieser Kette, nämlich im ursprünglichen Programm, ansetzen. Der Schlüssel dazu liegt in den Selbstgesprächen.

Dies bedeutet aber, daß wir bereit sein müssen, unsere Meinungen auf Vorurteile hin zu untersuchen und unsere »So-ist-das«-Pseudowahrheiten in Frage zu stellen. Es gibt Kinder (aber auch Erwachsene) in einem Land, die lernen, daß die Menschen in einem anderen Land schlecht, böse und gefährlich sind. Parolen, Geschichten, Lieder, ein starkes Zusammengehörigkeitsgefühl und Begeisterung zementieren diese Meinungen, und irgendwann stehen sich zwei religiöse Gruppierungen, zwei verschiedene Rassen oder Angehörige verschiedener Nationalitäten gegenüber und jeder ist der festen Überzeugung, daß er den anderen für eine gerechte Sache umbringt. Es lohnt sich, darüber nachzudenken, denn im Leben eines jeden von uns gibt es diese »So-ist-das«-Wahrheiten in bezug auf wesentliche Werte im Leben.

Es wurden unzählige Programmierungen mit uns vorgenommen, von seiten verschiedener Erzieher: Eltern, Lehrer, Pfarrer, Nachbarn, Freunde, die Massenmedien (u.a. das Fernsehen) und die »Vorbilder« der Politiker. So sind wir eigentlich Schiffe, die von mehreren Kapitänen gesteuert werden. Das ist kein Grund, sich entmutigen zu lassen, es ist eher eine Aufforderung zu erkennen, daß es höchste Zeit wird, das eigene Leben selbst in die Hand zu nehmen und zu verstehen, daß wir alle viel glücklicher sein könnten, wenn wir die Möglichkeiten, die uns für den inneren Frieden und die konstruktive Beziehung zu den Mitmenschen zur Verfügung stehen, nutzen würden. Der Umgang mit uns selbst ist dabei ebenso ein Thema wie der Umgang mit anderen. Aber die Ergebnisse haben in allen Fällen ihren Ursprung in unseren Meinungen und in der Art, wie wir durch unsere Selbstgespräche uns ermutigen, entmutigen, unsere Zweifel oder Hoffnungen, Erfolg oder Mißerfolg festschreiben, unsere Kraft mobilisieren oder unsere Lustlosigkeit fördern. Etwa 77 % dessen, was wir uns erzählen, so nehmen Fachleute an, wirkt eher gegen uns als für uns. Ich bin durch persönliche Erfahrung der festen Überzeugung, daß die Veränderung des inneren Dialoges für Menschen, die keine geistige Anstrengung scheuen, ein nicht zu unterschätzendes Mittel ist, die Qualität des eigenen Lebens selbst zu bestimmen.

In den meisten Fällen laufen Selbstgespräche oder innere Dialoge unbewußt und leise ab. Sie werden eher gedacht als gesprochen, obwohl die Sprechmuskeln, insbesondere die Zunge und die Lippen immer in mehr oder minderem Maße durch leichte Spannungen oder Bewegungen daran beteiligt sind. Sie bestehen aus Worten, Bildern, Gefühlen, auch Geruch und Geschmacksinn können beteiligt sein. Wir *sehen* z.B. den Arbeitsplatz vor uns und *sagen* uns: »Schon wieder...«. Ein flaues *Gefühl* im Magen bestätigt uns dieses »schon wieder...«, und das Gespräch geht in Worten weiter »schon wieder dieselben Handgriffe an der Leimmaschine«. Das Bild der Maschine ist im Kopf und der *Geruch* des Leimes in der Nase. Das flaue Gefühl bleibt und ist der Anlaß für das weitere Selbstgespräch.

Manchmal laufen Selbstgespräche auch laut ab, wenn wir allein sind. Wenn jemand lange allein lebt, merkt er oft nicht, daß er in Anwesenheit anderer Teile seiner Selbstgespräche laut von sich gibt. Gaststätten, Cafés, Kurparkanlagen sind Orte, an denen man Menschen beobachten kann, die laut oder leise mit sich reden. Wer sich täglich in einem Tagebuch seine Freuden und Sorgen des Tages von der Seele schreibt, wird im Rückblick bald erkennen, daß der Themenkreis begrenzt ist. Wir können halt nicht aus unserer Haut (= Lebensstil) heraus, im Gegenteil, wir bestätigen uns in unseren Selbstgesprächen immer wieder unsere eigene Wahrheit, und je öfter wir sie uns erzählen, um so wahrer wird sie. Die Selbstbestätigung der »So-ist-das«-Wahrheiten findet, so können wir vermuten, sogar in unseren selbstformulierten Gebeten, statt.

Wenn Du Dich negativ gestimmt fühlst und auf die Idee kommst, einen bewußten inneren Dialog zu führen, dann wirst Du zunächst innerlich eine Wendung zum Positiven hin vollziehen. Dies ist der innerlich spürbare Ausdruck dafür, daß Du bereit bist, den alten Standpunkt bzw. den alten inneren Dialog zu verlassen. Durch diese innere Wendung ist schon der erste Satz des neuen inneren Dialogs gelaufen, vielleicht lautet er: »Ich will dies nicht mehr« oder »Ich will« oder »Hör endlich auf« usw. Dadurch werden in den meisten Fällen auch Vorstellungen oder Visualisierungen des anzustrebenden Zustandes hervorgerufen. Wer diese innere Wendung vollzieht und bereit ist, sie immer wieder zu vollziehen, der kann durch den Einsatz der hier zu besprechenden Methoden erfreuliche Veränderungen in seiner Grundeinstellung sich selbst, anderen Menschen und dem Leben gegenüber bewirken.

Das konstruktive Selbstgespräch ist eine Umkehrung des bisherigen Vorgangs. Es ist, als ob bis jetzt in Deinem Leben das Kind die Richtung Deines Denkens, Fühlens und Handelns bestimmt hat. Jetzt fängst Du an, dem Kind den rechten Weg zu zeigen. Wenn Dich bestimmte Gedankengänge stören oder Du Dich gefühlsmäßig in einer mißlichen Lage befindest, brauchst

Du nicht zu warten, bis alles wieder vorbei ist, was ja meistens nur dadurch geschieht, daß Einflüsse von außen, besondere Ereignisse oder Begegnungen stattfinden, sondern Du kannst jetzt sofort anfangen, etwas zu tun. Du kannst mit Dir selbst reden.

Ich- oder Du-Gespräch

Du wirst für Dich selbst durch Übung herausfinden, ob es für Dich einen Unterschied gibt zwischen Ich- und Du-Selbstgesprächen. Viele Menschen erleben, daß konstruktive Du-Gespräche nicht so wirksam sind. Das Du-Gespräch versetzt Dich trotz relativer Bewußtheit des Selbstgespräches in die kindliche Erziehungssituation, deswegen nimmst Du diese Formulierung selbst auch nicht so ganz ernst, weil es ist, als ob jemand Dir etwas aufdrängen will. Die konstruktiven Ich-Selbstgespräche haben einen höheren Bewußtheitsgrad, lassen mehr Eigeninitiative, mehr Autonomie erkennen. Ich-Formulierungen lassen eher erkennen, daß die Aufforderung zur Veränderung für Dich in Ordnung ist. Ich-Formulierungen machen Dir Dein Hier- und Jetzt-Dasein bewußt, bringen Dir das Übernehmen der Verantwortung für Dein Handeln näher und machen Dich so als Erwachsener handlungsfähig.

Vergleiche mal:

- »Beruhige Dich, Du hast doch noch Zeit.«
- »Schiebe die Sache nicht vor Dir her, pack's an.«
- »Was redest Du da wieder für einen Unsinn« oder, mit Erwähnung des eigenen Vornamens, wie es aus dem Munde der Eltern klingen würde:
- »Hans, sprich langsamer.«
- »Hans, beeile Dich.«
- »Karl, mach' da nicht so lange herum; zögere nicht so.«
- »Andrea, iß nicht so viel.«

In der Ich-Form klingt es anders:

- »Moment mal, ich muß jetzt mal nachdenken.«
- »Ich fahre wieder zu schnell, obwohl ich ja noch Zeit habe.«
- »Ich bin ich, und so wie ich bin, bin ich gut genug.«

Ändere Deine Haltung

»Laß den Kopf nicht hängen«, wurde Dir vielleicht schon einmal gesagt. Wenn Du in einem negativen inneren Dialog bist und Deinen Kopf hängen läßt, nach rechts oder nach links unten, oder auch nur den Blick nach rechts oder links zum Boden gerichtet hast, dann kommst Du aus der negativen Stimmung leichter heraus, wenn Du den Kopf hochnimmst. Der innere Dialog, die entsprechenden Gefühle und die dazugehörige Körperhaltung bilden in den meisten Fällen eine Einheit. Genauso schwierig, wie es ist, mit erhobenem Kopf, einem nach oben gerichteten Blick und einem lächelnden Mund depressiv zu sein, genauso schwierig ist es, in einer Haltung und einer Mimik, die dem negativen inneren Dialog entsprechen, einen überzeugenden Anfang mit einem positiven inneren Dialog zu machen. Willst Du Deine innere Haltung ändern, so ändere Deine äußere Haltung! Setze Dich gerade auf den Stuhl, wenn Du nicht aufstehen kannst, strecke Dein Rückgrat, nimm den Kopf hoch und schaue lieber an die Decke als auf den Boden. Atme ein paar Mal tief durch oder, wenn es der Situation entspricht, stehe auf, bewege Dich, ändere Deine Mimik, entweder in Freundlichkeit, in Zuversicht oder Entschlossenheit, und entscheide Dich dann für die richtigen Worte des situativen Selbstgesprächs. Mit der Entscheidung, den inneren Standpunkt zu ändern, hat es schon angefangen. Durch Übung wirst Du die körperliche Reaktion herausfinden, die Dir hilft, laufende, alte Prozesse im inneren Dialog wirkungsvoll zu stoppen und neue zu ermöglichen.

Komm hierher zurück!

Hast Du auch schon mal beobachtet, daß Menschen manchmal mit einem glasigen Blick, ohne etwas zu sehen, in die Ferne schauen, als würden sie mit offenen Augen träumen? Hast Du auch schon mal die Neigung gehabt, Deine Hand vor deren Augen zu bewegen und zu fragen: »Hallo, wo bist Du?« Diese Person war in einer dem inneren Dialog entsprechenden Vorstellung und hatte dementsprechende Gefühle. »Komm hierher zurück«, ist die richtige Aufforderung. Wenn Du Dich zur Änderung des inneren Dialogs entscheidest, dann »komm hierher zurück«, spüre Deine Füße am Boden, Dein Gesäß und den Rücken im Kontakt mit dem Stuhl. Nimm den Kopf vom Hinterkopf aus hoch, spüre Deine Mimik, verändere sie entsprechend der wirklichen Situation, in der Du Dich befindest, schaue Dir die Gegenstände an, erkenne die Farben um Dich herum, höre auf die Geräusche und die Stimmen, mache Dir den Geruch bewußt. So bist Du dann wieder hier und kannst jetzt situativgerecht denken, sprechen und handeln. Du erlebst wieder, daß Du ein Entscheidungen treffendes Wesen bist und daß Du selbst Dein Leben gestaltest. Jetzt kannst Du Dir etwas anderes erzählen als das, was Du gelernt hast zu glauben und so Deine Situation ändern.

Die drei Schritte:
- die innere Wendung zum Positiven hin,
- die Änderung der Körperhaltung,
- und die Vergegenwärtigung »ich bin hier« fließen ineinander über.

Das generelle und das situative Selbstgespräch

Du würdest vielleicht einwenden: »Das ist doch Selbstbetrug, wenn ich mich schlecht fühle und mir dann sage: »Es geht mir gut«. Ich fühle mich ja schließlich wirklich schlecht. Ich bin im

Moment wirklich traurig, weil ich schon wieder Fehler gemacht habe und nicht gut genug bin.« Stimmt! Das Gefühl ist echt, aber das Programm ist falsch. Dein Programm sagt Dir, daß Du nicht gut genug bist, wenn Du einen Fehler gemacht hast. Deine Programm sagt Dir: »So ist das«, und deswegen fühlst Du Dich so. Wenn Du Dein Gefühl als Maßstab nimmst für das, was wahr ist, dann bleibst Du in Deinen Vorurteilen stecken. Das Problem, das Du hast, ist deswegen ein Problem, weil Du es so betrachtest. Erzähle Dir selbst, daß Du es auch anders betrachten kannst. Du kannst jetzt »Dein Kind« mit vernünftigen Argumenten überzeugen, daß Fehlermachen menschlich ist, daß Du durch Fehler einsichtiger wirst und lernst und daß Fehlermachen nichts mit Deinem persönlichen Wert zu tun hat. Dies ist eine Möglichkeit, das Kind in einem *situativen Selbstgespräch* anzusprechen und das Abrutschen in Stimmungslagen der Vergangenheit zu stoppen. Die eingangs erwähnte Frau, die müde und abgespannt ist und das Gefühl hat, den Kontakt mit den Menschen zu verlieren und zu vereinsamen, wenn sie sich ins Bett legt, würde in dem Moment, wo sie das Gefühl erkennt (als das Gefühl von damals), sich in der Vorstellung zu der kleinen Hilde wenden und sagen: »Ich verstehe, daß Du Dich unruhig fühlst und aufgrund Deiner Erfahrung meinst, daß Du den Anschluß verlierst, wenn Du krank bist, aber diese Gefühle kann ich jetzt nicht gebrauchen. Sie passen nicht zu der jetzigen Situation. Es stimmt auch nicht, daß ich den Anschluß verliere, denn mein Mann und andere Menschen, die sich für mich interessieren, sind ja um mich herum. Auch Du hast ja damals erfahren, daß Du nach acht Wochen Krankheit wieder mit den Freundinnen spielen konntest, und rechnen hast Du ja noch ganz gut gelernt. Ich entscheide mich jetzt, mich hinzulegen und auszuruhen, und danach kann ich mich wieder mit den Menschen um mich herum beschäftigen. Weißt Du, kleine Hilde, das Leben der erwachsenen Menschen besteht aus »sowohl als auch«. Sowohl ruhen als auch arbeiten. Deswegen ruhe ich mich jetzt erst einmal aus.« Solche Selbstgespräche werden spontan improvisiert. Das Kind wird in einer liebevollen Art mit logischen Argumenten überzeugt und beruhigt. Die Formulierung ist verständnisvoll und positiv.

Situative Selbstgespräche führst Du, wenn Du kurzfristig in der jetzt gegebenen Situation Änderungen in Deiner inneren Einstellung bewirken willst. Das *generelle Selbstgespräch* führst Du, wenn Du es eigentlich nicht brauchst. Es zielt auf die Veränderung Deiner Grundstimmung, die immer wieder auf der frühkindlichen Überzeugung entsteht: »Ich gehöre nicht dazu«, »ich bin nicht wertvoll«, »ich kann nicht beitragen«, »ich bin nicht gut genug«. Jeder, der generell seine aufbauenden Selbstgespräche darauf ausrichtet, diese Meinungen zu ändern, der kann den negativen Anteil seiner Grundstimmung auf Dauer merkbar reduzieren.

Das neue Programm im generellen Selbstgespräch

Du kannst für Dich selbst neue ermutigende Programme schreiben. Mit so einem Programm gehst Du am besten folgendermaßen um:

1. aufschreiben
2. auswendiglernen,
3. mehrmals täglich, am besten laut, sprechen,
4. zu jedem Satz Vorstellungen (Bilder) entstehen lassen,
5. eventuell, wenn der Text zu lang ist, auf ein mit Musik untermaltes Band sprechen und im Laufe des Tages oder auch nur morgens, beim Duschen oder beim Rasieren, abspielen lassen.

So ein Programm kann kurz und leicht auswendig lernbar sein, wie der *Zielsatz* oder auch lang wie ein *erweiterter Zielsatz* und sich auf verschiedene Aspekte von Zugehörigkeit, Selbstvertrauen, Mut, Gemeinschaftsgefühl, Selbstachtung und innere Werte beziehen.

Der generelle Zielsatz

Der Zielsatz besteht aus drei Teilen:
1. aus dem eigenen Namen,
2. aus inneren Werten und Fähigkeiten,
3. aus einem sozialen Ziel.

zu 1.: Der eigene Name

Im ersten Teil erscheint, mit »Ich bin« als Anlauf, der Vorname, eventuell auch der Familienname, mit einem besonderen Zusatz. Dieser Zusatz kann aus der ursprünglichen Bedeutung des Namens bestehen wie z.B.: »Ich bin Peter, der Fels«, »...Susanne, die Lilie«, »...Felix, der Glückliche«, »...Gustav, die Stütze« usw. Er soll nur dann erscheinen, wenn diese Bedeutung des Namens Dir wirklich wichtig ist. Sonst machst Du einen Zusatz, der ausdrückt, was Du im Leben generell gerne sein möchtest, z.B. der Fröhliche, die Sonne, der Friedensbringer, der Helfer, die Partnerin, die Mutter, die Karriere-Frau usw.

zu 2.: Innere Werte und Fähigkeiten

Unter diesem Punkt faßt Du Deine wichtigsten Ressourcen (Kraftquellen) zusammen. Mit Kraftquellen meine ich in diesem Zusammenhang all das, was Dir Kraft gibt, wenn Du daran denkst. Es kann Dir vielleicht guttun, wenn Du daran denkst: »Alle Menschen sind gleichwertig, und ich bin deswegen genausoviel wert wie alle anderen Menschen.« Oder es kann Dir Kraft geben, wenn Du Dir vergegenwärtigst: »Ich bin ein Entscheidungen treffendes Wesen und kann mich immer auch anders entscheiden.« Es kann auch Kraft geben, wenn Du glaubst: »Ich bin ein wichtiger Teil der ganzen Natur«, oder »Gott liebt mich immer, und ich bin Gottes Lampe, und sein Licht ist in mir.« Es kann auch Kraft geben zu denken: »Kein Mensch bekommt im Leben mehr zu tragen, als wozu er fähig ist und das Schicksal, das ich zu tragen habe, ist im Grunde eine Auszeichnung dafür, daß ich soweit bin, diesen Test zu bestehen.«

Es geht hier um *Meinungen*, innere *Überzeugungen*, um den *Glauben an bestimmte Werte*.

Es kann aber auch Kraft geben, wenn Du Dir Deine *Fähigkeiten und Eigenschaften* bewußt machst. Für den einen gibt es Kraft und Glücksgefühle, wenn er daran denkt: »Ich bin/habe ein freundliches Wesen«, der andere: »Ich bin ein erfolgreicher Geschäftsmann«, oder: »Ich bin eine gute Hausfrau.« Es geht +also um solche Eigenschaften und Qualitäten, die wir an uns selbst gut finden. Sie sind die Bausteine für unser Selbstvertrauen. In diesem Teil kannst Du auch ein paar Qualitäten einstreuen, die Du noch besser entwickeln möchtest.

zu 3.: Das Ziel

Da der Mensch ein zielorientiertes soziales Wesen ist, kann sein Leben nur dann wirklich Sinn und Inhalt haben, wenn er seine Fähigkeiten und Qualitäten im sozialen Umfeld einsetzt. Deshalb steckst Du Dir Ziele, die etwas mit anderen Menschen zu tun haben. Es geht also jetzt um die Frage: »Was machst Du mit dem Selbstvertrauen, das Du aufbaust?« Es gibt verschiedene Ziele im Bereich der Lebensaufgaben. Willst Du ein besserer Arbeiter, ein besserer Kollege, ein besserer Chef, ein besserer Arbeitgeber oder ein besserer Student werden? Willst Du ein guter Partner, Vater oder Mutter sein, oder willst Du ein guter Freund, ein guter Vorsitzender des Vereins sein und darin Deine sozialen Ziele finden? Wie dem auch sei, Du kannst jetzt mit Deiner persönlichen Identität (1), Deinen positiven Qualitäten, Fähigkeiten, inneren Werten und Deinem Selbstvertrauen (2) ein erstrebenswertes soziales Ziel (3) anpeilen. Mit diesen drei Teilen hast Du ein neues Programm.

Gut ist es, wenn Dein Zielsatz so aufgebaut ist, daß Du ihn gerne sprichst und leicht auswendiglernen kannst. Denn so, wie Du aufgrund Deiner privaten Logik viele negative Selbstgespräche führst, so bedarf auch dieses Programm einer ständigen Wiederholung, bis es Teil Deines Denkens und Deiner Überzeugung geworden ist.

Einige Beispiele von generellen Zielsätzen aus der Praxis

Teil I :   Ich bin Genova, die junge und schöne Frau.

Teil II : Ich bin mutig und stark. Mein Verstand ist klar, und mein Denken bezieht sich auf das Wesentliche. Ich bin lernfähig, ich stelle mich flexibel auf andere Charaktere ein und bin gerne mit anderen Menschen zusammen. Ich habe meinen Platz im Leben und werde getragen in der Höhlung von Gottes Hand. Ich bin, so wie ich bin, gut genug.

Teil III: Mit meinem Selbstvertrauen gehe ich mutig auf meine Mitmenschen zu und bereichere sie mit meinen guten Ideen, meiner Fröhlichkeit, meinem Optimismus und meiner Tatkraft.

Generelle Zielsätze werden also positiv formuliert in der grammatikalischen Gegenwartsform. Es gibt keine Verneinungen. Die drei Teile sind immer vorhanden, auch wenn sie nicht so deutlich voneinander getrennt sind.

Hier sind noch einige Lernbeispiele:

-   »Ich bin Renate, ich mag mich, ich zeige Profil und habe eine strahlende Persönlichkeit. Ich bin zufrieden und habe inneren Frieden. Ich gehe freundlich mit mir und anderen Menschen um. Ich lasse andere machen, was ihnen zusteht, und konzentriere mich auf mein eigenes Ziel. Ich drücke mich klar aus, in allem, was ich will und nicht will. Ich bin gesund und voller Energie.«

Ihr generelles Problem ist ihre Neigung, ihren Wert zu sehr von der Wertschätzung anderer abhängig zu machen.

-   »Ich bin Heidi, ich nehme mich an, so wie ich bin, bedingungslos. Ich bin schlank, lebenslustig und gesund. Mein Leben ist in Fluß, und ich bin in Sicherheit, weil ich von

Gott gehalten werde. Ich lasse Neues zu und interessiere mich für viele Dinge. So bin ich für alle, die mit mir zusammen sind, eine verständnisvolle und interessante Freundin.«

Ihre generellen Probleme liegen im Bereich der Kontrolle und des Gefallenwollens. Sie versucht, so zu leben, daß alles immer beim alten bleibt. In diesem Zielsatz läßt sie zu, daß ihr Leben in Fluß ist, aber ohne Sicherheit könnte sie nicht leben. Die Sicherheit sieht sie darin, daß sie von Gott gehalten wird. Jedes Wort dieses Zielsatzes hat Bedeutung und bezieht sich auf die Beeinflussung der Grundstimmung.

- »Ich bin Marita, die Tapfere. Ich bin intelligent und selbstbewußt. Ich vertraue auf meine Fähigkeiten und bin mir selbst, so wie ich bin, gut genug. So erledige ich meine täglichen Aufgaben in meinem mir eigenen Arbeitsstil mühelos und engagiert. In meiner eigenen emotionalen Sprache teile ich meine Gedanken mit und bin damit eine Bereicherung für meine Mitmenschen. Ich bin von Gott gewollt und sicher getragen. Daraus entnehme ich meine Kraft, den Geist der Liebe und Verbundenheit unter den Menschen zu pflegen, indem ich meinen Blick auf das Positive lenke und mich für das Richtige einsetze.«

Sie lebt mit viel »müssen«, das sie aus ihrer Erziehung in sich aufgenommen hat, und mit dem Gefühl, dadurch überfordert zu sein. Überdies glaubt sie nicht, daß das, was sie zu sagen hat, wirklich interessant genug ist. Sie fühlt sich deswegen oft nicht gut genug.

Je schöner der Zielsatz sprachlich gebaut ist, um so lieber wirst Du ihn sagen und um so eher wird er Dir vertraut werden. Wenn Du den ersten Zielsatz nach den vorgesehenen Richtlinien aufgebaut hast, kannst Du mit den Elementen etwas spielen und auch eine symbolische Sprache verwenden wie z.B.: »Ich bin immer eingebettet in das Sonnenlicht der Liebe« oder »ich werde auf dem Strom des Lebens getragen«. Damit die Zielsätze nicht zu sehr auf Leistung hinauslaufen, ist es gut, Wörter einfließen zu lassen wie zärtlich, liebevoll, Liebe, leicht, Leichtigkeit, fröhlich, Fröhlichkeit, frei, Freiheit, genießen, bewegen, weich, vertrauensvoll, Sicherheit, träumen, Freude, Vertrauen, Spaß, Lust, wachsen, Schönheit, Herausforderung, Neugierde, Ehrlichkeit usw.. Fühle Dich frei, Dein eigenes Programm zu gestalten! Finde Deinen ganz persönlichen Zielsatz, so wie Ulla:

- »Ich bin Ulla, ein Bergwerk voller Edelsteine, eine leuchtende Lampe. Ich bin aus Liebe reich erschaffen. Keine Sekunde meines Lebens bin ich allein, denn ich stehe ständig in der Führung Gottes - diese trägt mich, ist Fundament, Weg und Ziel meines Lebens.
Ich bin eine schöne Frau, vertraue mir und meinen Fähigkeiten und sehe mich, meine Mitmenschen und das Leben mit strahlenden Augen an.
Ich bin ausgeglichen, zuverlässig, geduldig und ausdauernd. Ich bin phantasievoll, kreativ, voll Bewegung, Licht und Wärme. Mit meiner Art diene ich meinen Mitmenschen. Ich wirke ausgleichend und vertrauenerweckend, ich gebe neue Anregungen, motiviere und ermutige zu weiterer Entfaltung.
So bin ich eine liebevolle und optimistische Partnerin, eine wertvolle Freundin, eine Bereicherung für meinen Arbeitsplatz und eine Blume im Garten der Menschheit.«

Sie liebt diesen ihren Zielsatz und wächst daran.

Achtung Fallen!

Schreib' nicht: »Ich *kann*«, z.B. »Ich kann freundlich sein.« Schreib': »Ich bin freundlich.« Schreib' nicht: »Ich werde irgendetwas tun«, sondern sag': »Ich tue es.«

215

Mit den Wörtern *können, wollen* und *werden* drücken wir Möglichkeiten aus, die in dem Zielsatz fraglich wirken. Wenn ich sage: »Ich kann ein mutiger Mensch sein«, dann heißt das: »Ja, ich kann das, wie ich schon so vieles kann, aber ich tue es nicht.« Das gleiche gilt für das Wort: wollen. Wir wollen alle sehr viel, aber wir tun es nicht. »Ich werde etwas tun«, hat die Gefahr des Aufschiebens in sich: »Ich werde« (...ja, irgendwann). Eine andere Falle ist die, daß wir Entstehungsprozesse und die Anstrengungen zu sehr betonen, indem wir Wörter wie *sich bemühen, versuchen* oder *probieren* vorschalten. Wer sagt: »Ich will probieren, eine gute Mutter zu sein«, baut schon ein Versagen mit ein, denn nach dem Versuchen kommt das Eingeständnis des Versagens. Es lautet dann: »Ich habe es ja probiert, aber es ging nicht.« Wer sagt und sich vorstellt, daß und wie er sich bemüht, der kommt nie an! Die Formulierung soll so gewählt sein, daß sie einen gelungenen Zustand in der Gegenwartsform beschreibt. Sorge also für positive Formulierungen. Sag' nicht: »Ich will keine Pralinen mehr essen«, denn dann siehst Du das Bild der Pralinen und Du fühlst Dich unbewußt zu ihnen hingezogen. *Sag' nicht, was Du nicht willst; sag' was Du willst.*

Noch eine Falle: Mache Dich nicht von anderen Menschen abhängig. Wer sagt: »Ich bin glücklich durch Dich«, der macht sich zu einer Marionette. Wer sagt: »Ich habe die Fähigkeit, glücklich zu sein, wenn andere Leute mich mögen«, der macht sich auch zu einem Sklaven des Wohlwollens anderer. Sorge, daß Du in der Beschreibung selbst der/die InitiatorIn bleibst und Dir Ziele steckst, die Deiner Kontrolle unterliegen.

Der generelle Zielsatz und das »schwarze Loch«

Obwohl der generelle Zielsatz nicht für die Veränderung einer momentanen Verstimmung gedacht ist, kann er auch da hilfreich sein. Alle Menschen haben Zeiten, in denen sie nicht mit sich selbst zurechtkommen, in denen sie sich als dumm, als

Versager, als nicht geliebt, als ungerecht behandelt oder im Stich gelassen vorkommen, in denen sie sich entscheidungsunfähig oder schuldig fühlen, traurig oder mutlos sind.

In solchen Gefühlszuständen erlebt man das eigene Umfeld als klein, grau oder dunkel. Manche nennen diesen Zustand ihr »schwarzes Loch«. Wer oft genug darin war, der kennt auch den Weg dahin. Er merkt es schon, wenn er mit dem negativen inneren Dialog anfängt, der ihn wieder in seine vertraute negative Grundstimmung hineinführt. Vielleicht spürt er auch nur in seinem Bauch das vertraute Gefühl, das ihm sagt, daß es ihm nicht gut geht. Es ist nichts Schlimmes daran, daß es uns dann und wann schlecht geht. Mitleid und Zuwendung zu bekommen, kann sehr schön sein, und eine Zeitlang sich selbst zu bemitleiden, wenn es kein anderer tut, kann auch mal guttun. Aber es tut auch gut, sich aus diesem Zustand durch eigene Entscheidung zu befreien und wieder für andere da zu sein. Wer die aufbauende Kraft eines Zielsatzes kennengelernt hat, der braucht nicht in das »schwarze Loch« zu gehen.

Wenn Du merkst, daß Du anfängst zu »rutschen«, kannst Du Dich fragen: »Wer bin ich eigentlich, daß ich es nötig habe, wieder in diesen negativen Zustand hineinzugeraten.« Wenn Du Dir die Frage stellst: »Wer bin ich denn eigentlich?«, kommt nach einiger Übung automatisch das neue Programm in Bewegung. Und die Antwort lautet: »Ich bin...«, und der Zielsatz läuft ab. Wenn Du schon zu weit gerutscht und im schwarzen Loch bist, ist der generelle Zielsatz nicht das geeignete Mittel. Er hat aber die Kraft, Dir zu helfen, »oben« zu bleiben, wenn Du nicht nach unten willst. Mach' damit Deine Erfahrungen, viele andere und ich selbst haben sie schon gemacht. Deswegen kann ich Dir ganz überzeugt sagen: »Mach' Dir einen Zielsatz in Liebe und aus Liebe zu Dir selbst. So hast Du immer einen hilfreichen Freund.« Mach' ihn Dir vertraut, verinnerliche ihn; kombiniere ihn immer mit einem kleinen Lächeln. Du spürst die regenerierende Kraft besser, wenn Du Deinen Kopf ein bißchen höher trägst und Dein Rückgrat ein bißchen streckst. Sag' Dir Deinen Zielsatz als eine Art tägliches Gebet. Die besten

Zeiten sind, wie beim Beten auch, abends vor dem Einschlafen und morgens vor dem Aufstehen. Auch wenn Du noch nicht an alle Aspekte des Satzes glaubst, wird er, je öfter Du ihn Dir sagst und Dir die korrespondierenden Bilder anschaust, in Dir aktiv werden, und Du wirst im täglichen Leben allmählich die erfreuliche Wirkung spüren. Hast Du bei bestimmten Sätzen kein gutes Gefühl, dann ändere sie, und schreib' den Zielsatz neu, bis er für Dich stimmig ist. Viel Erfolg!

Ein *erweiterter Zielsatz* als generelles Selbstgespräch, ein längeres Programm also, das Du vielleicht gerne auf Tonband sprechen würdest, könnte z.B. so aussehen:

- »Ich bin ich und ich freue mich, daß ich lebe. Ich bin einzigartig, denn mich gibt es in der Schöpfung nur einmal. Ich mag mich selbst, und ich fühle mich gut dabei. Ich habe wunderbare Talente, Fähigkeiten und Möglichkeiten, die ich auch heute wieder lebe. So liebe ich mich.
  Ich mache täglich neue Erfahrungen und lerne.Ich lerne mich selbst besser kennen, ich lerne andere Menschen besser kennen, ich werde jeden Tag fähiger, mit anderen Menschen gut und in Frieden umzugehen, und ich lerne auch aus meinen Fehlern. So werde ich jeden Tag in irgendeiner Hinsicht besser, reifer, mitmenschlicher. Ich lerne von anderen, aber ich vergleiche mich nicht mit ihnen, denn ich bin ich, und so, wie ich heute bin, bin ich gut genug. Ich freue mich, daß ich lebe, und ich trage bei, wo ich kann, und ermutige andere. Ich bin positiv, ich habe Vertrauen, und ich strahle Gutes aus. Der heutige Tag ist wieder voller Chancen. Er ist ein Tag in einer wunderbaren Zeit, in der ich lebe. Ich nutze die Zeit, um mit anderen Menschen zusammenzusein. Die anderen sind auch gerne mit mir zusammen. Sie hören gerne, was ich sage, und wollen wissen, was ich denke. Ich lächle, bin begeistert und voller Leben. Ich habe Vertrauen in meine Fähigkeiten. Was auch kommen mag, ich schaffe es schon

irgendwie. Ich freue mich, daß ich ICH bin. Mir geht's gut.«

Diese Selbstgespräche können viel Kraft geben, aber nur dann, wenn schon Kraft da ist...die Kraft, die aus der Sicherheit entsteht, daß irgendjemand zu Dir steht. Wer sich von »Gott und aller Welt« verlassen fühlt, der baut mit generellen Selbstgesprächen sein Selbstvertrauen in einem luftleeren Raum. Es hat keinen Bestand. Für die Wirksamkeit des Selbstgespräches brauchst Du die Sicherheit, nicht alleine zu sein. Nicht alleine zu sein, das ist die Bedingung.

Das situative Selbstgespräch

Um den Vorgang beim situativen Selbstgespräch zu verstehen, können folgende Informationen hilfreich sein. Man kann im situativen Selbstgespräch fünf Möglichkeiten unterscheiden. Zwei davon beziehen sich auf das negative, die anderen drei auf das positive Selbstgespräch.

1. negativ: »*Ich kann nicht.*« Dies sind Gedanken, die Dich mehr als alle anderen lähmen. Variationen auf »Ich kann nicht« können sein »Ich weiß nicht«, »Mir gelingt nichts«, »Ich bin unfähig«, »Ich habe keine Kraft«, »Ich habe ein Blackout«, »Heute ist nicht mein Tag«, »Ich wollte, ich könnte.« Diese Art von Selbstgespräch nimmt Dir die besten Kräfte, die Du brauchst, um Schritte vorwärts zu machen. Dieses Selbstgespräch sagt Dir, daß Du zögern sollst, daß Du warten sollst, daß Du hinausschieben sollst, daß Du Deine Fähigkeiten anzweifeln sollst. Dieses Selbstgespräch zieht Dich in den Schatten. Diese Art des Denkens bringt Dich durcheinander. Du kannst mit keiner Übertreibung den Schaden abschätzen, den diese Art des Denkens in Deinem Leben anrichtet.

219

2. »*Ich muß.*« Die Wörter »muß« und »darf nicht« haben eine verheerende Wirkung in unserem Leben. Sie sind eine Zwangsjacke, die jedem Menschen zu klein ist. Es ist besser für Dich, diese Wörter zu meiden, sie aus Deinem Selbstgespräch zu streichen. »Muß« und »darf nicht« haben wir von unseren Erziehern übernommen. Sie drohen und machen Angst. Wenn Du mit »muß« lebst, lebst Du auch mit Angst.

- »Ich muß gut sein«, erzeugt Angst, Fehler zu begehen.
- »Ich muß rechthaben« erzeugt Angst, etwas nicht zu wissen.
- »Ich muß pünktlich sein« erzeugt Angst, zu spät zu kommen.
- »Ich muß einen guten Eindruck machen« erzeugt Angst, in der Öffentlichkeit zu versagen.
- »Ich muß der Beste sein« erzeugt Angst, durchschnittlich zu sein usw.

»Müssen« dämpft Deine Begeisterung, Deine Kreativität und Deine Lebensfreude. In diesem Selbstgespräch erlebst Du intensiv die Wahrheit des »so, wie die Erzieher mit uns umgegangen sind, so gehen wir jetzt mit uns selbst um.« Wenn Du Dich als Kind gegen dieses »müssen« der Erzieher gesträubt hast, dann lebst Du als Erwachsener jetzt einerseits mit dem »muß« und andererseits mit dem »ich will nicht« in Dir. Dadurch entsteht eine starke innere Spannung und ein großer Energieverschleiß. Du trittst auf der Stelle.

»Ich müßte, ich sollte« drückt im allgemeinen aus, daß Du das Gegenteil tust, z.B. »Ich sollte mehr Ordnung in meine Sachen bringen« bedeutet eigentlich »Ich tue es nicht«, oder »Ich muß früher aufstehen... aber ich kann es nicht.« Diese Art führt zu der Entwicklung von Schuldgefühlen, Enttäuschungen und der Festschreibung der eigenen eingebildeten Unfähigkeiten.

Du kannst, nachdem Du die ersten beiden Minusgespräche kennengelernt hast, schon erkennen, wie Du in Deinem negativen Selbstgespräch diese beiden Möglichkeiten ständig abwech-

selnd benutzt. Du sagst Dir: »Ich müßte, ich sollte ja eigentlich..., aber ich kann nicht.« Ich komme später noch darauf zurück.

1. positiv: »*Ich nicht*«. Diese Art des Selbstgespräches ist
Dir genauso geläufig, wie die ersten beiden, nur setzt Du sie
nicht so gezielt ein, wie ich sie noch besprechen werde. Mit der
Ich-nicht-Aussage hebst Du Dich aus dem Gefangensein des
negativen Selbstgespräches heraus. Du erkennst die Notwendigkeit, etwas zu tun, und Du formulierst den Vorsatz in der
Gegenwartsform - als Verneinung. Typisch hierfür sind Aussagen wie »Ich nicht«, »Ich nie«, »Ich nicht mehr«, z.B. »Ich bin
nicht müde«, »Ich rauche nicht«, »Ich habe keine Schwierigkeiten, Namen zu behalten.« So bringst Du das alte Negative »Ich
kann nicht« erst mal hinter Dich, als Ausdruck Deiner Entscheidung zum Neuanfang. Mit diesem »nicht« verneinst Du
zwar das aktuelle Problem, aber benennst es auch. Das generelle positive Selbstgespräch lenkt bei aktuellem Problemverhalten vom Thema ab. Angenommen, Du sitzt vor einem
Schreibtisch mit vielen unerledigten Arbeiten und fühlst Dich
müde und lustlos, dann kannst Du Dir sagen: »Die Sonne
scheint, das Leben ist schön, und so wie ich bin, bin ich gut
genug.« Das würdest Du in dem Moment vielleicht auch glauben, aber es hilft Dir in Deinem Problem nicht weiter. Oder
wenn Du vor der Arbeit sitzt und glaubst: »Ich kann das nicht«,
so würdest Du Dich zwar besser fühlen, wenn Du glauben
würdest: »Ich bin liebenswert«, und es würde Dir vielleicht
auch etwas Kraft geben, aber wenn Du in solchen Situationen
Dich entscheidest, das Problem anzupacken und es benennst
mit: »Ich bin nicht müde, ich habe keine Schwierigkeit, diese
Aufgabe zu lösen«, dann schüttelst Du Dich selbst erst einmal
wach. Es ist, als würdest Du Dir sagen: »Jetzt komm mal in
Bewegung und vergegenwärtige Dir, daß Du in ein altes Muster hineinrutschst, das nicht hierher gehört.« Hier rufst Du
Dich zurück ins Hier und Jetzt und änderst Deine Körperhaltung und Mimik, und dann geht es weiter. Nach »Ich bin

nicht...« kommt eine positive Formulierung, die das Thema umkehrt. Dann bist Du wieder in der bekannten Thematik mit Zielen und vorwiegend positiven Formulierungen, wie Du sie bei dem generellen Zielsatz kennengelernt hast. Dieser Vorgang kann sich öfters wiederholen, d.h. in einem situativen Selbstgespräch können mehrmals Verneinungen auftreten, unmittelbar gefolgt von positiven Aussagen, z.B.»Ich will nicht traurig und bekümmert, sondern ein glückliches und fröhliches Wesen sein.« Damit bist Du dann schon in:

2. *»Ich bin.«* Obwohl nicht jeder Satz mit:»Ich bin« anfängt, beschreibst Du trotzdem, wie Du sein oder Dich verhalten möchtest. Hier kommt wieder die Zielbeschreibung in der Gegenwartsform. Du malst nach der »Ich-nicht«-Aussage« in den erwünschten Zustand, z.B. so:»Ich rauche nicht. Ich bin gesund, meine Lungen sind gesund, ich habe einen angenehmen Atem und ich habe keine Angewohnheiten, die mich schädigen oder mich in irgendeiner Weise störe. Ich entscheide mich für das, was richtig ist.«

Du packst also die Probleme gezielt an, anstatt mit Dir selbst zu kämpfen. Wenn Du daran leidest, daß Du Aufgaben vor Dir herschiebst und meinst:»Ich kann nicht« oder »Ich sollte doch eigentlich«, dann beginnst Du mit:»Ich schiebe keine Sachen vor mir her« und fährst fort mit:»Ich erledige meine Aufgaben so, wie sie auf mich zukommen, und ich freue mich, Sachen fertigzumachen. Ich freue mich, daß sie zur rechten Zeit und in der richtigen Weise fertig werden.« Wenn Du meinst, Du könntest keine Namen behalten, dann sagst Du Dir:»Ich habe keine Schwierigkeiten, Namen zu behalten« und anschließend:»Ich habe ein gutes Gedächtnis, Menschen sind mir wichtig, und ich kann jeden Namen behalten, den ich behalten will.«

Diese Art des Selbstgesprächs mobilisiert Kraft, ermöglicht klares Denken und weckt Begeisterung. Es vermittelt ganz neue Erfahrungen, sich in das Paradox hineinzuwagen, einerseits zu rauchen und andererseits sich im selben Moment zu sagen:»Ich rauche nicht«, sogar in Anwesenheit anderer Menschen sagst

Du während des Rauchens: »Ich rauche nicht mehr«. Es ist wie bei Zielsätzen, daß man in der Gegenwartsform formuliert, was in dem Moment noch nicht in dem Maße zutrifft. Du setzt nicht bei der Verhaltensänderung an (stopp' das Rauchen), sondern im Programm (»Ich rauche nicht«). Durch die »Neuprogrammierung« kommt über kurz oder lang von innen heraus der Impuls, nicht mehr rauchen zu wollen.

Mit so einschneidenden Gewohnheitsänderungen habe ich persönlich keine Erfahrung, aber mit der Müdigkeit, mit der Lustlosigkeit habe ich des öfteren zu tun gehabt und weiß, wovon ich spreche. Aber in bezug auf das Rauchen ist diese Art der Neuprogrammierung auf jeden Fall besser, als die Zigarette zu rauchen und zur gleichen Zeit Schuldgefühle zu haben, weil man meint: »Ich *sollte* nicht rauchen, eigentlich *darf* ich nicht so viel rauchen, eigentlich *müßte* ich ja aufhören« und dann zurückzufallen auf: »Ich kann nicht aufhören, ich würde ja gerne, aber es geht nicht«.

Das Selbstgespräch (»Ich bin, ich kann«) ersetzt das »Ich kann nicht«; »Ich will, ich mache, weil es sinnvoll ist oder weil es Spaß macht« ersetzt das »Ich muß«. »Ich bin«, »ich kann«, »ich mache« sind die Quellen der Selbstermutigung. Sie fordern das Beste in uns heraus, sie ermöglichen es, Neues in uns zuzulassen, Neues auszuprobieren und zu erleben, daß alles auch anders sein kann.

In einer Zeit, in der ich nach meinem eigenen Ermessen zu viel Kaffee getrunken habe, lebte ich mit: »Ich sollte eigentlich nicht so viel Kaffee trinken, es ist bestimmt nicht gut für mich«, und: »Wenn ich keinen Kaffee trinke, bin ich nicht wach und dynamisch genug, um diese Aufgaben zu erledigen.« An diesem Glauben hing ich lange Zeit fest, bis ich mich entschied, dieses Thema mit dem konstruktiven Selbstgespräch anzugehen. Ich sagte mir vor oder bei jeder Tasse Kaffee: »Ich trinke keinen Kaffee mehr«, »Ich habe genug Energie, um jede vor mir stehende Aufgabe ohne Aufputschmittel zu erledigen. Überdies habe ich keine Angewohnheiten, die mich schädigen. Ich entscheide mich für das, was richtig ist«.

Am zweiten Tag nach dem Anfang mit diesem Selbstgespräch, das ich konsequent weiterführte, ohne mir noch weiter einen kritischen Gedanken über Kaffeetrinken - das ich fortsetzte - zu machen, blätterte ich in einigen »Gesundheitsbüchern«, die mir »zufällig« in die Hand fielen, nach dem Stichwort Kaffee. Dort fand ich genug Unterstützung für meine Entscheidung, mit dem Kaffeetrinken aufzuhören oder das Kaffeetrinken wenigstens nicht als Aufputschmittel in Abhängigkeit zu benutzen, um mit meinem Selbstgespräch weiterzumachen. Schwarzer Tee und Kräutertees interessierten mich danach wieder mehr. Nach etwa zwei Monaten habe ich das Trinken von Kaffee ganz aufgegeben. Ich brauch's nicht mehr.

Das Selbstgespräch inspiriert, ermutigt und gibt Kraft. Diese Stufe berührt unsere Hoffnungen und zeichnet gute Zielvorstellungen. Diese Stufe ist eine Herausforderung an alle unsere Möglichkeiten. Hier kannst Du Dir viele »Ich-bin-Sätze« vorstellen, z.B. »Ich bin gesund«, »Ich bin für den Erfolg geboren«, »Ich bin begeistert«, »Ich habe Kontrolle über mein Leben«, »Ich entwickle mich gut«, »Ich freue mich, daß ich Ich bin«, »Ich glaube an mich selbst«, »Ich spüre das Leben in mir«, »Ich wähle für mich, was richtig ist« usw.

3. *»Die Beziehung zur Gemeinschaft und zu Gott«.* Dieser Aspekt des Selbstgesprächs steht für alles, was mehr ist, als was Du selbst durch eigene Kraft bewirken kannst. Es geht um die Kraft, die vom Eingebettetsein in der Gemeinschaft ausgeht, in der Ordnung der Natur, in Deiner Beziehung zu Gott. Hier kannst Du Deine Ziele Gottvertrauen, Loslösung (»Ich lege alles in Deine Hand«) und Selbstvergessenheit benennen.

Mit diesen Informationen kannst Du jetzt bewußter Deine täglichen Selbstgespräche lenken. Verwende einfache Wörter und Satzwendungen. Laß' Deine Formulierungen praktisch und realistisch sein und auf erreichbare Ziele hinweisen. Es ist gut, Grenzen zu überschreiten, aber wünsche für Dich selbst nicht das Unmögliche. Laß' Deine Selbstgespräche mit einer Einstellung der Entschiedenheit ablaufen. Ändere dazu auch Deine Körperhaltung. Du wirst immer fähiger werden, in jeder Situation solche konstruktiven Selbstgespräche zu improvisieren. Sie werden Dir helfen, Deine Stärken bewußt zu leben.

Der situative Zielsatz

Wenn ein bestimmtes Verhalten zum Problem geworden ist, kannst Du es mit einem Zielsatz, der speziell für dieses Verhalten aufgebaut wird, angehen. Die Aussagen in dem situativen Zielsatz sollen spezifisch sein, d.h. sie sollen sich so genau wie möglich auf das Problem, auf das Symptom oder die Gefühlslage, die Du ändern willst, beziehen. Alle Aspekte Deines Lebens, die mit diesem Problem zusammenhängen, sollen benannt werden.

Ein Beispiel:

- »Klaus ißt zuviel und findet sich selbst zu dick. Er möchte abnehmen und erkennt, welche Rolle das Essen in seinem Leben spielt und formuliert die *Bausteine* für seinen Zielsatz so: »Ich esse zuviel, nehme zuviel auf den Teller und esse zu hastig. Ich lasse mich von meiner Mutter zum Essen verführen. Ich kontrolliere mich selber nicht. Ich liebe meinen Körper nicht, und so habe ich ein Alibi, soziale Kontakte zu meiden.«

Alle diese Aspekte sollen in den situativen Zielsatz aufgenommen werden. Das Aufschlüsseln der zu berücksichtigenden Aspekte des Problems ist eine anregende und kreative Arbeit, die schon im Vorfeld viel Auftrieb gibt und zu interessanten Erkenntnissen führt. So könnte dann z.B. folgender situativer Zielsatz entstehen, den der Betreffende sich bei jeder Gelegenheit, in der Essen eine Rolle spielt, sagt:

- »Essen ist für mich kein Problemfeld (Verneinung). Ich freue mich, mein eigenes Leben in die eigene Hand zu nehmen. Ich esse gerne, und ich esse so viel, wie es gut für mich ist. Ich nehme wenig auf den Teller und wenig auf die Gabel (Selbstkontrolle). Ich erlaube es niemandem, Einfluß auf meine Eßgewohnheiten zu nehmen (Verneinung). Essen und Abnehmen sind meine ganz persönlichen Angelegenheiten (Selbstkontrolle). Ich nehme mir Zeit, ich kaue richtig und freue mich an jedem Bissen und an dem Bewußtsein, daß ich mein Ziel erreiche. Ich bin gerne mit anderen Menschen zusammen, ich höre gerne zu, was sie sagen, und ich habe Sinnvolles im Gespräch beizutragen. Ich liebe meinen Körper und pflege ihn (Selbstkontrolle). Essen ist für mich kein Weg, Probleme zu lösen (Verneinung). Dafür habe ich andere Möglichkeiten, z.B. die Gespräche mit meinen Freunden, das Beten und meinen gesunden Menschenverstand (Selbstkontrolle).«

Diese situativen Zielsätze sind wirklich wunderbare Möglichkeiten, Problemverhalten anzugehen, obwohl Du davon natürlich keine Wunder erwarten darfst. Aber der situative Zielsatz macht Mut, zeigt neue Wege auf und weist Dir den Weg zum Licht.

Hier ist noch ein anderes Beispiel:

- »Da ist Dorothea, die in ihrem Beruf viel von Menschen umringt ist, die ihre Hilfe und ihren Rat wollen. Ihr Problem heißt »Zeit«. Sie beschreibt das Problem und die vielen Aspekte des Problems so: »Ich bin immer von Menschen umringt, die etwas von mir wollen, und ich habe nebenbei viel Büroarbeit. Wenn ich mit den Menschen zusammen bin, meine ich, ich müßte mich meinen Büroaufgaben widmen, und so flüchte ich mit der Entschuldigung 'ich habe keine Zeit'. Wenn jemand in meinem Terminkalender eingeplant ist, habe ich Zeit für ihn, dann bin ich freundlich und ruhig. Ein wichtiger Aspekt meines Problems ist, daß ich nicht wirklich 'hier' bin, sondern 'dort'. Ich bin in Gedanken immer dort, wo ich hin will und nicht dort, wo ich bin. Dadurch fühle ich mich innerlich stark unter Druck und dieser Druck tut mir nicht gut. Ich glaube, er wirkt auf mein Herz.«

Sie hat folgenden situativen Zielsatz für sich gefunden, der schon oft spontan in ihr abläuft, sobald sie Hast, Druck und die Neigung, sich mit »ich habe keine Zeit« zu entschuldigen, in sich spürt.

- »Ich bin Dorothea, ich habe Zeit. Zeit ist für mich kein Druckmittel, Aufgaben wichtiger zu machen als die Begegnung mit Menschen (Verneinung). Ich habe immer Zeit, geduldig und freundlich zu sein (Selbstkontrolle). Ich spüre meinen Rücken, meine entspannt freundliche Gesichtsmimik. Ich sehe und spüre die ruhige Bewegung meiner Hände und die ruhige tiefe Atmung eines mutigen Menschen. Ich bin jetzt hier und habe Zeit (Selbstkontrolle).«

In diesem situativen Zielsatz sind ihre Problemaspekte angesprochen. Insbesondere beachtenswert ist der Moment, in dem sie durch das Wecken des Körperbewußtseins sich zurückholt ins Hier und Jetzt.

Man kann natürlich den situativen Zielsatz leicht verlängern mit Teilen des generellen Zielsatzes. Finde darin Deinen eigenen Weg, und mache Deine eigenen Erfahrungen.

Bei der Besprechung dieser Art der Selbstgespräche wird oft die Frage gestellt, ob das nicht Hypnose sei. Hypnose wirkt am besten in einer Art von Trancezustand, in dem das Wachbewußtsein und das kritische Denken nicht voll funktionieren. In dem Zustand werden uns Gedanken von einer anderen Person eingegeben. Wir geben in der Hypnose die Verantwortung für unser eigenes Leben ab. Dies gilt auch für Audiokassetten, wo Stimmen, Töne, Musik eventuell mit nicht klar erkennbar gesprochenen Texten versehen sind, die Dich beeinflussen sollen mit dem Ziel, ruhiger zu werden, glücklicher oder erfolgreicher zu sein. Ich halte diese Methoden nicht für empfehlenswert, denn der von mir beschriebene Weg geht von der vollen Verantwortlichkeit des Menschen aus, durch die er aber auch eine große Würde und Freiheit gewinnt. Jeder Mensch ist seit seinem ersten Schrei bei der Geburt und bis zum letzten Atemzug verantwortlich für sein eigenes Leben.

Unterstützungswürdig halte ich Methoden, die dem Menschen die Verantwortung für seine Gedanken, seine Gefühle, seine Handlungen und seine sozialen Beziehungen voll übertragen. Die Selbstgespräche, die ich oben beschrieben habe, laufen bei vollem Bewußtsein ab, mobilisieren die eigene Dynamik und sind bei vollem Bewußtsein Ausdruck der ganz bewußt gesteckten, persönlichen Ziele.

Das Verständnis für den Wert der Selbstgespräche wird Dir helfen mit den folgenden Übungen erfolgreicher umzugehen.

5.2. Übungen zur Selbst- und Fremdermutigung

Hier sind einige Übungen, mit deren Hilfe Du das Wissen aus den vorigen Kapiteln umsetzen kannst. Du brauchst etwas Geduld, Beständigkeit und ein sogenanntes Wachstumsbuch. Es soll ein Buch sein, das Du gerne in die Hand nimmst und in das Du in den kommenden Monaten wichtige Übungen, Erfahrungen und Erkenntnisse schreiben wirst. Du kannst jetzt schon anfangen, regelmäßig etwas aufzuschreiben. Aber tue aus lauter Anfangsbegeisterung nicht zu viel auf einmal. Nimm Dir lieber eine Übung vor und arbeite damit eine Woche lang.

Die Übungen erfordern viel Umdenken, aber nur durch Denken wirst Du nicht mutiger werden. Handle, tue etwas, packe Deine Aufgaben und Chancen an, gehe auf andere Menschen zu, entwickle den Mut zur Unvollkommenheit, riskiere, Fehler zu machen, sei neugierig auf das, was alles noch in Dir steckt, aber insbesondere tue das, wovor Du Angst hast und erfahre, daß gerade dort das Tor zum Fortschritt ist.

Ich wünsche Dir viel Erfolg in Deiner persönlichen Entwicklung und hoffe, daß auch Du bald merkst: »Ich komme mit mir, mit den anderen, mit dem Leben gut zurecht. Ich trage bei, und die Leute mögen mich.«

1. Das Positive an mir

Laß' keinen Tag vergehen, ohne Dich selbst zu ermutigen. Sage Dir selbst, was Du gut an Dir findest und schreibe täglich etwas auf, wie zum Beispiel:

- Ich finde gut an mir, daß ich ordentlich bin.
- Ich finde gut an mir, daß ich gerne rudere.
- Ich finde gut an mir, daß ich meine Kinder liebe.

Du kannst das Gute an Dir auch in den Lebensaufgaben suchen: Arbeit, Liebe, Gemeinschaft, den Umgang mir Dir selbst und Deine Beziehung zum Kosmos (z.B. zur Religion).

- Ich finde es gut an mir, daß ich am Arbeitsplatz gerne Verantwortung trage und mutig Entscheidungen treffe.
- Ich finde es gut, daß ich meiner Frau gerne eine Freude bereite.
- Ich finde es gut, daß ich meinen Freunden gerne helfe usw.

Hier oben geht es um allgemeine Qualitäten und Fähigkeiten. Du kannst auch untersuchen, was Du aus den letzten Stunden als gut oder genügend anerkennen kannst, z.B.:

- Ich finde es gut an mir, daß ich vorhin spontan die längst fälligen Einkäufe erledigt habe.
- Ich freue mich darüber, daß ich Dir mit dem neuen Handtuch eine Freude bereitet habe.
- Ich finde gut, daß ich heute meine Nägel geschnitten habe.

So lernst Du, auch selbstverständliche Kleinigkeiten zu beachten und würdigen.

Du kannst diese Übung »Was finde ich gut an mir?« auch in einem Kreis von guten Freunden machen, wo jeder der Reihe nach so eine Aussage über sich selbst macht und die Person links oder rechts von Dir diese Aussage in der Du-Form zurückgibt, z.B.:

- »Ich finde gut an mir, daß ich mich heute morgen sehr engagiert an dem Gespräch im Team beteiligt habe.« Dann schaut der Nachbar Dich an und sagt: »Wilma, Du hast Dich heute morgen sehr engagiert an dem Gespräch im Team beteiligt.«
Oder:
- »Ich finde gut an mir, daß ich meine Kinder schon gut ermutigen kann.« Der Nachbar sagt: »Heinz, Du kannst Deine Kinder schon gut ermutigen.«

2. Das Positive an meiner Lebenssituation

Schreibe möglichst viele Punkte auf, mit denen Du ausdrückst, was Du an Deiner jetzigen Lebenssituation gut findest. Im Laufe der Woche kannst Du diese immer wieder ergänzen. Auch diese Übung kannst Du in einer Gruppe machen. Du wirst durch die Augen anderer viele positive Aspekte Deines Lebens erkennen, weil Du Aussagen hörst, die auch für Dich zutreffen und woran Du bis jetzt nicht gedacht hast. Die positiven Aspekte Deiner jetzigen Lebenssituation werden Dir eher einfallen, wenn Du Dir auch hier die einzelnen Lebensbereiche anschaust, z.B. Arbeit, evtl. Studium, Liebe, Ehe, Freundschaft, Kinder, Eltern, Freizeitgestaltung, materielle Verhältnisse usw.

3. Das Positive an meinen Eltern

Schreibe alles auf, was Du an Deinen Eltern gut findest oder wofür Du dankbar bist. Es ist unerheblich, ob sie noch leben oder schon gestorben sind. Vielleicht magst Du auch zwischen Vater und Mutter unterscheiden. Wenn Du mit einer Gruppe guter Freunde zusammen bist, kann diese Übung, gemeinsam durchgeführt, das Gefühl der Nähe und des Vertrauens sehr stärken.

4. Das Positive an meinen Mitmenschen

Nimm Dir jeden Tag vor, den Menschen, mit denen Du in Kontakt kommst, eine Ermutigung auszusprechen oder ihnen sonstwie ermutigende Signale (siehe die erstrebenswerten Qualitäten) zukommen zu lassen. Du kannst sagen, was Dir Gutes an ihnen aufgefallen ist, insbesondere wenn es um Ansätze, Versuche und Fortschritte geht, aber Du kannst z.B. auch ein Dankeschön aussprechen, was auch in vielen Fällen als Ermutigung gut ankommt. Bei dieser Fremdermutigung ist es besser, wenn Du Dich darauf beziehst, was Menschen tun bzw. getan haben, als auf das, was sie besitzen bzw. was Du an ihrem Körper wahrnimmst. Es ist zwar so, daß Komplimente über schöne Augen und Kleidung meistens gut angenommen werden, aber Du sollst Dich lieber darin üben, Dich auf das zu beziehen, was Menschen tun, als auf das, was sie haben.

Wenn Du zu einem bestimmten Menschen in einem Spannungsverhältnis lebst, so ist Dir wohl die positive Sicht verlorengegangen. In dieser Übung kannst Du anfangen, den anderen besser zu beobachten und seine positiven Seiten zu erkennen und diese täglich aufzuschreiben. Du wirst sehen, nur durch diese Aktivität und die geänderte innere Ausrichtung wird sich die Beziehung verbessern; auf jeden Fall wirst Du bald eine bessere Grundlage für ein Gespräch haben.

Du kannst diese Übung in jedem Kreis, wo Du mit Freunden zusammen bist, als Gesellschaftsspiel einführen. Das Wort geht im Kreis links oder rechts herum, und jeder sagt etwas über den Nachbarn. Wenn Du das Wort nicht »herumgibst« und jedem die Freiheit läßt, irgend jemanden zu ermutigen, kann es passieren, daß die Ermutigungen sich bei der beliebtesten oder bei der bemitleidenswertesten Person häufen. Es entsteht dann immer ein Ungleichgewicht.

5. Die Ermutigungsdusche

Interessant wird die Übung »Das Positive an meinen Mitmenschen«, wenn Du die Übung Nr. 1 und 4 kombinierst und sie so aufbaust: Eine Person sagt etwas über sich selbst mit dem Anlaufsatz: »Ich finde gut an mir (...).« Die anderen Teilnehmer reagieren darauf mit: »Andrea, ich finde es auch noch gut an Dir, daß Du (...).« Am besten beschränkst Du die Anzahl der Aussagen auf insgesamt sieben Reaktionen, sonst bekommt der eine sehr viele und der andere nur wenige Reaktionen und erkennt so wieder seinen geringeren Wert oder sein geringeres Beliebtsein.

6. Das wirkungsvolle soziale Dreieck

Jede positive Äußerung, die jemanden indirekt erreicht, kann sehr ermutigend wirken. Überlege Dir mal, wie Du hiermit Erfahrungen machen und andere erfreuen kannst. In der Familie findest Du immer Möglichkeiten, zu jemandem etwas Positives über eines der Kinder zu sagen, wenn Du weißt, daß es die Aussage mitbekommen wird. Wir machen es in einem kleinen Kreis gerne so: Der, der ermutigt werden möchte, setzt sich außerhalb des Kreises, als wäre er gar nicht da. Die anderen sprechen ausführlich über seine guten Seiten. Auch wenn hier das Dreieck absichtlich gestellt ist, bekommt der »Abwesende« große Ohren. Das Spiel macht viel Spaß und kann sehr ermutigend wirken.

Schreibe doch 'mal ein Kompliment (auch eine Papierserviette aus dem Restaurant eignet sich dazu) an den Vorgesetzten, wenn ein(e) Bedienstete(r) (z.b. Barkellner oder jemand vom Rezeptionspersonal) gute Arbeit getan hat.

7. Die persönliche Lebensvision

Da der Mensch ein zielorientiertes Wesen ist, kann er sich nicht sinnvoll bewegen, wenn er kein Ziel vor sich hat. Diese Übung ist dazu da, erstrebenswerte Ziele zu suchen.

Übungsvorschlag:

a. Schreibe 20 Sätze in der grammatikalischen Gegenwartsform auf, die anfangen mit: »Ich ...«
Für diese 20 Sätze gelten die gleichen Spielregeln wie für den generellen Zielsatz (siehe Kapitel 5.1.).
Diese »Lebensinhalte« können sich auf die fünf Lebensaufgaben beziehen oder auch auf Dein persönliches Wohlbefinden.
Einige Beispiele:
-»Ich gehe fröhlich, mit leichtem Schritt und erhobenem Haupt durch die Straßen von Frankfurt.«
-»Ich packe die vor mir liegenden Aufgaben beschwingt und mit Leichtigkeit an.«
-»Ich höre meiner Freundin interessiert zu.«
Diese und ähnliche Sätze drücken in der Gegenwartsform das aus, was Du besser können möchtest oder auch als neues Ziel anstrebst. Bei jedem Satz, den Du sagst, sollst Du eine Vorstellung davon haben, wie Du den Inhalt ver-

wirklichen wirst. Du bist in dem Moment Zuschauer in Deinem eigenen Leben und siehst das, was in der Zukunft sein wird, jetzt schon vor Dir.

b. Diese Lebensvision liest Du Dir immer mal, wenn Du Lust hast, in Ruhe vor und schaust Dir mit einem Lächeln die Vorstellungen an, die Dir dabei kommen. Vielleicht entstehen zu einem Satz jeden Tag andere Vorstellungen. So kannst Du Dich an den vielen Möglichkeiten freuen, die Du erkennst .

Einige von diesen Sätzen werden Dich bestimmt, ohne daß Du es Dir bewußt vornimmst, im Laufe des Tages begleiten. So weißt Du: »Es gibt Wichtigeres, als mir Sorgen zu machen.«

8. Die Ehe-Vision

Genau wie mit der persönlichen Lebensvision kannst Du auch mit einer Ehe-Vision verfahren. Jeder von Euch schreibt etwa 20 Sätze, die anfangen mit: »Wir...« und etwas Konstruktives in der Gegenwartsform ausdrücken. Danach setzt Ihr Euch als Paar zusammen und sucht die Sätze heraus, die Ihr beide spannungsfrei annehmen könnt. So entsteht dann eine gemeinsame Ehe-Vision, wovon jeder dem anderen einen Satz vorlesen kann, beide warten bis die Vorstellungsbilder kommen, und dann erzählt ihr Euch, was Ihr »gesehen« habt. Dann liest der andere den nächsten Satz vor usw. Im Laufe der Zeit wird Euch klar, daß es Wichtigeres gibt, als sich gegenseitig zu kritisieren.

Beispiel einer Ehe-Vision:
- Wir lachen viel.
- Wir sind gut zueinander.
- Wir nehmen uns Zeit für Gespräche über das, was uns beschäftigt.
- Wir sind dabei offen zueinander.

- Wir haben eine kreative zärtliche sexuelle Beziehung.
- Wir haben Zeit für ungeplante Unternehmungen.
- Wir beten zusammen.
- Wir achten das Anderssein des Partners.
- Wir ermutigen uns täglich.
- Wir machen zusammen Musik.
- Wir bleiben im Gespräch, auch wenn das Thema schwierig wird.
- Wir drücken unsere Wünsche klar aus.
- Wir sind gerne zusammen, aber wir kommen auch alleine zurecht.
- Wir frühstücken in Ruhe und sprechen über unsere Einstellung zum bevorstehenden Tag.
- Wir lassen uns den Spielraum, den wir brauchen.

9. Die Edelsteine

»Betrachte den Menschen als ein Bergwerk, reich an Edelsteinen von unschätzbarem Wert. Nur die Erziehung kann bewirken, daß es seine Schätze enthüllt ...« (Bahá'u'lláh)

Wenn Du andere Menschen so betrachtest, macht es Dir vielleicht Spaß, die Edelsteine des anderen zu finden und ihm zu helfen, sie ans Tageslicht zu bringen, indem Du seine Stärken, seine Versuche und Fortschritte durch Ermutigung förderst und ihm seine Edelsteine zeigst.

Jetzt, wo Du Dich selbst auch als ein positives Wesen erkannt hast, gefällt Dir dieser Vergleich, »ein Bergwerk, reich an Edelsteinen« zu sein, vielleicht ganz gut.

Übungsvorschlag:

So könntest Du vielleicht mit der ganzen Familie oder einer anderen Gruppe folgende Übung machen: Jeder bekommt kleine Zettel (Postkartengröße) und schreibt auf jeden etwas, was er selbst als einen eigenen Edelstein betrachtet. Es handelt sich hier wieder um Qualitäten, Verhaltensweisen, innere Haltungen, Fertigkeiten, die Du für Dich selbst als positiv anerkennst. Jeder schreibt auf jeden Zettel jeweils nur einen Edelstein in der Ich-Form. Die Anzahl der Zettel ist begrenzt auf 10 bis 15.

Die Zettel werden so klein wie möglich zusammengefaltet, alle in derselben Art, und als Edelstein betrachtet. Dann werden alle Edelsteine in die Mitte des Kreises gelegt und gemischt, und nacheinander nimmt jeder einen Edelstein heraus und liest den Text laut vor, z. B. »Ich bin geduldig«. Der, der erkennt, daß es sein »Stein« ist, meldet sich. Dann wird der Inhalt mit Ergänzung des Vornamens des Betreffenden noch einmal vorgelesen: »Fritz, Du bist geduldig.« Oder: »Ich kann gut lernen.« Frieda meldet sich. »Frieda, Du kannst gut lernen.« Man liest den Text so vor, daß es für den anderen wie ein Geschenk ist.

Jeder kann sich jetzt eine Schatztruhe machen, diese Edelsteine hineinlegen und jeden Tag ein oder zwei herausgreifen und sich überraschen lassen, welcher Edelstein da gerade ans Tageslicht gefördert wurde. Es gibt Kinder, die holen unaufgefordert einen Edelstein aus dem Pokal oder der Schatztruhe einer der Elternteile und bringen den Edelstein schon morgens früh ans Bett. Die Familienmitglieder können im Laufe der Woche auch neue Edelsteine in die Schatztruhe des anderen hineingeben. So wird Ermutigung ein spielerischer, selbstverständlicher Bestandteil des Familienlebens.

Diese Übung kannst Du natürlich auch alleine machen, aber in der Gruppe macht sie mehr Spaß.

10. Ermutigung nach »oben«

In der Welt der Gleichwertigen gibt es keine Überlegenen und Unterlegenen. Kinder, Männer und Frauen sind gleichwertig, unabhängig von Alter, Entwicklungsstufe, Beruf oder sonstwie. Trotzdem erleben wir uns noch nicht so. Es gibt für jeden von uns Personen, die wir als Autorität oder als Respektpersonen empfinden und die wir höher als uns selbst ansiedeln. Viele Kinder haben in der Beziehung zu ihren Eltern, Erwachsene im Verhältnis zu ihrem Vorgesetzten, Patienten im Verhältnis zu ihrem Arzt usw. noch Unterlegenheitsgefühle. In der Beziehung »oben - unten« ist es leichter, von oben nach unten zu ermutigen als von unten nach oben. Mach doch mal Deine Erfahrungen mit der Herausforderung, von unten nach oben zu ermutigen. Mache es nicht zu übertrieben auffällig, denn diese Vorgesetzten, Autoritäten und Respektpersonen sind es nicht gewohnt, von ihren Patienten, Klienten oder Untergebenen ermutigt zu werden. Trotzdem brauchen sie genauso Ermutigung wie jeder andere Mensch. Ich halte regelmäßig Vorträge über die verschiedensten Themen und erlebe immer wieder, daß die Besucher nach einem Vortrag, bei dem sie durch Applaus ihre Anerkennung ausgedrückt haben, etwas scheu an mir vorbeigehen und offensichtlich nicht auf den Gedanken kommen, mir zu sagen, daß ihnen meine Ideen gefallen haben. Ich glaube, davon zwar nicht abhängig zu sein, aber es würde mir trotzdem guttun, und es fällt mir auf, daß nur selten jemand auf den Gedanken kommt, mich zu ermutigen. Wenn Du Angst hast, mit Worten zu ermutigen, so mache es durch einen anerkennenden Blick oder dadurch, daß Du über Dich selbst sprichst, indem Du z.B. einem Arzt sagst: »Ich habe mich bei Ihnen in sicheren Händen gefühlt.«

11. Denken in Zuneigung

Willst Du lernen, andere Menschen zu ermutigen, insbesondere solche, die Dir nahestehen, dann ist es nötig, in Zuneigung über sie zu denken. Es geht dabei nicht nur um Toleranz und Freundlichkeit, sondern um die Entwicklung der Fähigkeit, das Gute zu erkennen und dieses auch zu benennen. Das Gute erkennen ist im Grunde der Prozeß des Denkens. Das Gute benennen ist der Prozeß des Sprechens. Beim Aussprechen kannst Du Deine freundliche Stimme üben und einsetzen.

Übungsvorschlag:

Nimm einen »leeren« Stuhl, »setze« in Gedanken eine Dir nahestehende Person darauf und sage ihr, was Du gut, liebenswert, anerkennenswert findest, oder sprich ihr einen Dank aus. Dies kannst Du in ein bis zwei Sätzen oder auch in einem längeren Gespräch, das dann im Grunde ein Selbstgespräch ist, machen. Du kannst Dich dafür an Deinen Lieblingsplatz zurückziehen und Dir sehr lebendig vorstellen, wie die betreffende Person vor oder neben Dir sitzt. Du kannst dies auch während verschiedener Arbeiten machen, bei denen Du nicht zu viel denken mußt, z.B. beim Spülen, bei Gartenarbeiten, beim Bügeln und anderen Routinearbeiten. Eine Freundin sagte mir neulich: »Früher mußte ich mich immer zum Bügeln aufraffen, jetzt habe ich das Gefühl, ich habe zu wenig Wäsche.«
Wenn Du diese Übung in einer Gruppe machen willst, so setzt Euch in einen Halbkreis von höchstens 8 Personen und stellt einen Stuhl vor den Halbkreis. Jeder kommt der Reihe nach dran und sagt, wen er auf den Stuhl »setzt« und fängt dann an, diese Person laut zu ermutigen. Mach Dich darauf gefaßt, daß dabei auch starke Emotionen frei werden können, denn viele Teilnehmer lassen sich auf ungeklärte Beziehungsfelder ein, z.B. zu Eltern, Kindern, Ehepartner usw. Das Weinen löst Spannungen - die beste Reaktion ist Anteilnahme durch Körperkontakt. Die meisten Menschen brauchen keine Analyse der Probleme und auch keine Ratschläge. Es ist wunderbar, sich einmal ausweinen zu können und zu spüren, daß andere Dich nicht fallenlassen. Viele erkennen in dem Augenblick, in dem sie diese Aussage machen, eine Sehnsucht nach einer herzlicheren Beziehung oder haben Erinnerungen an bessere Zeiten in der Vergangenheit mit dieser Person. Dies ist in Partnerschaften oft der Fall.

12. Dein eigener bester Freund

Sei Dir selbst ein guter Freund. Überlege und schreibe auf, was Du tun würdest und was Du nicht tun würdest, wenn Du jemanden als Freund gewinnen willst oder ihn als Freund behalten möchtest. Vielleicht könntest Du aus folgenden Ideen eine Auswahl treffen und diese dann durch Deine eigenen Vorstellungen erweitern.

Ich würde die Person ermutigen.
Ich würde sie als Gleichwertigen behandeln.
Ich wäre in meinem Verhalten ihr gegenüber berechenbar.
Ich wäre tolerant.
Ich wäre immer zum Helfen bereit, wenn sie mich braucht.
Ich würde Fehler nicht so wichtig machen.
Ich würde ihr Aufmerksamkeit und Zuwendung schenken.
Ich würde zuhören und verstehen wollen.
Ich würde sie akzeptieren, so wie sie ist.
Ich würde mich für sie interessieren, so daß ich an ihrem Leben teilhaben kann.
Ich ließe ihr die Freiheit, die sie braucht.
Ich erfreute mich an ihren Erfolgen.
Ich wäre nicht eifersüchtig.
Ich würde ihr nicht zu viele Zigaretten in den Mund stecken.
Ich würde sie nicht überfüttern.
Ich nähme mir Zeit für gemeinsame Aktivitäten.
Ich würde die Person nicht - jedenfalls nicht absichtlich - verletzen und wenn, so würde ich mich entschuldigen.

Suche aus der Aufstellung, die Du selbst machst, die wichtigsten Aussagen heraus und überlege dann, wie Du diese Art des Umganges, die Du im Dienste einer guten Freundschaft zu zeigen bereit bist, umsetzen kannst im Umgang mit dem besten Freund, den Du hast, nämlich mit Dir selbst.

Die Frage lautet dann: »Was will ich tun, um mir selbst ein guter Freund zu sein?« oder: »Was will ich tun, um die gute Beziehung zu mir selbst nicht zu verlieren.?« Setze dann in dieser Woche einige von diesen Vorsätzen in die Praxis um und bleibe wie mit einem guten Freund mit Dir selbst im Gespräch.

Solltest Du über dieses Thema in einer Gruppe sprechen, so soll jeder seine persönliche Meinung über das Thema »Was würde ich tun, um einen Freund zu gewinnen oder ihn nicht zu verlieren?«, sagen, ohne daß darüber diskutiert wird (siehe Kapitel: Ermutigendes Beisammensein). Jeder kann seine Meinung dazu äußern, jeder kann auch von den Meinungen anderer lernen, aber *die* Wahrheit hat keiner von Euch. Lasse also die Aussagen von jedem Teilnehmer ohne Kommentar gelten.

13. Guten Morgen, Jan

Der Familien- oder der Vorname ist dem Träger ein wichtiger Besitz. Manche mögen ihren Vornamen mehr als ihren Familiennamen oder umgekehrt, aber mit dem Namen sprichst Du einen Menschen persönlicher an, als wenn Du nur seine Funktion nennst. Der Kellner wird sicher lieber mit Herr ... angesprochen, als nur mit »Hallo, Herr Kellner.« Man kann jeden mit »Guten Morgen« oder »Grüß Gott« anreden, aber »Guten Morgen, Jan« oder »Grüß Gott, Willi« oder »Guten Tag, Frau Schneider« drückt aus, daß Du Interesse für die Person zeigst, allein durch die Tatsache, daß Du den Namen hinzufügst. Manche Menschen sind erstaunt, die meisten erfreut, wenn sie merken, daß Du ihren Namen kennst. Ich mache persönlich immer wieder die Erfahrung, daß Menschen gerne erzählen, wenn ich frage, woher der Name stammt oder was er bedeutet. Viele Personen im dienstleistenden Sektor tragen Namenschilder: Bedienstete in Supermärkten, in Friseursalons, im Gastronomiegewerbe, in Behörden und Institutionen. Die wenigsten Menschen machen davon Gebrauch. Meine Erfahrung ist, daß die Personen die Nennung ihres Namens mit einem freundlichen Lächeln quittieren. Als Nebeneffekt bekomme ich oft eine helfende Zuwendung und eine bessere Vermittlung bei Beschwerden und Anliegen als andere.

Übungsvorschlag:

Suche Möglichkeiten, den Namen unbekannter Menschen zu erfragen und ihn mehrmals zu erwähnen. Interessiere Dich für Namen, frage nach Ursprung und Bedeutung, auch bei Deinen Freunden.

14. Post von mir

Jetzt, wo Du Dir selbst ein guter Freund/eine gute Freundin bist, kannst Du einmal Erfahrungen damit machen, wie es ist, wenn Dein Freund/Deine Freundin von Dir Post bekommt. Schreibe Dir selbst einen Brief in der Du-Form. Beschreibe darin ausführlich, warum und in welcher Hinsicht die vergangenen Wochen für Dich schön und wichtig waren, welche Fortschritte Du gemacht hast usw. Erwähne auch die eigenen Anteile an gelungenen Unternehmungen. Vergiß nicht die Dankbarkeit über Dinge, die Dir zugefallen sind, ohne daß Du etwas dafür getan hast. Dies bezieht sich auch auf die Geschenke aus der Natur.

Wenn Du Lust hast, bringst Du diesen Brief auf die Post und freust Dich daran, diese ermutigende Kraftquelle über die Post wieder zu empfangen.

Wenn Du diese Übung in einer Gruppe machst, so könnt Ihr Euch ja gegenseitig Eure Briefe vorlesen.

15. Dankbarkeit

Schreibe in Dein Wachtumsbuch unter der Überschrift »Ich
bin dankbar für ...« oder »Ich bin dankbar, daß ...«
  a. was andere für Dich getan haben (5 Punkte),
  b. über das Gute und Schöne um Dich herum (10 Punkte),
  c. was du ohne Dein Zutun vom Leben geschenkt bekommen
     hast (5 Punkte).

16. Der freundliche Blick

Mache Deine Erfahrungen damit, was es für Dich bedeutet
und wie andere reagieren, wenn Du einen freundlichen Blickkontakt etwas länger hältst, als in der gegebenen Situation üblich ist. Laß es kein Spiel mit Gefühlen anderer sein, sondern
biete Deinen freundlichen Blick als ein zusätzliches Geschenk
der Freundlichkeit und der Ermutigung an. Vielleicht kannst
Du die Erfahrung machen, daß Du jemanden, ohne etwas zu
sagen, bloß durch einen bejahenden Blick ermutigen kannst.
Ein Beispiel:

- »Ich bin im Kindergarten und sitze an einem unauffälligen
  Platz als Beobachterin. Ich bemerke, wie ein Mädchen in
  einiger Entfernung von mir schüchtern Blickkontakt zu
  mir aufnimmt. Ich nehme das Kontaktangebot an, indem
  ich ihr mit freundlichem Blick begegne. Das Mädchen lä-
  chelt nur kurz, bewegt verlegen ihren Kopf und wendet
  ihren Blick von mir ab. Ich lenke meine Aufmerksamkeit
  von ihr weg, damit sie sich nicht zu sehr beobachtet fühlt,
  sehe aber aus dem Augenwinkel, wie sie erneut meinen
  Blick sucht. Wieder schaue ich sie freundlich an, worauf
  sie ihre vorige Reaktion wiederholt. Noch einige Male
  kommuniziert das Kind mit mir auf diese Weise,
  schließlich aber traut sie sich zu mir her und fragt mich,
  ob ich mit ihr spielen wolle.«

17. »Ja..., aber...«

Setze Dein »zweifelndes Ich« auf einen Stuhl und mache eine positive Aussage. Setze Dich dann auf diesen Stuhl und mache als »zweifelndes Ich« Deine Einwände. Gehe zurück auf den ersten Stuhl und überzeuge freundlich und mit logischen Argumenten Dein »zweifelndes Ich«. Sprich über das Positive an Dir und über Deine Fortschritte. Wenn Dein »zweifelndes Ich« Dir noch sehr widerspricht, so sorge auf jeden Fall dafür, daß Du, nachdem Du Fortschritte erwähnt hast, fragst, ob es das nicht auch als Fortschritt anerkennen kann. Stelle Deine Frage so, daß es auf jeden Fall mehrmals Ja-sagen muß. So wechselst Du ständig den Sitz, bis Du - auf jeden Fall - auf Deinem ersten Stuhl das letzte Wort hast. Diese Übung ist von größter Wichtigkeit, um die Fähigkeit zu erlernen, konstruktive innere Dialoge zu improvisieren.

Zum Beispiel so:

Ich spreche zum leeren Stuhl, auf dem mein eigener Zweifel sitzt: »Ich finde, daß ich schon viel geduldiger und ermutigender mit meinen Kindern umgehe.«

(Stuhlwechsel, der Zweifel:) »Das glaubst Du doch wohl selbst nicht. Vorige Woche hast Du ja noch mit Mammi geschimpft und anschließend auch wieder ein schlechtes Gewissen gehabt, wie immer!«

(Stuhlwechsel, Ich:) Ja, Du hast schon recht, aber ich ermutige beide schon viel öfter als früher. Hast Du das auch gemerkt?«

(Stuhlwechsel, der Zweifel:) »Ja, schon...«

(schneller Stuhlwechsel, bevor das »Aber...« kommen kann; Ich:) »Siehst Du! Es ist schön, daß Du das anerkennst. Heute morgen z.B. habe ich Martin gesagt, daß es eine große Hilfe für mich war, daß er selbst sein Bett gemacht hat und daß ich mich freue, daß er Spaß daran hat, mich im Haushalt zu unterstützen. Das hätte ich früher nie gemacht. Kannst Du das auch als Fortschritt anerkennen?«

(Stuhlwechsel, der Zweifel:) »Ja, schon, aber ich weiß nicht, ob Du wirklich eine gute Mutter bist. Du regst Dich ja manchmal über so unsinnige Kleinigkeiten auf!«

(Stuhlwechsel, Ich:) »Ja, Du hast recht. Ich bin noch unvollkommen, aber ich tue mein Bestes. Ich strebe es auch nicht an, eine vollkommene Erzieherin zu sein. Ich bin zufrieden, daß ich, nachdem ich die Ermutigung als Erziehungshilfe kennengelernt habe, mit mir und mit den Kindern schon viel besser auskomme. So haben wir jetzt mehr Frieden in der Familie als früher, und den Kindern tut dies gut! Meinst Du nicht auch?«

(Stuhlwechsel, der Zweifel:) »Ja, das muß ich Dir wohl eingestehen, ...«

(Stuhlwechsel, Ich:) »Ich danke Dir und freue mich, daß wir uns so einig sind. Bis zur nächsten Begegnung. Tschüß!«

18. Die positive Deutung

Das Gute erkennen ist einfach, wenn das Gute im Vordergrund steht. Du kannst aber auch lernen, das Positive zu sehen, wenn in Deiner Wahrnehmung oder in Deinem Erleben das Negative im Vordergrund steht.

Übungsvorschlag:

Schreibe Deine negativen Wahrnehmungen oder negativen Empfindungen in Dein Wachstumsbuch und lasse nach jedem Satz 3 oder 4 Zeilen frei. Danach frage Dich: »Wie kann ich diese negativen Aussagen positiv umdeuten«, z.B. meine Tochter ist eigenwillig. Umgedeutet: Meine Tochter weiß, was sie will. Oder: Meine Mutter behandelt mich wie ein kleines Kind. Umgedeutet: Meine Mutter ist fürsorglich und hilfsbereit.

Stelle Dir auch die Frage: »Welche Entwicklungschance ist für mich mit dieser Wahrnehmung oder dieser Empfindung verbunden, z.B. meine Mutter behandelt mich wie ein kleines Kind?« Umgedeutet: Meine Mutter ist fürsorglich und hilfsbereit. Meine Chance: Ich lerne zu verstehen, was ich dazu tue, ihr zu ermöglichen, mich wie ein kleines Kind zu behandeln.

Weitere Beispiele:

- Ich bin krank. Umgedeutet: Ich kann mich ausruhen. Meine Chance: Gott will mich eine Zeit für sich alleine haben. Ich lerne, geduldiger zu werden.
- Die vielen Flüchtlinge »fressen« unsere Renten auf. Unsere Chance: Wir lernen dadurch, was teilen heißt. Wir lernen, uns auf die Entwicklung der Zukunft einzustellen.

19. Ermutigung annehmen

Hast Du schon erkannt, daß nicht nur Du andere Menschen ermutigst, sondern daß auch Ermutigungen von anderen zu Dir kommen? Mache heute Augen und Ohren auf, um Ermutigungen von anderen zu erkennen, und finde Deine eigene Form heraus, deutlich »Danke schön« zu sagen.

Spüre, wie die Ermutigung auf Dich wirkt, und beobachte, wie Dein Dankeschön aufgenommen wird. Schließlich hängt es nicht von dem Verhalten oder der Äußerung anderer ab, ob Du Dich ermutigt fühlst oder nicht, sondern davon, ob Du bereit bist, die Ermutigung anzunehmen.

20. Noch nicht so gut, aber besser

Mutig werden erreichst Du nicht nur dadurch, daß Du ausschließlich Deine positiven Seiten siehst, sondern dadurch, daß Du eine realistische Einschätzung Deines Standortes im Leben findest. Sieh Deine Schwächen jedoch immer in Zusammenhang mit Deinen Stärken.

Übungsvorschlag:

Schreibe in Dein Wachstumsbuch Gedanken, die Dir zu folgenden Anlaufsätzen einfallen:
- Ich kann noch nicht so gut (...), aber ich kann schon besser als früher (...).
- Ich kann noch nicht so gut vor einer Gruppe stehend einen Vortrag halten, aber ich kann schon besser als früher in einer Gruppe aufstehen und eine Frage stellen.
- Ich kann noch nicht so gut im Büro Ordnung halten, aber ich kann schon besser als früher in der Wohnung Ordnung schaffen.
- Ich kann noch nicht so gut ruhig bleiben, wenn mein Vater mich ungerecht behandelt, aber ich kann schon besser als früher generell positiv über ihn denken.
- Ich kann noch nicht so gut einem Mitarbeiter sagen, wo er einen Fehler gemacht hat, aber ich kann schon besser als früher die Dinge tun, die ich selbst für richtig halte.

21. Sowohl ... als auch

Wenn Du sagst: »So, wie ich bin, bin ich gut genug«, dann umfaßt das »Gutgenugsein« Deine Stärken und Deine Schwächen.

Übungsvorschlag:

Mache eine Gegenüberstellung von positiven und negativen Eigenschaften und Verhaltensweisen, schau sie Dir ruhig an, denn Du weißt ja, kein Mensch ist vollkommen, jeder Mensch hat Schattenseiten. So ist das mit mir. Ich werde noch viel lernen und mich weiter entwickeln, aber ich werde immer meine Plus- und Minusseiten haben. Ich bin ein Mensch und nichts Menschliches ist mir fremd.

Plus	Minus
Ich bin ein Heiliger.	Ich bin ein Betrüger.
Ich bin mutig.	Ich bin feige.
Ich bin aktiv.	Ich bin faul.
Ich bin geduldig.	Ich bin hektisch.
Ich bin freundlich.	Ich bin unhöflich.

Am Ende wirst Du besser als vorher wissen: »Ich bin sowohl ... als auch«. »Ich liebe mich so, wie ich bin.«

22. Die spezifische Ermutigung

Es ist leichter, den Wald zu sehen als die Bäume. Es ist leichter zu erkennen, daß du jemanden magst (= der Wald), als zu benennen, was du nun genau (= die Bäume) an ihm magst. Das Wort »Wald« bezieht sich auf den allgemeinen Eindruck - lieb, gut, tüchtig usw. - und »Baum« auf einzelne Qualitäten, Fähigkeiten, Verhaltensweisen.

»Du bist ein gutes Kind« ist eine Aussage, die die meisten Kinder gerne hören, aber für Kinder ist es wichtig zu wissen, über was genau die Erzieher sich freuen, welches Verhalten sie schätzen oder was sie in deren Augen gut gemacht haben. Das fördert die Selbsteinschätzung des Kindes.

Die generelle Ermutigung
- du bist ein gutes Kind
- ich finde dein Bild sehr schön
- ich mag deine sportliche Einstellung
- ich finde dich mutig
läßt das Kind in Bezug auf spezifische Verhaltensanweisungen im Ungewissen.

Übungsvorschlag:

Mache eine generelle (positive) Aussage über den Menschen, den du fördern willst und spezifiziere dann mit einer weiteren Aussage, was du genau meinst. Am besten geht es mit ..., *weil du ...*

»Du bist ein gutes Kind, *weil du* mir hilfst, das Frühstück auf den Tisch zu stellen.«

»Ich finde Dein Bild sehr schön, *weil du* viele Farben verwendet hast und noch weiße Stellen freigehalten hast.«

»Ich mag deine sportliche Einstellung, *weil du*, nachdem du das Tischtennisspiel verloren hattest, deinem Freund Hans zu seinem Sieg gratuliert hast.«

»Ich finde dich mutig, *weil du* heute morgen ohne Zögern zum Zahnarzt gegangen bist.«

So erhalten Kinder Verstärkung, die sie zur Weiterentwicklung positiver Verhaltensmuster unbedingt brauchen.

Kannst Du diese Übung auch am Arbeitsplatz, in der Ehe und in der Freizeit einsetzen?

23. *Ein Encouraging-Zettel anstatt des üblichen Trinkgeldes*

Das Geben von Trinkgeldern ist nicht in Übereinstimmung mit unserem Streben nach Gleichwertigkeit. Es hat etwas von »oben« nach »unten« an sich, eine Geste, deren Wert von Stimmung und Laune beeinflußt wird. In unserer Gesellschaft haben die Trinkgeldempfänger ihr Gehalt wie alle anderen Arbeitnehmer auch; 15% Bedienungsgeld ist in Hotel- und Restaurantrechnungen inbegriffen. Willst Du der Friseurin, dem Kellner, der Stewardess Deine Anerkennung ausdrücken, dann verlaß' doch mal den Standpunkt des Trinkgeldgebens und gebe eine schriftliche Ermutigung. Das erfordert etwas mehr persönlichen Einsatz, aber die Wirkung wird es Dir lohnen.

Übungsvorschlag:

Wenn Du Trinkgeld geben willst, schreibe auf einen Zettel genau das, wofür Du ein Trinkgeld geben wolltest und händige ihn bei der Bezahlung mit aus. Wir - Antonia, meine Frau, und ich - machen es so. Wir nehmen einen Zettel - im Notfall reicht ein Tempotaschentuch, eine Papierserviette oder die Rückseite des Rechnungsformulars - und schreiben als ersten Satz: »*Anstatt des üblichen Trinkgeldes* ...« und dann, was wir an Positivem wahrgenommen haben, z.b.: »Wir fühlen uns hier durch Ihre Freundlichkeit, Ihre Zuwendung, Ihre Hilfsbereitschaft sehr wohl. Wir erkannten Ihren guten Überblick, Ihre Ausdauer und Ihre Eignung und Liebe für Ihre Arbeit. Wir kommen gerne wieder.«

Diesen Zettel legten wir in einem kleinen Restaurant, wo die Inhaberin selbst bediente, bei der Bezahlung dazu und sind gegangen. Als wir einige Tage später wiederkamen, begrüßte sie uns wie alte Freunde, sie nahm Antonias Hand in beide Hände, bedankte sich herzlich für die Anerkennung - und zeigte uns, daß sie den Zettel eingerahmt hatte. Er hing in der Küche.

Trinkgeld wird oft gleichgültig weggesteckt, aber der Encouragingzettel wird noch mal gelesen, vorgezeigt, besprochen und baut ungemein auf.

Im Ausland, wo wir in einem französischen Restaurant mit einer Gruppe gegessen hatten, konnten wir uns schriftlich nur in Englisch ausdrücken. Der Kellner vermutete etwas Positives und fragte seine Kollegen. Schließlich standen sechs Kollegen zusammen und versuchten, mit ihren geringen Englischkenntnissen den Inhalt zu verstehen. Antonia machte mit Gebärden den Inhalt klar. Alle freuten sich riesig. Es wurde ein Mann aus der Nachbarschaft geholt, der sich bei uns auf Englisch ausführlich bedankte. Als unsere Gruppe vom Parkplatz wegfuhr, standen sechs Kellner vor der Tür und winkten uns nach.

In einem Fall, wo ich einer Stewardess einen Encouragingzettel auf ihr Getränkewägelchen legte, bedankte sie sich freudig und sagte, daß ihr das noch nicht passiert sei. Es entstand ein schönes, persönliches Gespräch.

Ermutigung macht Fremde zu Freunden und bringt Licht in die Dunkelheit. Mach mit!

24. Die üble Nachrede

Nach so vielen Ermutigungsübungen kannst Du das Thema »die üble Nachrede« erfolgreich anpacken.

Übungsvorschlag:

a. Halte den Mund, wenn Du über Fehler oder Schwächen anderer sprechen willst.

b. Finde Wege, Dich aus einem Gespräch der üblen Nachrede herauszuziehen, es zu stoppen oder umzulenken, ohne den anderen zu verletzen.

c. Unterscheide, ob Du Beratung und Hilfe suchst, wenn Du über andere redest, oder ob Du nur über die Schwächen anderer reden willst (siehe hierzu auch den ausführlichen Text auf Seite 24ff)

Sprich mit Freunden und Bekannten über dieses Thema. Du wirst erfahren, daß die meisten Menschen wissen, daß es nicht gut ist und gerne etwas ändern möchten. Gemeinsam mit anderen ist es leichter diese Unfrieden stiftende Angelegenheit zu beeinflussen. Es macht Spaß und erhöht Deine Selbstbestätigung. Solange die üble Nachrede auf den Menschenherzen liegt, wird der Friede nicht wachsen.

6. Märchen

Märchen zeigen in symbolischer Weise Aspekte des Lebens. Sie handeln vorwiegend von Entmutigungen und von Problemen, die die Entwicklung bedrohen. Sie zeigen aber auch Entwicklungswege und lassen erkennen, daß Gutes tun - Mutmachen und mutiges Handeln - auch Gutes nach sich zieht. Dadurch machen Märchen Hoffnung, daß Neubeginn und Entwicklung möglich sind und daß wir die nötigen Kraftquellen in uns selbst zur Verfügung haben. So regen sie unsere Phantasie an.

Wer, wie ich, erlebt, wie Menschen sich - angeregt durch Ermutigung - entfalten können, der könnte glauben, ein Märchen zu erleben.

Eigene Erfahrungen oder Verstandenes in Märchenform auszudrücken, vertieft Erkenntnisse und fördert die Entwicklung. Darum ist das Schreiben von Märchen zu den Themen Entmutigung/Ermutigung ein Bestandteil des Ermutigungstrainings. Hier ist eine kleine Auswahl.

Der kleine Miweko[8]

In einem fernen Land hinter einem steil aufragenden und zerklüfteten Gebirge lebte einst Miweko[9]. Er führte ein freudloses und elendes Dasein. Nicht, daß es ihm an gutem Essen oder etwa einem behaglichen Heim gefehlt hätte, vielmehr mangelte es ihm an innerer Zufriedenheit. So beschloß er, sich aufzumachen und sein Glück zu suchen.

So traf er eines Tages Alguno[10], dessen Federn von der Sonne beschienen wurden und wunderschön glänzten. Miweko

---

8 von Julitta Seitzer und Gerda Wichtmann
9 Abkürzung von Minderwertigkeitskomplex
10 Span. Bez. für: Irgendeine(r)

251

wandte sich an ihn:»Guten Tag, du schwarzer Geselle.« -
Alguno erschrak:»Warum hat er mich einen schwarzen Gesellen genannt? Sind meine Federn denn nicht schön?« - Und als
er Miweko anschaute, bemerkte er, wie wunderschön farbig
doch dessen Federkleid war. Je mehr er darüber nachdachte,
desto weniger konnte er sich noch am Glanz seiner Federn
freuen. Miweko dagegen dachte bei sich:»Wenn ich es mir
recht überlege, sind meine bunten Federn viel schöner als die
von Alguno.« Er plusterte sich noch ein wenig auf und flog
guten Mutes davon. Am anderen Morgen aber konnte er von dieser Schönheit
nichts mehr erkennen.»Wie konnte ich mich nur so täuschen
lassen? Es ist doch gar nichts Besonderes, bunte Federn zu haben.«

»Wenn ich doch nur jemanden fände, der mir weiterhelfen
könnte, damit ich zufriedener wäre!« Da bemerkte er plötzlich
Cada[11], die mit dem Wind in luftiger Höhe mühelos dahinflog.
Teils mit Bewunderung, teils aber auch mit etwas Neid sah
Miweko ihr zu, wie sie ihre Kreise zog.»Was bin ich nur für
ein kleiner, unscheinbarer Vogel. Hätte ich doch auch so weite
Schwingen.« Cada flog auf Miweko zu und begrüßte ihn:
»Schön dich zu sehen. Wie geht es dir?«»Danke, Cada. Geht es
dir auch gut? Ich dachte gerade daran, daß es für dich schwierig sein könnte, mit deinen großen Flügeln im Unterholz Schutz
zu suchen.« Das hatte Cada noch nie bedacht, aber Miweko
hatte recht. Sie erhob sich wieder, aber unbefangen dahingleiten konnte sie nicht mehr. Als Miweko das sah, dachte er bei
sich:»Wie vorteilhaft ist es doch, mit Geschick Gefahren meistern zu können.« Doch bereits am nächsten Tag war seine Zufriedenheit verflogen.»Was bedeutet es schon, sich gelegentlich
schützen zu können?«, dachte Miweko.»Wenn ich so groß
wäre wie Cada, brauchte ich mich erst gar nicht zu verstecken.« Enttäuscht machte sich Miweko auf den Heimweg. In

---

11 Span. Bez. für: Jede(r)

seiner Verzweiflung legte er sich in sein Nest und fiel in einen tiefen Schlaf.

Im Traum sah er einen Blumengarten, in dem ihm eine Sonnenblume und eine Rose durch ihre strahlende Schönheit auffielen. Noch in Bewunderung versunken, bemerkte er den Gärtner. Er schnitt Triebe von der Rose ab, drehte die Sonnenblume ein wenig und band sie an einen Stab. Miweko bestaunte die Kunst des Gärtners, Fehlerhaftes zu finden und zu korrigieren. Doch augenblicklich fielen Schatten auf die Blumen, die zuvor noch in Sonnenlicht getaucht waren. Sie schienen von ihrer Schönheit verloren zu haben und ihr Aussehen wirkte eher traurig. Die Schatten wurden länger und tiefe Dunkelheit verhüllte schließlich den Garten. Als dann die ersten Sonnenstrahlen die Nacht ablösten und es wieder heller wurde, erschrak Miweko, erkannte er sich doch selbst als den Gärtner. Betroffen wachte Miweko aus seinem Schlaf auf. Ratlos setzte er sich auf die Krone eines hohen Baumes. Da plötzlich landete der weise, gütige Ilumino[12] neben ihm. Miweko fühlte, wie Wärme von ihm ausging und hörte ihn sagen:»Sei gegrüßt, Miweko, dein Bemühen soll belohnt werden. Bezwinge den Berg Duda[13]; dort wirst du Glück und Zufriedenheit finden.«

Noch ehe Miweko rückfragen konnte, war Ilumino schon wieder verschwunden.»Ich soll diesen unwirtlichen Berg bezwingen? Wie kann ich sicher sein, daß es mir dann besser geht?«Immer wieder überlegte er hin und her. Schließlich erkannte er:»Ich muß mich zu etwas aufraffen. Ich werde es wagen, diese Aufgabe mit vollem Engagement anzupacken!« Augenblicklich spürte er Erleichterung, flog los und gewann auch gleich an Höhe. Begeisterung beflügelte ihn und ließ ihn auch schwierige Situationen meistern. Schließlich trat aber auch Erschöpfung ein und alles war beschwerlicher.»Ach, ich habe mir wohl zu viel zugemutet. Ich schaffe es doch nicht.« Und

---

12 Span. Bez. für: der Erleuchtete
13 Span. Bez. für: Zweifel

Niedergeschlagenheit zog ihn herunter. Wie ein Gewicht spürte er den Zweifel auf sich lasten.

Aber er wollte nicht wieder zurück. Er wollte weiter kommen. »Ich habe doch schon ein gutes Stück geschafft. - Warum erkenne ich die gemachten Fortschritte nicht an?« Als er sich diese vor Augen führte, spürte er, wie er Auftrieb bekam. Der Druck wurde schwächer und es war, als käme er in einen Aufwind. Je höher er stieg, desto schwieriger wurde es. Ein Sturm peitschte ihm entgegen und wollte einfach nicht nachlassen. Miweko gelangte an den Rand seiner Kräfte und rettete sich auf einen Felsvorsprung. »Dieser verflixte Wind macht noch meine Anstrengungen zunichte. Wenn der nicht wäre, hätte ich den Gipfel schon längst erreicht.« So haderte er mit seinem Schicksal, dem er sich ausgeliefert fühlte.

Sollte er sich seinem Zaudern fügen und wieder Federn lassen? Im Grunde seines Herzens wußte er: »Es bringt mich nicht weiter, den Wind zu bejammern und für meine Lage verantwortlich zu machen. Wichtig ist doch, was ich jetzt tun kann.« Er spürte, wie Kraft von diesen Gedanken ausging. Schwingen wuchsen ihm mit dem Bewußtsein, nicht immer nur Sklave seiner Stimmungen zu sein, sondern selbstverantwortlich handeln zu können. Schon flog er wieder dem Winde zum Trotz und kam seinem Ziel ein großes Stück näher. Und schließlich erreichte er erschöpft aber glücklich den Gipfel des Berges Duda. Stolz blickte er auf seinen Erfolg. Das war wirklich nicht einfach gewesen!

Langsam kam er auch wieder zu Kräften und er begann sich umzusehen, wo hier Glück und Zufriedenheit zu finden seien. Aber er konnte nicht einmal den geringsten Anhaltspunkt dafür ausmachen. »Sollten alle Mühen umsonst gewesen sein? - Hätte ich Iluminos Worten nur nicht vertraut.« Kaum hatte er dieses zu Ende gedacht, hörte er ein Rauschen und Ilumino landete direkt neben ihm. »Miweko, verzage nicht. Du bist der Lösung schon sehr nahe. Es gibt das Mittel zu Glück und Zufriedenheit, aber du kannst es nicht nehmen, sondern mußt es geben.

Mach Dich auf zum Drachen Ego, dort wirst du begreifen, was es mit diesem kuriosen Mittel auf sich hat.«

So unverhofft wie Ilumino aufgetaucht war, verschwand er auch wieder. Und genau wie bei der ersten Begegnung blieb Miweko fragend zurück. Im Grunde verstand er Ilumino nicht, aber er hatte gelernt, daß es sinnvoller ist, engagiert zu handeln als zweifelnd zu verharren. So traf er dann alsbald auf den Drachen Ego. Fragend wandte sich Miweko an ihn: »Stimmt es, daß ich bei dir Glück und Zufriedenheit bekommen kann?« - Der Drache schnaubte: »Wer bist du überhaupt? Wie käme ich dazu, dir mein höchstes Gut zu geben?« - »Miweko ist mein Name und der weise Ilumino schickt mich zu dir. Ich habe harte Strapazen auf mich genommen und bitte dich deshalb, mir von Deinen Schätzen abzugeben.« Ego richtete sich auf, fauchte ihn an und schlug mit seinem gezackten Schwanz. Erschrocken zog sich Miweko zurück. Wieder befiel ihn die Angst, trotz aller Anstrengungen nichts erreicht zu haben. Dann aber erinnerte er sich an Iluminos Worte, daß das Heilmittel nicht darin besteht, etwas zu nehmen, sondern zu geben.

»Das würde ich ja gerne tun, aber was könnte ich ihm schon geben? Ich bin doch selbst auf der Suche.« Und wie sehr er auf der Suche nach Zufriedenheit war! Was hatte er nicht schon auf sich genommen und sogar Fähigkeiten dabei entwickelt, die er zuvor nicht besaß. Er hatte erfahren, wie Begeisterung zu beflügeln vermag und gefaßte Entschlüsse ihm Kräfte verliehen. Wie gut hatte es seiner verwundeten Seele getan, Zweifel zu vertreiben und auf Erfolge und Fortschritte zu schauen. Da ging ihm ein Licht auf: »Das ist es!« - »Das Gute muß ich sehen!« Er spürte plötzlich, daß er dem Drachen Ego nichts mehr nehmen wollte. Nie mehr wollte er sich mit fremden Federn schmücken. Wie einsam erschien Ego ihm jetzt, und in dessen Selbstbezogenheit konnte er Entmutigung erkennen.

Eine Weile betrachtete er ihn noch wohlwollend aus der Ferne. Dann bewegte er sich auf ihn zu und wandte sich mit freundlicher Stimme an ihn: »Du warst vorhin sicher überrascht, und ich hatte auch wohl zuviel verlangt.« Mißtrauisch blickte Ego ihn von der Seite an. »Kümmere dich um deine Angelegenheiten. Was weißt Du denn schon?« »Eigentlich weiß ich über Dich nicht viel. Ich komme hier an, richte meine Wünsche an dich, ohne mir überhaupt Gedanken darüber zu machen. Kannst du mir nicht von deiner Aufgabe erzählen?« »Dazu gibt es nicht viel zu sagen. Ich bewache meine Schätze und dafür setze ich mich ganz und gar ein.« »Es beeindruckt mich, wie Du dich dafür engagierst. Denn ich weiß, daß das oft eine schwierige Sache ist.« »Das ist es. Schon oft wurden meine Schätze durch andere bedroht. Sie wollten sie mir wegnehmen, aber ich bin standhaft geblieben. Daraus ist dann auch mein Name Ego entstanden. Sie nannten mich eigensüchtig und engherzig. In Wirklichkeit aber geht es mir doch nur um die Werte Glück und Zufriedenheit. Ich konnte sie nicht einfach verschwinden sehen.« »Wenn ich ehrlich bin, muß ich gestehen, daß ich Dich zunächst auch so empfunden habe. Aber je mehr du von dir erzählst, desto eher begreife ich, worum es dir eigentlich geht. Du sehnst dich, genau wie ich, nach Zufriedenheit. Es tut mir gut, dich als einen Pilger auf dem gleichen Weg zu erkennen.« Ego spürte, daß es ihm warm um sein Drachenherz geworden war und er daher Miweko Vertrauen schenken konnte.

Als dann die Stunde des Auseinandergehens gekommen war, sagte Miweko: »Zum Abschied schenke ich Dir aus Dankbarkeit einen neuen Namen. Du bist jetzt nicht mehr Ego, sondern Amigo[14].« Der Drache fühlte, wie er für sich und andere von Herzen gerne Amigo sein wollte. Durch Tränen der Freude aber auch des Abschieds sah er Miweko seinen Weg gehen. Der hatte seine Schritte bereits in Richtung Frieden und Verständigung gelenkt, als Amigo noch dachte: »Friedmut, wäre ein schöner Name für ihn.«

---

14 Span. Bez. für: Freund

Herr Senfgiebel[15]

In Burgratzhausen, in der Straße mit den vielen neuen Häusern, wohnte Herr Senfgiebel, der ständig an jedem und allem etwas auszusetzen hatte. Fast alle in seiner näheren Umgebung machten im Laufe der Zeit einen immer größeren Bogen um ihn herum, damit sie nicht sein ständiges Gemecker anhören mußten. So zog er sich immer mehr in seinen Garten zu den Blumen und Pflanzen zurück, denn beim Pflegen und Hegen konnte er sich so richtig ausmeckern. Die Pflanzen konnten ja keinen Bogen um ihn machen. Er schimpfte auf den Arbeitskollegen, den Vorgesetzten, ja es gab so gut wie nichts, an dem er nicht etwas auszusetzen hatte. Und die Pflanzen und Blumen hörten immer zu. Bei all seinem Gemecker kamen die Pflanzen aber nicht zu kurz, er pflegte, goß und säuberte sie. Er hatte ja auch Zeit dazu, denn es gab viel zu kritisieren.

In der gleichen Straße wohnte sein Nachbar, Herr Mundschenk, an dessen Grundstück er jeden Abend auf dem Nachhauseweg vorbeiging. Dabei hatte er festgestellt, daß Herr Mundschenk die gleichen Blumen- und Pflanzensorten in seinem Garten hatte wie er selber auch. In den letzten Monaten gewann Herr Senfgiebel immer mehr den Eindruck, daß die gleichen Gewächse bei Herrn Mundschenk besser wuchsen und gediehen. Vorige Woche stand Herr Mundschenk schmunzelnd in seinem Vorgarten, als Herr Senfgiebel gerade von der Arbeit kam. Da fragte er: »Herr Nachbar, was machen Sie nur mit Ihren Pflanzen und Blumen, die gedeihen viel besser als meine?« »Ich«, sagt Herr Mundschenk, »mache überhaupt nichts, außer daß ich mich halt ein bißchen mit ihnen beschäftige.« Darauf sagt Herr Senfgiebel: »Sie haben doch garantiert ein Geheimrezept für ein Düngemittel!« Dabei war er vor Ärger schon wieder rot angelaufen, und seine Stimme wurde lauter. Wütend stapfte er davon. Herr Mundschenk schaute ihm kopfschüttelnd nach.

---

15 von Karl Fuß

Gestern abend ging Herr Senfgiebel wieder an Herrn Mundschenks Grundstück vorbei. Gerade in dem Moment, als er hinter einem großen Busch war, hörte er Herrn Mundschenks Stimme. Herr Senfgiebel blieb stehen und lauschte, was er da hörte, verschlug ihm glatt die Sprache. Herr Mundschenk sprach mit seinen Pflanzen - unglaublich! Er sagte, er bewundere ihre Figur, ihren Wuchs, die Blätter, die wunderschöne Knospe, die Natürlichkeit und Anmut. Herrn Senfgiebel stockte der Atem, als Mundschenk plötzlich auch noch anfing, vor einem Rosenstock zu singen. Erst als auf dem Bürgersteig jemand näher kam, ging er weiter. Ein sehr nachdenklicher Herr Senfgiebel stand heute abend in seinem Garten. Ja, er war so nachdenklich geworden, daß er heute ganz das Meckern vergessen hatte, als er den Wuchs seiner Blumen mit denen von Herrn Mundschenk verglich. »Ob da etwas dran ist...?«

Das sprechende Fahrrad[16]

Es war einmal ein kleiner Junge namens Benjamin, der jüngste von drei Geschwistern, ein Nachkömmling in der Familie. Die Eltern waren schon fast vierzig, und die beiden anderen Geschwister gingen schon zur Schule.

Benjamin war schon fast sechs Jahre alt und konnte noch immer nicht richtig radfahren. Das bedrückte den Kleinen, denn seine Freunde lachten über ihn, wenn er mit seinem alten Fahrrad zu ihnen kam, das schon viel zu klein für ihn war und bei dem die Schrauben der Stützräder so festgerostet waren, daß man sie nicht mehr entfernen konnte.

Außerdem war er beim Fahren immer der letzte, er kam den anderen nicht hinterher. Sie konnten alle viel schneller fahren als er, der noch immer die Stützen brauchte. An einem Sonn-

---

16 von Birgitt Fuß

tagnachmittag, kurz vor seinem sechsten Geburtstag, konnte er endlich seinen Vater überreden, das neue Fahrrad, das er zum fünften Geburtstag von seinem Patenonkel geschenkt bekommen hatte, einmal aus dem Keller zu holen, um das Fahren zu lernen. Vater und Sohn begaben sich auf eine Ausfallstraße mit wenig Verkehr und begannen mit ihren Fahrübungen.

»Ich helfe Dir beim Aufsteigen« sagte der Vater, »das Fahrrad ist neu, nicht, daß es gleich eine Beule bekommt.« Als er den Jungen losließ, fing das Rad an zu wackeln, und der Junge sprang herunter. Nocheinmal half der Vater beim Aufsteigen und den ersten Pedaletritten, und ließ dann los. Jedesmal, wenn der Junge bemerkte, daß der Vater losgelassen hatte, sprang er vom Rad herab, denn er wußte ja, daß er ohne »Stützen« noch nicht fahren konnte.

»Siehst Du«, sagte der Vater, »es war schon gut, daß ich das Fahrrad im Keller abgeschlossen hatte und den Schlüssel immer bei mir trug. Du kannst eben noch nicht ohne Stützen fahren.« Der Vater war stolz auf seine Menschenkenntnis und auf die richtige Einschätzung des Könnens seines Sohnes. Der Sohn war über sein Nichtkönnen den Tränen nah, denn seine Freunde konnten das alles schon längst.

Da kam ein älterer Herr mit seinem Rad die Straße entlang gefahren, und als er die beiden beim Üben sah, sagte der ältere Herr: »Ach, hier habe ich auch radfahren gelernt«, und lachte dem Jungen zu.

»Er lernt es nie«, sagte der Vater und betonte immer wieder, wie neu das Rad noch sei, und daß es nicht kaputtgehen dürfe. Der ältere Herr, die Kinder nannten ihn Onkel Theo, schaute eine Weile zu. Dann plötzlich sagte er zu dem Jungen: »Möchtest Du es einmal mit meinem Rad probieren?« Der Junge stutzte, doch als er den aufmunteren Blick Onkel Theos sah, nickte er entschlossen. - »Mein Fahrrad kann sprechen«, sagte der ältere Herr. »Du mußt nur darauf hören, was es Dir sagen will. Wenn es anfängt zu wackeln, dann sagt es, daß Du in die Pedale treten mußt. Du mußt nur darauf hören, was es

259

sagt, und Du wirst sehen, daß Du es verstehst und sogleich damit fahren kannst.« Der Junge stieg auf, wackelte einige Male hin und her und radelte davon. Der Vater konnte es nicht glauben. Jetzt hatte der Junge ein nagelneues Rad, mit 18 Gängen, nach den neuesten Sicherheitsbestimmungen und konnte damit nicht fahren. »Ich tausche mit Ihnen, oder kaufe Ihnen Ihr altes Rad ab«, sagte er zu Onkel Theo, der lächelnd darauf antwortete: »Mein Fahrrad ist unverkäuflich. Es ist schon 70 Jahre alt. Und alle meine elf Kinder haben darauf das Radfahren gelernt. Aber Ihr Sohn kann auch auf seinem Rad fahren, das wird er Ihnen gleich zeigen.«

»Aber wieso kann er das denn so plötzlich?« fragte der Vater. »Ach, wissen Sie«, sagte der alte Herr, »ich habe Ihren Sohn schon sooft mit seinem alten Fahrrad gesehen, wie sicher er fährt, und ich dachte, vielleicht ist ihm ein altes Fahrrad vertrauter als ein ganz neues. Und ich vertraue auf Gott und weiß, daß er Ihrem Sohn einen Schutzengel mitschickt, und ich vertraue mir, daß mir meine innere Stimme sagt, was richtig ist. Ich vertraue meinem alten Fahrrad, das zwar nicht mehr ganz den Sicherheitsbestimmungen entspricht, aber es hat mich immer sicher nach Hause gebracht.«

»Und so ein klappriges Fahrrad geben Sie meinem Sohn«, tobte der Vater, und er wollte seinem Sohn hinterherlaufen, doch Benjamin war längst nicht mehr zu sehen.

Als der Junge zurückkam, war er glücklich. Benjamin umarmte zuerst Onkel Theo und dann seinen Vater. »Ich kann's, ich kann's« tanzte er zwischen beiden hin und her, und jetzt weinte er wirklich - doch dies waren Freudentränen.

Der Vater war von der Freude des Jungen so angesteckt und sagte zu ihm: »Du, Dein Fahrrad kann auch sprechen, es hat gerade gesagt, daß Du es nach Hause fahren sollst, sicher hatte es im Keller das Sprechen nur verlernt, weil es keine Antwort bekam.«

Der Junge stieg ohne Hilfe auf das Rad und radelte nach Hause. Der Vater dankte dem alten Herrn, doch dieser winkte ab und begann zu erzählen:»Es war einmal ein kleiner Junge namens Theo…«

7. *Trendwende Ermutigung*

Die positive, verändernde Kraft der Ermutigung wird - obwohl noch zu wenig genutzt - doch schon in der Pädagogik, der Psychotherapie, der Medizin und im Wirtschaftsleben erkannt. Die Trendwende geht eindeutig in Richtumg Ermutigung. Geübt werden die Fähigkeiten am besten in Gruppen. Das Angebot »Encouraging-Training« nach dem in diesem Buch beschriebenen Konzept gibt es in allen deutschsprachigen Ländern.

Für Ehepaare gibt es ein spezielles Angebot unter dem Namen »Encouraging-Training für Paare« (und solche, die es werden wollen).

Für Laien, die lernen wollen, Encouraging-Gruppen zu leiten, bieten wir Ausbildungsmöglichkeiten an.

Einige Ergebnisse des Encouraging-Trainings aus einer Umfrage unter 500 Teilnehmern:

89 % »Ich bin mit mir zufrieden«
86 % »Ich habe ein besseres Selbstwertgefühl«
84 % »Ich bin verständnisvoller, toleranter geworden«
84 % »Ich pflege einen besseren Umgang mit meinen Kindern«
84 % »Ich kann andere besser ermutigen«
83 % »Ich kann Fehler der anderen besser tolerieren«
83 % »Ich kann meine eigenen Bedürfnisse besser erkennen«
83 % »Ich spreche freundlicher mit mir selbst«
83 % »Ich bin mutiger geworden«
81 % »Ich pflege einen besseren Umgang mit meinem Lebenspartner«
80 % »Ich bin freundlicher anderen gegenüber«

Das Encouraging-Training für Paare brachte in den Bereichen »besser« bis »viel besser« folgende Ergebnisse:

88% »Das Positive in der Beziehung erkennen«
82% »Aus Konfliktsituationen herausfinden«
81% »Meinen eigenen Anteil an Konflikten erkennen«
80% »Das Familienklima verbessern«
79% »Meine Gefühle mitteilen«
78% »Friedlich miteinander beraten«
74% »Interesse für den Partner«
74% »Den Partner akzeptieren«
74% »Den Partner ermutigen«
69% »Fehler eingestehen«
64% »Meine Meinung äußern «

Informationen:

Rudolf-Dreikurs-Institut für soziale Gleichwertigkeit
Antonia und Theo Schoenaker
Rudolf-Dreikurs-Weg 4-6
D-6492 Sinntal-Züntersbach
Tel. 09741/3130, Fax 09741/1281

Verwendete und empfohlene Literatur

Kapitel 1.1.:
Dreikurs, R.: Selbstbewußt, Rosenheim 1990

Kapitel 1.2.:
Dreikurs, R.: Selbstbewußt, Rosenheim 1990
Dreikurs, Eva: Individualpsychologische Theorie, Selbstverlag, Sinntal
  1984

Kapitel 1.3.:
Hendrix, H.: Getting the Love You Want, New York 1988
Schoenaker, A. u. Th.: Die neue Partnerschaft, Rosenheim 1989
Dobson, J.C.: Love Must be Tough, Texas 1983

Kapitel 2.1.:
Dinkmeyer, D./Dreikurs, R.: Ermutigung als Lernhilfe, Stuttgart 1969
Dreikurs, R.: Grundbegriffe der Individualpsychologie, Stuttgart 1969
Dreikurs, Eva: Individualpsychologische Theorie, Selbstverlag, Sinntal
  1984
Dreikurs, R./Mosak, H.: The Tasks of Life, in: The Individual Psycho-
  logist, Vol. IX, No. 2, and Vol. V, No. 1, 1967
Adler, A.: Der Sinn des Lebens, Frankfurt 1974
Adler, A.: Wozu leben wir? Frankfurt 1979

Kapitel 2.2.:
Schoenaker, Th.: Der Mensch, ein Entscheidungen treffendes Wesen,
  Selbstverlag, Sinntal 1978

Kapitel 2.3.:
Dreikurs, R.: Selbstbewußt, Rosenheim 1990
Dreikurs, R.: Grundbegriffe der Individualpsychologie, Stuttgart 1969
Schwieger, H./Gutjahr, K.: Im Zauberreich der Töne, Wiesbaden 1981
Faizi, A.Q.: Gedanken am Abend des 4. November, in: Shoghi Effendi,
  Wien 1982

Kapitel 2.4.:
Adler, A.: Der Sinn des Lebens, Frankfurt 1974
Schoenaker, Th.: Der andere Standpunkt, Selbstverlag, Sinntal 1989

Kapitel 2.5.:
Dreikurs, R.: Grundbegriffe der Individualpsychologie, Stuttgart 1969
Missildine, W.H.: In dir lebt das Kind, das du warst, Stuttgart 1969
Ives, H.C.: Portals to Freedom, London 1969

Kapitel 2.6.:
Dreikurs, R.: Grundbegriffe der Individualpsychologie, Stuttgart 1969

Kapitel 2.7.:
Schottky, A./Schoenaker, Th.: Was bestimmt mein Leben? Frankfurt 1991
Schoenaker, Th.: Wertskala zur Messung der Priorität, in: Sprache, Stimme, Gehör, 8. Jg., Heft 1, 1984

Kapitel 3.3.:
Montessori, M.: in: Montessori für Eltern, Ravensburg 1974

Kapitel 3.4.:
Dreikurs, R.: Selbstbewußt, Rosenheim 1990
Lukas, E.: Logotherapie in der Beratungspraxis, Freiburg 1989
Abdu'l-Bahá: Beantwortete Fragen, Frankfurt 1962

Kapitel 3.6.:
Wexberg, E.: Individualpsychologie, Darmstadt 1969

Kapitel 3.7.:
Dreikurs, R.: Selbstbewußt, Rosenheim 1990
Ghai, O.P.: Einheit in der Vielfalt, Rosenheim 1987
Abdu'l-Bahá, in: Rosen der Liebe, Rosenheim 1989
Bahá'u'lláh: Botschaften aus Akká, Hofheim 1982

Kapitel 3.8.:
Ornish, D.: Reversing Heart Disease, New York 1990

Kapitel 4.1. und 4.2.:
Bonnafont, C.: Die Botschaft der Körpersprache, Genf 1979
Lersch, Ph.: Aufbau der Person, München 1964

Kapitel 4.3.:
Novalis, in: Ausgewählte Kostbarkeiten, Lahr 1988

Kapitel 4.4.:
Lersch, Ph.: Aufbau der Person, München 1964
Bokum, B.: Wer lacht, lebt länger, Genf 1988
Puntsch, E.: Witze, Fabeln, Anekdoten, Landsberg 1988

Kapitel 4.5.:
Argyle, M.: Körpersprache und Kommunikation, Paderborn 1979
Bickel/Steigert: Geh' Deinen Weg, Freiburg

Kapitel 4.6.:
Nietzsche, F.: Fröhliche Wissenschaft 3

Kapitel 4.7.:
Abdu'l-Bahá: Kleine Auswahl aus seinen Schriften, Hofheim 1980

Kapitel 5.1.:
Helmstetter, Sh.: What to Say When You Talk to Your Self, New York 1987
Schoenaker, A. u. Th.: Die neue Partnerschaft, Rosenheim 1989
Ellis, A.: Praxis der rational-emotiven Therapie, München 1979

Kapitel 5.2.:
Hendrix, H.: Getting the Love You Want, New York 1988
Bahá'u'lláh: Ährenlese, Hofheim 1980

In Vorbereitung für 1993/94:

Theo Schoenaker
Mut tut gut -
Zwischen Eltern und Kindern

Ca. 80 Seiten. Broschur ca. DM 15,-

Theo Schoenaker
Mut tut gut -
Zwischen Frau und Mann

Ca. 80 Seiten. Broschur ca. DM 15,-

Horizonte Verlag
Stuttgart

Albrecht Schottky
Theo Schoenaker
Was bestimmt mein Leben?

Wie man die Grundrichtung des eigenen Ich erkennt
4. Auflage. 1991. 126 Seiten. Broschur DM 19,-
ISBN 3-926116-54-4

Die Grundrichtung des eigenen Ich wird in frühen Lebensjahren gelegt. Wir können die Grundrichtung nicht beliebig verändern, sie jedoch von den »eingefahrenen Verhaltensfallen« befreien, sofern wir sie verstehen lernen. Dazu verhilft uns die Kenntnis der vier Grundrichtungen der frühkindlichen Lebens-»philosophie«. Ein entscheidender Beitrag zur Selbsterkenntnis.

Horizonte Verlag
Stuttgart

Rudolf Dreikurs
Selbstbewußt

Die Psychologie eines Lebensgefühls
3. Auflage. 1990. 253 Seiten. Broschur DM 25,-
ISBN 3-926116-51-X

Mit spritzigem Humor zeigt Dreikurs, wie sehr wir in der Beschäftigung verharren, uns selbst immer wieder von der traurigen oder hinnehmenden »Logik unseres So-Seins« zu überzeugen. Wir wir unsere darin ruhenden unbewußten Ziele erkennen, können wir sie durch bewußt gesetzte erweitern und überwinden.

Horizonte Verlag
Stuttgart

Alexander Müller
Erik Blumenthal
Sinnergie

Die Seele lebt vom Sinn
1990. 126 Seiten. Broschur DM 19,-
ISBN 3-926116-56-0

Hier wird die Sinnfrage als psychologische Schlüsseldimension
entdeckt und mit großem Feingefühl aufgearbeitet.

Horizonte Verlag
Stuttgart